宿無し弘文《やどなしこうぶん》

スティーブ・ジョブズの禅僧

柳田由紀子

集英社インターナショナル

目次

1991年。ジョブズの婚礼は、乙川弘文が禅宗様式で執り行った。二人を祝福する弘文
（本文116、178ページ参照、映画「Steve Jobs: The Man in the Machine」2015年より）

プロローグ

ハングリーであれ、愚直であれ

曹洞宗北アメリカ国際布教総監、秋葉玄吾の話

おとがわさん？　いいえ、私は存じませんが……。

は？　曹洞宗《そうとうしゅう》の宗務庁《しゅうむちょう》が私に訊《き》けと？　さてさて。

おとがわこうぶん……。

あー、わかった、ちのさんのことか。知野弘文《ちのこうぶん》さん。それならわかります。そうでした、あの人は、ある時期に養子縁組を解消したから、亡くなった時は乙川《おとがわ》姓だったんだ。思い出しました、乙川家が生家で、確か新潟出身ですよ。ですが、私たちアメリカ在住の禅関係者の間では、ずっと知野さんで通っていました。

そうですか、宗務庁が私を訪ねろとね。

まあ、そうでしょうな。二〇一一年にスティーブ・ジョブズが逝去《せいきょ》して、彼が師としていたってことで、知野さんが一躍世界的脚光を浴びましたが、日本の仏教界ではほとんど知られていませんから。弘文って誰？　って感じじゃないですか？

知野さんは、あんな亡くなり方をしちゃったから、もちろん本人に訊くわけにもいかないし、私が長い間、曹洞宗の北アメリカ国際布教総監を務めているので、お鉢が回ってきたんですな。

知野さんかぁ、知野さんねぇ。つかみどころがないっていうか、なんというか。私には、雲

の上に乗った人としか言いようがないんですよ、実際。

ところで、あなたはどうして知野さんのことを？

「生涯を知りたい」ですって？

いやぁ、それはむずかしいと思いますよ。だって、本当につかみどころのない人でしたから。それに、放浪癖というか、年柄年中移動して一カ所に長く住むこともなかったし。一時は、ヨーロッパにも住んでいたんじゃないかしら。

そもそも私が初めて知野さんに会ったのは、一九八一年のことです。当時、福井県「永平寺《えいへいじ》」の雲水《うんすい》、修行僧だった私は、〈摂心《せっしん》〉のお手伝いで「サンフランシスコ禅センター」に一週間ほど滞在しました。摂心とは、一定期間、昼夜を問わず坐禅し続ける修行のことです。思えばあれが契機になり、私はアメリカに移住したわけです。もうかれこれ三〇年以上も昔のことになりますか。

実は私、その前の八年間ずっと永平寺で修行していましてね。永平寺は、なんせ、曹洞宗の大本山でしょう。あそこにそれほど長くいますと、全国のお寺から婿《むこ》養子の話がジャンジャンくるんです。こんな私でも、縁談をちぎっては捨てのモテぶりだった。それが、今はこうしてカリフォルニア州のオークランドにいるんですからね、人生わからんもんですな。

あれ、なんの話をしていましたっけ？

あ、そうそう、知野さんとの初対面ね。

うん、それで一九八一年、サンフランシスコでの摂心後、車で二時間ほど南にあるロスアルトス市の「俳句禅堂」を訪ねたんです。そこに、永平寺から派遣されたお坊さんがいると聞いたもので。そのお坊さんというのが、知野さんだったんです。

知野さんは、あの頃、脂《あぶら》が乗り切った四〇代前半。ガレージを改造したこぢんまりした禅堂で、二〇人前後のアメリカ人を指導していました。俳句禅堂にはジョブズも通ったそうですが、あの時いたのかどうか……。

初めて逢った知野さんは、とても柔らかい印象でした。よけいなことを話さずにこにことしてね。その後、私が移住したのは一九八七年ですが、それからは、布教師の会合ほか、年に二、三回逢う間柄でした。知野さんの柔和な様子は、ずっと変わらなかったですよ。

でも、やさしい顔をして、あの人は実は図太いんです。

たとえば知野さんは、私のように剃髪《ていはつ》していませんでした。本来、禅僧はそうするべきなのに、あの人は剃らなかった。そんな細かい規則は無視して、とことん突き抜けちゃってるんです。出世欲もなければ世俗性もなくて、その点、禅のお坊さんの原型のような人でした。よくいえば自然体、ともするとノーテンキ。正真正銘の風来坊《ふうらいぼう》です。

ジョブズは億万長者で、知野さんにもたくさん布施《ふせ》をしたと思いますが、知野さんにしてみれば、くれたからもらっただけのことでしょう。金持ちだからジョブズを厚遇したとか、そんなことは断じてない。知野さんは金に興味などなかったし、めっぽう純粋な人でしたから。きっとジョブズは、そんなところにも惹《ひ》かれたんでしょう。

そういえばいつだったか、知野さんがジョブズについてこう言ったことがあります。

「あれは、若い頃から私のもとに通っていたが、いずれ何か大きな仕事をするとは思っていた」

自慢するとかそんなふうじゃなく、いつものように言葉少なにぽそっとね。


私自身はジョブズと面識がないんですが、二〇〇五年にスタンフォード大学で行った有名なスピーチを聴くと、昔から禅が説いてきたことそのものですね。

「ハングリーであれ、愚直であれ」

と、ジョブズは語っていますが、あれなど、『宝鏡三昧《ほうきょうざんまい》』の「潜行密用《せんこうみつよう》は、愚《ぐ》の如《ごと》く魯《ろ》の如し、只《ただ》能《よ》く相続するを、主中《しゅちゅう》の主と名づく」にすこぶる通じている。『宝鏡三昧』は、中国唐代の禅僧、洞山良价禅師《とうざんりょうかいぜんじ》が記されたもので、我々がよく読誦《どくじゅ》する経典です。コツコツと愚直にひとつのことを続ける人がもっとも強い。形あるものは必ず滅びるのだから、命あるうちに精進し一瞬の生を最大限生きよと、そういう意味です。

ほかにも、ジョブズはスピーチで、

「私は毎朝、鏡に映る自分に問いかけます。もし、今日が人生最後の日だとしても、今からしようとすることを私はしたいのだろうか？」

と、自身と学生に問うています。

ジョブズは、癌を宣告されてから亡くなるまでの間に、ｉＰａｄやｉＰｈｏｎｅなどの新製品を次々と発表。世界をあっと言わせる大ヒットを放ちましたが、〈生死一如《しょうじいちにょ》〉、私はそこにも禅との繋がりを感じます。

ジョブズが、禅から多大な影響を受けたのはまちがいのないところでしょう。第一、埋葬《まいそう》も禅宗の様式で行っていますしね。

私が参列したわけではないので断言はできませんが、ジョブズ自身の「亡骸《なきがら》は家族以外に見せない」という遺言にしたがって、逝去二、三日後に、遺族とごく親しい友人だけで墓地に埋葬したという話ですよ。その葬儀を、ジョブズの自宅からもほど近いカリフォルニア州マウンテンビュー市にある「観音堂・禅メディテーションセンター」の禅僧が司《つかさど》ったと、この付近の曹洞宗関係者には伝わっています。

マウンテンビュー観音堂の住職は、昔、俳句禅堂で知野さんのアシスタントをしていたアメリカ人だから、彼に尋ねてみたらどうですか？

知野さんと私は、不思議な縁で結ばれているというか。

まだ雲水だった私が初渡米時に出逢ったのも知野さんなら、知野さんの葬儀で導師《どうし》を務めたのも私だったんですよ。「慈光寺《じこうじ》」という、カリフォルニアに知野さんが創建したお寺で、二〇〇二年、亡くなって一カ月後くらいに本葬を執り行いました。

曹洞宗の指導者や弟子たちが、アメリカはもとよりヨーロッパからも集まって。参列者はそうね、一〇〇人、いや一五〇人、いやいやもっといたような。とにかくたくさんの人でした。境内の池というか、沼のほとりで行ったんですが、突然の死に、全員が驚きと悲しみが入りまじったような感じで。

まぁ、ああいう人でしたから、生きていても死んでいても変わりがないようなところもあったんだけれども。

「あぁ、知野さんは、にこにこしたまま逝《い》っちゃったなぁ」

と、葬儀を終えた時、しみじみ思ったですね、私。

とはいえ、いつもにこにこしていた知野さんには、仏教の僧侶としての覚悟が確実にありました。世の中や人間をわかっていたし、見る目もあった。

弟子や参禅者にしてみれば、このお坊さん、ふわんとしていて、私のことをちゃんと見ているのかしらと感じたこともあったでしょう。ところが、ある時ふと、そんな知野さんから鋭いことを言われて、ハッとする瞬間が必ずやあったはずです。

結局ね、一度の人生を使いきって生きる、宗教って、これ、これだけなんですよ。そういう面からいうと、知野さんは知野さんらしく生ききった一生でした。

それから一年ぐらい経《た》って、スティーブ・ジョブズ夫人の友人だという方《かた》からこんな連絡がありました。

「もしもの時には、スティーブの葬儀の導師を頼めないか？」

その方は、知野さんの本葬に参列していたそうで、葬儀の様子を夫人に話したところ、夫人から私に問い合わせてと頼まれたとのことでした。

当時、ジョブズのことを知らなかった私は、「いいですよ」とだけ答えましたが、後から考えると、あの時、ジョブズは癌を告知されていたんですね。

いずれにしても、ジョブズと禅、これは知野さんが作った縁です。

禅の師弟関係って、要するに、当人同士のウマが合うかどうかなんですよ。たとえば、どこに行っても悩みが解決しなかった青年が私のところにやって来て、私の話をすっと理解することがある。驚くほどすっと禅に入っていくことがある。これ、すなわち相性です。

私は、若い頃のジョブズと知野さんにも、こういうことがあったんじゃないかと思うんです。二人の場合は、知野さんのふわっとした包容力と、ジョブズの戦闘的な姿勢がぴたっとはまったのでしょう。

ところで、私はアメリカに住んでいても、曹洞宗本部と密に連絡を取り合って布教を進めています。ですが、知野さんはその点も突き抜けていて、はっきり言って、日本の宗門《しゅうもん》の僧侶という自覚は欠落していました。

現在、北アメリカとハワイに、日本曹洞宗が認可した寺やセンターがおよそ六〇カ所あります。もちろん、私が住職を務めている「オークランド好人庵《こうじんあん》禅堂」もそのひとつです。一方、知野さんのところは申請もしなければ、登録もしない。つまり無認可。したがって、知野さん自身、何十年も曹洞宗から離脱状態でした。

しかし不思議なことに、そんな知野さんが、布教師の会合にだけは頻繁《ひんぱん》に出席していたんですよ。その会合というのは、年に一度、全米各地に散らばった曹洞宗の僧侶五〇名ほどが、伴侶同伴で泊りがけで行うものなんですがね。

知野さんは例年、同棲中だったアメリカ人のアーティストを連れて来ていました。同棲というのは僧侶としていかがなものかという意見もあったのですが、当時、知野さんは最初の結婚を解消した後で独身だったし、みんなも、まぁよしとするかということで。

一九九五年だったかな。あの年の会合はラスベガスで開かれたのですが、午前の部が終了しても知野さんの姿が見えなかった。それで、昼休憩の時に廊下に出て、「知野さん、今年は来なかったね」なんて、みんなで話していたんです。

すると、当の本人がひょこひょこと歩いて来るじゃないですか。ええ、あの人は小柄でひょこひょこ歩くんです。で、ふと見ると、隣にいつもの彼女じゃなくて、娘のように若い白人美人を連れている。

一瞬、みんな、「え?」ってなりました。でも、その直後に午後の部が始まったので、全員会場に戻り席に着いた。

と、突然、知野さんが立ち上がって挨拶《あいさつ》したんです。

「家内です」

と。しかも、

「お腹《なか》に赤ん坊もいます」

と。

日本からえらいお坊さん方《がた》も来ているっていうのに、ぬけぬけと、ねぇ。

知野さんは六〇歳近く、彼女は二五、六歳に見えました。全員唖然ですよ。特に、奥さん方はもうカンカン。だから、婦人連に知野さんのことを訊いてごらんなさい。めちゃくちゃ評判が悪いはずですから。「不道徳きわまりない」って口を揃えて言いますよ。

ところが、そんなふうにして若い娘と一緒になったものの、知野さんは、いつまで経っても結婚式を挙《あ》げません。これは日米の違いなのですが、アメリカの場合、なんらかの形で式を行わないと法律上結婚が成立しないんですよ。そうすると、生まれてくる子どもはどうなるのか？　私たち周囲の者が心配し始めました。それなのに、知野さん本人は、ひとり泰然《たいぜん》自若《じじゃく》としちゃってるんだな、これが。そういうところは本当に浮世離れしているというか、無頓着《むとんちゃく》というか。

そこで、私たちが「ちゃんとしないといけないよ」と知野さんを諭《さと》して、サンフランシスコのお隣、バークレーの禅堂で簡単な式を挙げた次第で。挙式時、奥さんはもう乳飲み子を抱いていましたな。

知野さんに関しては、無論、禅僧ともあろう者が、そんな節操のないことでいいのかという批判があります。だけどね、これはきっぱりと〝反俗の立場〟を示したともいえるんです。一種、一休《いっきゅう》さんと、晩年に夫婦同然の生活を送った五〇も年下の盲女、森《しん》の関係を彷彿させる事柄でね。

その点、たいしたお坊さんなんですよ、やっぱり知野さんは。

知野さんがあそこまで自由奔放に生きられたのは、日本を離れたからこそだと思います。もしも日本にとどまっていたら、「少々変わり者だけど、人はよいし欲もないし、それに、けっこうモノを知っているよい和尚《おしょう》さん」という評価で終わっていたことでしょう。はい、あの人は京大出でね、教養は並のお坊さんとは較べようもなかったです。

そういえば、永平寺の第七八世貫首《かんしゅ》だった宮崎奕保《えきほ》という高僧が、私がご挨拶にうかがうたびに、知野さんのことを尋ねられていました。

「アメリカに知野というのがいるはずだが、どうしているか？」

とね。

知野さんは、若い頃、永平寺で宮崎禅師に仕《つか》えていたんです。宮崎奕保禅師なんて、あんなに立派な僧侶が何十年もの間ずっと気にかける何かを、あの人は持っていたんでしょうね。

知野さんは、日頃は良寛《りょうかん》さん、こと女に関しては一休さんってところでしょうか。

知野さんかぁ、知野さんねぇ。うーん、私にはやはり雲の上に乗った人としか言いようがない！

旅 I

二〇一二年一月二三日
ジェットブルー#二四二便
午前六時五〇分　ロングビーチ発
午前八時一四分　オークランド着

その人のことは、なんとはなしに耳にしていた。
そして、ある時気づくと、その人は、私の目の前に佇《たたず》んでいた。
日本の禅僧、乙川弘文。
「アップル」創業者のスティーブ・ジョブズが師としたといわれる人物である。

二〇一一年一〇月五日、スティーブ・ジョブズが五六歳の若さで逝去すると、それまでほぼ無名だったひとりの禅僧に世界の関心が集まった。それが、乙川弘文だった。
アメリカの老舗出版社、「フォーブス」が、『THE ZEN of STEVE JOBS』（ケイレブ・メルビー原作、ジェス3《スリー》作画）という本を緊急出版したのもそんな流れの中の出来事だった。この本は、弘文とジョブズの三〇年にわたる交流を描いたイラストブックだが、どういうわけか、邦訳の仕事が私に回ってきた。

こうして、乙川弘文は、突如として私の眼前に現れたのである。

日本版の『ゼン（禅）・オブ・スティーブ・ジョブズ』が、「集英社インターナショナル」から刊行されたのは二〇一二年二月。もう八年も前のことになる。


この本の翻訳を通じて、私は、ジョブズが自らの婚礼の式師《しきし》を弘文に頼んだことを知った。ジョブズは、気むずかしく、プライベートを徹底的に守ったことで有名だった。そういう人が大事な挙式をまかせるとは、二人の結びつきの深さが偲《しの》ばれた。

もともと私は、アップル製品の簡潔で美しいデザインや、直截的な使いやすさに敬意を抱いていた。アップル愛好者でもある。反対に、禅については、否、仏教そのものについてはお経のひとつも知らないほど無知だったが、無知なればこそ、ジョブズに影響をおよぼしたという乙川弘文に興味を抱いた。

実際、『ゼン・オブ・スティーブ・ジョブズ』には、巷間《こうかん》伝えられているアップル製品（特にｉＰｏｄ）や、本社社屋に使われた円環デザインと、禅思想との繋がりを示唆する場面が描かれていた。

弘文や禅は、ジョブズやアップル製品に影響を与えたのだろうか？

けれども、突然現れた乙川弘文は、この時すでに鬼籍《きせき》に入《い》っていた。

「まことに禅の世界は、奇妙なところがあって、他宗派とちがって、傑出した僧侶ほど、表面に出ることをきらい、身をくらまして生きた」

禅の修行僧から小説家になった水上勉《みずかみつとむ》は、評伝『良寛』にこう書いた。どうやら、乙川弘文もこの系譜にあるお坊さんのようで、彼の足跡や思想はまったくといっていいほど謎だった。

ただ、カリフォルニアに弘文が開いた慈光寺のホームページに、少しだけ法話記録が残されていた。

読むと、弘文は、坐禅についてこんなことを語っている。

あなたが坐禅する時、坐蒲《ざふ》もあなたと一緒に坐《すわ》ります。建物もあなたとともに坐ります。

率直なところ、「坐蒲」（坐禅の際に用いる座蒲団《ざぶとん》）まではなんとかわかっても、「建物」までとなると理解不能だった。ジョブズは、弘文からこんなに難解な話を常々聞かされていたのだろうか？　そして、ジョブズにはこうした内容が本当に通じたのか？

私の中で、乙川弘文がとても遠い存在に感じられた。

ところが、ホームページを読み進むと、弘文はこんなことも述べていた。

坐禅は、人類が忘れた能力です。私たちの生存が常に危機に晒《さら》されていた太古、人類の主な活動は坐禅でした。あらゆる危険な動物たちや、毒のある食物、これらに囲まれた環境で自分の立ち位置を定めるために、私たちの祖先は、身体の全器官や感覚を〝静〟に保つ必要があったのです。

なんというスケール感だろう、と思った。

私の中で今度は、坐禅という未知の小さな行為が、時空を超えて古代に飛んで、果ては壮大な宇宙へと広がっていった。乙川弘文というお坊さんのことをもっと知りたい、そう思った。

幸い、アメリカに住む私には、アメリカに根を下ろした弘文に近づくための地の利がある。弘文が残した書物がないのならないでかまわない。弘文と関わった生身の人々を訪ね歩いてみよう。

私は慈光寺に照会するとともに、日本曹洞宗に国際電話をかけた。弘文は、禅の一宗、曹洞宗の僧侶だったからだ。

すると、広報の担当者は、

「乙川弘文老師《ろうし》のことは、私どももよく存じ上げないのです。アメリカに、乙川師と交流のあった布教師がいますから、その方に問い合わせてみたらいかがですか?」

と、ちょっと困ったように応《こた》えて電話を切った(仏教の世界では、お坊さんのことを「老師」とか「師」と呼ぶことが多い。こんなことも、私はこの時初めて知った)。

その布教師というのが、プロローグに登場いただいた秋葉玄吾《げんご》和尚だった。サンフランシスコの隣街、オークランドで禅堂を営む、やはり曹洞宗の僧侶である。

二〇一二年一月二三日、私は、自宅があるカリフォルニア州ロングビーチの小さな空港から、オークランド行きの飛行機に乗り込んだ。こうして、弘文をめぐる最初の旅が始まった。

秋葉和尚の話は驚きの連続で、乙川弘文は、私が描く聖職者のイメージを飄々《ひょうひょう》と超えていった。どこまでできるかわからない、けれど、できるところまで弘文をめぐる旅を続けよう、私は決めた。

第一章

激賞と酷評と

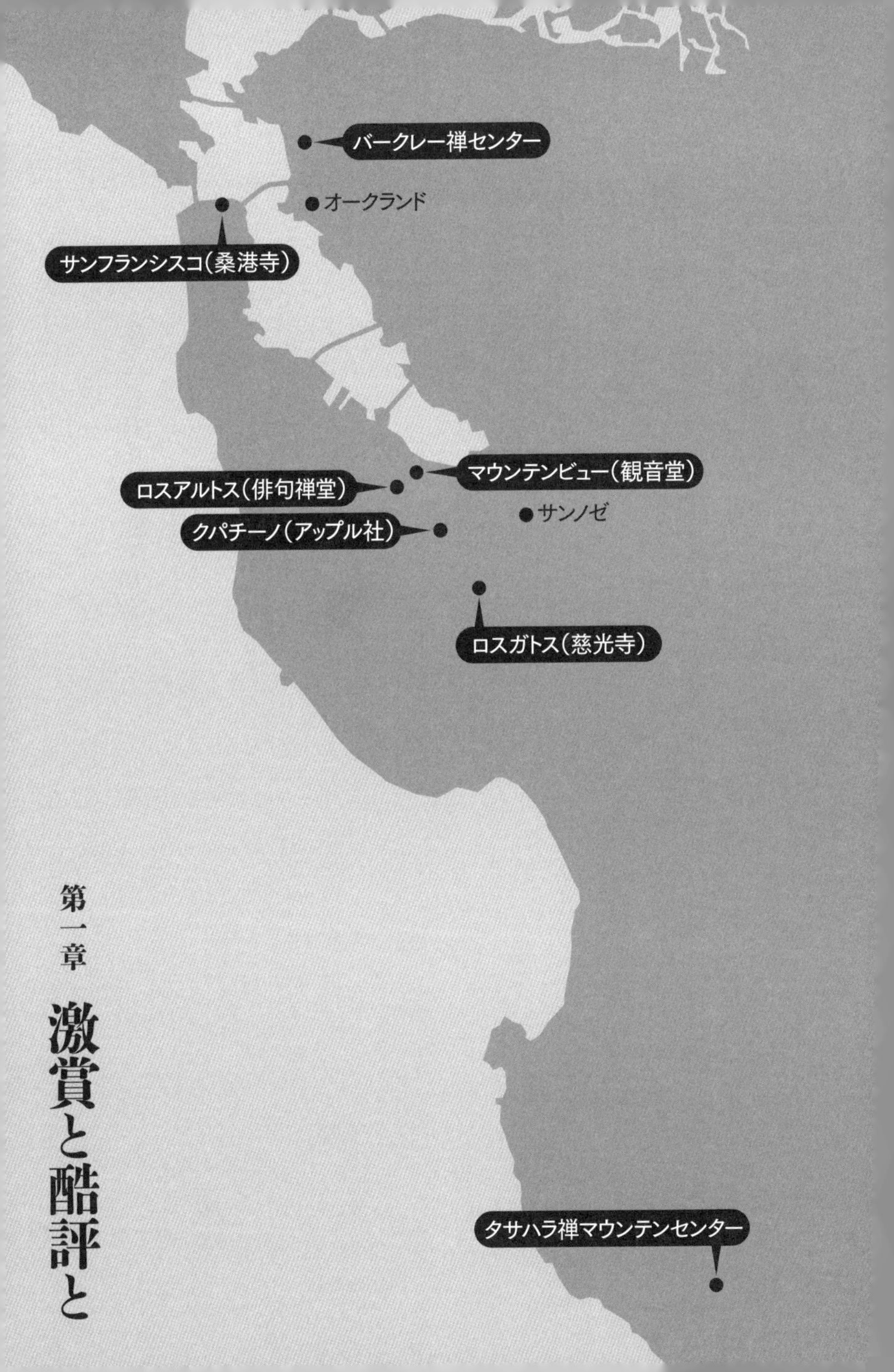
バークレー禅センター
オークランド
サンフランシスコ（桑港寺）
マウンテンビュー（観音堂）
ロスアルトス（俳句禅堂）
サンノゼ
クパチーノ（アップル社）
ロスガトス（慈光寺）
タサハラ禅マウンテンセンター

賢者であり未熟な少年

ジョブズの友人、レス・ケイの話

あなたが、オークランドの秋葉老師から紹介された方ですか。おっしゃるとおり、私が、マウンテンビュー観音堂・禅メディテーションセンター住職のレス・ケイです。さあ、お入りください。ただ、話を始める前にひとつだけ申し上げておきます。スティーブ・ジョブズの埋葬に関してはノーコメント。それ以外なら、なんでもお話ししましょう。

弘文が亡くなったのは、二〇〇二年の夏でしたか。あれからもう二〇年近くも経つのですね。「ヨーロッパにて弘文死す」の知らせは、すぐに私のもとにも届きました。

スティーブ・ジョブズから電話が入ったのは、その直後です。

受話器の向こうで、スティーブはさめざめと泣いていました。彼はとても感傷的で、すすり泣く声が五分くらい響き続けました。その間に時折、「なぜ?」「どうして?」とつぶやいていましたね。ですが、スティーブは答えを求めていたんじゃない。ただ話す相手が欲しいのだと、私にはわかりました。

振り返れば、スティーブが癌と診断されたのは、その一年後のことでした。

私が、スティーブと逢ったのは一九七五年。場所は、今あなたがいる〝ここ〟です。当時、この家のガレージは禅堂になっていましてね。一七人しか坐禅することのできない小さな禅堂。

若きジョブズが弘文と運命的に出逢った俳句禅堂の今

一七は、五・七・五の俳句と同じ数だということで、俳句禅堂と名づけられました。

サンフランシスコ郊外、カリフォルニア州ロスアルトス市にあるこの建物は、現在私の自宅で、俳句禅堂だったスペースも、今では妻の事務所になっています。ご覧になりますか？　どうぞ。段差があるから気をつけてくださいよ。

せっかくですから、簡単に俳句禅堂の歴史をご説明しましょう。

あなたは、亡くなった鈴木俊隆《しゅんりゅう》老師をご存じですか？　アメリカ西海岸に、禅の種を蒔《ま》き育てた禅僧です。師が、一九七〇年に著《あらわ》した『禅マインド　ビギナーズ・マインド』は、アメリカで禅を学ぶ者のバイブルで、半世紀近く経た今も版を重ねているロングセラーです。

俳句禅堂を創設したのは、この鈴木俊隆

老師でした。

老師が、曹洞宗の布教師としてサンフランシスコの「桑港寺《そうこうじ》」に赴いたのが一九五九年。その後、近郊に布教を広げていきましたが、特にスタンフォード大学周辺では、学生を中心に坐禅会が盛んに開かれました。あの頃は禅堂がなかったので、学生寮や学生の自宅を使ってね。そうしているうちに、参禅者のひとりが自宅ガレージを禅堂に改造し、みんなに開放したんです。これが俳句禅堂の始まり。一九六六年八月のことでした。

私が、俳句禅堂に通い始めたのもその頃です。

コーネル大学工学部を卒業後、「ＩＢＭ」に勤めていた私は、精神世界を求めて、自宅のそばにできた俳句禅堂の門を叩きました。鈴木老師の指導は、私が求めていたものそのものだった。先ほど触れた『禅マインド　ビギナーズ・マインド』は、老師の俳句禅堂での法話をまとめたものです。

俳句禅堂には、桑港寺から鈴木老師や、弟子の日本人僧侶が通って来ていました。しかし、やはり専属の僧侶が必要ということで、一九七〇年に弘文が赴任したのです。


スティーブが俳句禅堂に顔を出し始めたのは、その四、五年後。彼はオレゴン州のリード大学を中退し、実家があるロスアルトスに戻っていました。ええ、彼の実家とは、アップルを創業したといわれる伝説のガレージがある例の家のことです。ここから車で一〇分くらい。今では、観光スポットになっていますよ。昔は静かだったこの辺《あた》りも、何かと騒がしくなってしまって。アップル本社にもやはり車で一五分ほどだし、シリコンバレーのど真ん中ですからムりもないことですが。

　スティーブとは、よくここで一緒に坐禅を組みました。彼はヒッピーだったけれど、大変思索的で求道的《ぐどう》。リラックスしたところがまったくなくて、一切笑わず、怖いくらいだった。坐禅の後で、人生の根本的な不安や疑問をとめどなく私に訴えたものです。この世のどこに自分を据えるか探しあぐねているようでした。特に、「精神世界をどう仕事に反映させられるか？」という質問が多かったですね。

　スティーブは、そうした問いから出発し、禅の精神を学び、遂には、ミニマルで美しく、創造的で想像力に満ちたアップル製品を世に送り出した。見事な人生でした。

　スティーブが俳句禅堂に通ったのは、一、二年間だったでしょうか。夜中に長い間、スティーブと弘文が、この辺りの小径《こみち》を歩きながら語り合っている光景を何度も目にしました。あの頃、私もスティーブも、世界や人類の愚かさに怒りを覚えてピリピリしていた。その怒りをスティーブの場合、アップルで世界を変えるという方向に向けたわけですが、弘文は実に聞き上手で、私たちのマグマのようないらだちを柔らかく受け止めて、適切なアドバイスをくれました。


　スティーブと弘文の親密な間柄は、弘文が亡くなるまで続きましたが、スティーブが俳句禅堂に現れなくなってから、私自身は逢うこともなくなってしまいました。

　再会したのは、自ら創業したアップル社から一度は石もて追われたスティーブが、一九九六年、劇的に同社に復帰した後です。私は、アップルを含むＩＴ企業数社で禅を教え始めたところでした。それで、スティーブに連絡すると、「じゃあ、社のカフェテリアで一緒にランチをしよう」となって。その後もしばしば昼食をともにしたし、スティーブは私にひじょうに協力的でした。

彼は、

「禅修行に集中してはいないが、修行そのものは続けている」

と、語っていましたね。

実は、弘文が俳句禅堂に赴任した後の数カ月間、私は禅堂に続く母屋《おもや》で彼と同居しています。だから見えてしまった側面もあるのですが、いささか話しづらいことをあえて申し上げたいと思います。

弘文は精神的な賢者であるかたわら、未熟な少年でした。私など、何度約束をすっぽかされたことか。

それに、お酒にもだらしがなかったし、お金にもルーズでした。一度など、クレジットカードの負債を二万五〇〇〇ドルも抱えてしまって、結局、弟子たちで肩代わりしたんですよ。ですが、私は一銭も援助しませんでした。だって、いくらアシスタントでも、そんなことまで尻拭いをする必要はないじゃありませんか。

一九七〇年代というのは、おかしな時代でね。とにかく「禅はクール！」と受け止められて、日本からやって来た禅僧の袈裟《けさ》や所作《しょさ》、何から何までがカッコよく映ったんです。彼らは、一種のアイドルでした。親の世代と異なる価値観を見出そうと必死だったアメリカの若者たちに、東洋から渡って来た禅僧たちは、大変な影響力を持っていたのです。

弘文のカード負債についても、弟子の中には、「禅修行の一環としてあえてしたのだ」などと神格化する者までいて。バカバカしくてつき合っていられなかったですよ、実際。

女性関係にしてもね、彼の場合、褒《ほ》められたものではなかった。

ただし、では彼が色事師《いろごとし》やドンファンだったのかといえばそうではありません。時折、教祖や教団のセックススキャンダルが世間を騒がせますが、弘文は、指導者の立場を利用して破廉《はれん》恥《ち》な行いをするような人では決してなかった。もっと純粋でした。

繰り返すようですが、あの時代、日本人僧侶は信じられないくらいモテたんです。ある種のアメリカ女性にとって、彼らはエキゾチックでセクシーな存在だった。弘文は、それらの女性たちから積極的に迫られて抵抗できなかったのでしょう、惹きつけられてしまったのでしょう。

なぜなら、彼の心が純情な少年のままだったから。

俳句禅堂が手狭になった後、弘文は都会の禅堂と、大自然の中の修行場を創りました。前者が一九七九年に創設され、現在私が住職を務めるマウンテンビュー観音堂で、後者はここから一時間ほど山に入った慈光寺です。慈光寺は一九八三年に草創されましたが、以降、弘文はあちらにいることが多くなったので、私との交際も途絶えました。

弘文には、たくさん優《すぐ》れたところがありました。しかし、それに負けないくらい欠点を抱えた人でもあった。スティーブ・ジョブズが師と仰いだということで、彼を伝説化するのはまちがっていると思います。

正直なところ、彼の死を聞いても私自身は少しも悲しくなかった。というより、むしろ怒りを覚えました。

幼いお嬢さんが湖で溺《おぼ》れたのを救おうとして、ともども溺死《できし》したとのことですが、ちゃんと子どもを見ていたのでしょうか？　いつものように、酔ってしまってろくに世話をしていなかったのではないですか？

釈迦をひたむきに学び、真実に生きる

弘文の弟子、アンジィ・ボワサヴァンの話

こんな山奥までようこそ。九十九折《つづらおり》の山道が続いているから運転は大変だったでしょう。え？　玄関前を七面鳥が行進していて驚いた？

ははは、あれは野生の七面鳥。この慈光寺には、野生鹿もたくさんいるんですよ。サンタクルーズ山脈に囲まれたここカリフォルニア州ロスガトス市は、シリコンバレーの奥座敷。ＩＴ産業の中心地、サンノゼから車でほんの一時間だというのに大自然が残っています。標高七〇〇メートルだから、夏でも朝夕は冷えますよ。

弘文――私は彼をこうファーストネームで呼んでいました。なぜなら、本人がそう望んだからです。ほかの日本人僧侶たちはみんな、老師とか先生と呼ばれているのに、「自分は弘文で充分だ」と。ですから、私だけでなく弟子の誰もが弘文と呼んでいましたね。

弘文は、アメリカやヨーロッパにいくつもの禅堂を残しましたが、慈光寺がもっとも心血を注いだお寺です。

私は、このお寺で二〇年間ほど弘文に仕えました。今は、サンノゼで「フローティング禅堂」という小さな禅堂を運営していますが、摂心指導を頼まれることもしばしばで、今でも慈光寺とは深い縁で繋がっています。

なんといっても、ここには弘文とお嬢さん、摩耶《まや》ちゃんのお墓もありますし。はい、二人は境内の森の中、小川のほとりにひっそりと仲よく眠っています。

私と弘文の出逢いは、俳句禅堂時代に遡《さかのぼ》ります。

弘文と娘、摩耶の墓(ロスガトス・慈光寺)

あれは一九六九年でした。私と夫は、目的地を決めずにドライブ旅行をしようと思い立ちまして。それで、北カリフォルニア、カーメル渓谷の奥深くに分け入ったところ、突如、眼前に東洋的な建築物が現れたんです。驚きましたねぇ。後から知ったのですが、それこそが、全米初の本格的禅道場、「タサハラ禅マウンテンセンター」だったのです。
おそるおそる建物の中に入ると、そこに

は、私が生まれてからずっと聴きたかった声で話している人がいました。鈴木俊隆老師でした。私は、その瞬間に禅世界に惹きつけられたのです。それ以降、私のタサハラ通いが始まるのですが、あまりにも奥地にあるので、鈴木老師が、私の自宅に近い俳句禅堂を紹介してくれて。私は、こうして若き日の弘文に出逢ったわけです。

俳句禅堂では、若かったスティーブ・ジョブズとも一緒に坐禅を組みましたよ。けれども彼は、ひじょうに感じが悪くてクレイジーな人だった。あんな傲慢《ごうまん》な生き方をしていたのでは、肉体も病んでしまいます。反対に、本当に頭のよい人だとは思いましたけれど。

そうそう、これは後年のことですが、スティーブに慈光寺への献金をお願いに行ったことがあります。ただし、「個人には寄附するが、団体はダメだ」と断られました。でも、弘文が困ることはなかった。彼には、ほかにもお金持ちの支援者が何人かいましたから。

その点、弘文は幸運でした。彼がアメリカで降り立ったのは、後にシリコンバレーと呼ばれ、豊かな富を生むことになる地。弘文を慕った人々の中には、そこで宝の山を掘り当てた起業家やエンジニアが少なからずいたのです。

あら、暗くなってきましたね。山の夜は早いから。薪《まき》ストーブでも焚《た》きましょうか。この建物、日本建築のように見えるでしょう？　でもそうじゃなくて、元はクエーカー教徒の学校だったんですよ。

私たちがここを手に入れた時は、周囲にヒッピーやホームレスがたくさん住みついていて。ドラッグ、騒音、ゴミの山と、それはひどい状態でした。

ある時、その一団がやって来て嫌がらせをしたんです。

「ここはおまえたちのものじゃない。神のものだ！」

私たち弟子はとても慌てたのですが、あの時の弘文は実に彼らしかった。

「そうだ、そのとおりだ」

と、静かに答えたのです。

そう言われたヒッピーたちは、拍子抜けしてしまってね。その後は、逆に弘文になついて、慈光寺に顔を出すようになりました。

この一件は、とてもよく弘文の人となりを表していると思います。彼は、社会から疎外された人々にそれはそれはやさしかった。


慈光寺の開創は一九八三年。

俳句禅堂は、何せ元はガレージでしょ。摂心をしたくてもどうにもならないので、ユースホステルや農場を借りてしのいでいたんです。だけどやっぱり、大自然の中で思い切り摂心ができる自分たちの場所が欲しいねと、みんなで盛り上がって。若かったですから、私も弘文も誰も彼もが。

みんなでお金を積み立てたり、スタンフォード大学の文化祭で日本文化を紹介しつつ募金したり、弘文の書をポスターにして配りお布施を集めたりして、この土地を買いました。ええ、弘文はとてもよい書を嗜《たしな》むんです。晩年は、大学で書道を教えたくらい。

慈光寺の敷地面積は一万六〇〇〇坪。広いですよね。この広い土地に、キッチン兼居間のこの建物、大小二つの禅堂、居住区、宿坊《しゅくぼう》、茶室などがあります。

はぁ？　慈光寺が、日本の曹洞宗から認可されていないのは本当か？

はい、そのとおりです。ですから、私も含めた弟子たちも日本曹洞宗からは認められていません。だって、そもそも弘文が届けを出さなかったんですもの。彼はわざとそうしたんです。弘文は、日本の曹洞宗を布教したかったわけじゃない、法《ダルマ》、つまり仏陀《ぶっだ》の教えを伝えたかったのです。

弘文には欠点もいっぱいあったけれど、釈迦《しゃか》の心をひたむきに学び、真実に生きたのは確かです。天才、純真、卓越した洞察力――私は、そんな弘文が大好きでした。

弘文の純粋な人柄を理解してもらうために、永平寺時代のエピソードをお話ししましょうか。これらはすべて、弘文の法話《ほうわ》を私がノートに記録したものです。ええ、永平寺のことはもちろん知っていますよ。私自身、何度も参禅《さんぜん》修行に行っていますから。

まず、永平寺の門を叩いた理由を、弘文はこんなふうに語っています。

お釈迦さまは、どんな人生を生きられたのか？　いったい何を悟られたのか？　京都大学の大学院時代、私はそれを知りたくて本を貪《むさぼ》り読みました。その結果、頭でっかちになって混乱し苦しみました。あの頃の私は、本当に高慢ちきな青二才だった。

ある朝、物干し場に出ていつものようにあれこれ悩んでいた時、「寺に入り、坐禅に徹し、一から修行しよう」と思い立ったんです。その瞬間、頭の中で混沌としていた言葉の数々がきらりと光彩を放ちました。

私は、それ以前に永平寺を訪ねています。〈雁行《がんこう》〉といって、修行僧が整然と列を成して歩いている姿に感銘を受けました。自分もあのように、道元禅師が開かれた永平寺で、道元禅師の魂を感じながら、朝から晩まで修行したいと渇望したのです。

弘文は、京都大学で修士号を取得した時、指導教授の長尾雅人《がじん》先生から、大学に残ることを勧められたそうです。長尾教授は、インド・チベット仏教の文献学的、哲学的研究の大家。つまり、弘文には学者になる道もあったのに、頭ではなく身体で仏道《ぶつどう》を学ぼうとした点に、私は彼の一途な魂を感じます。

永平寺における初めての〈独参《どくさん》〉も——独参とは、単独で師に面接することです——弘文ならではのものでした。

老師の目を見つめた途端、私の中で何かが崩れ落ちて滝のように涙が流れました。涙は止まらず、私は泣き続けた。老師は、私に何も問おうとはしませんでした。その代わり、低い声で六〇〇巻におよぶ『大般若経《だいはんにゃきょう》』を、頭から時間をかけてお唱えになり、最後に、「大丈夫、戻って坐禅を続けなさい」とおっしゃったのでした。

当時、弘文は二七歳。子どものように無垢《むく》な性格は、亡くなるまで変わらなかったですね。

ちなみにここに出てくる老師とは、後の永平寺貫首、宮崎奕保禅師のようです。

弘文が、私たちに禅を伝える上でもっとも大切にしていたのが坐禅です。少し長くなりますが、また法話ノートから誦《よ》み上げますね。

坐禅時に適切な姿勢を保つことを、繰り返し勧めたいと思います。なぜなら姿勢は心の鏡、身体を貫く目に見えない生の反映だからです。

今ここにいる自分を保つような、なめらかで深い呼吸に身体を委《ゆだ》ねることです。そのうちに、呼吸をしていることすら忘れる瞬間に出逢います。その瞬間、魂が呼吸に彩りを与え、心や目に映っているすべての映像が呼吸の中に溶け込みます。

この時、みなさんは、それらの映像を消し去りたいとか、忘れたいと思うかもしれません。しかし、そうするべきではありません。見続け、起きることを起こるがままにさせるのです。なぜなら、心や目に映るものは、あなた自身のとても大切な一部だからです。現象を判断しろと言っているのではありません。むしろ観察するのです。

出逢い、わかり合えるのがもっともむずかしい人物、それは自分なのですよ。

日常生活では、ひとりきりになる時間などまずないでしょう。人は、思いどおりにならない人生に直面しています。生きて行動すれば、来る日も来る日も、自分では処理できないたくさんの出来事に遭遇します。だから時折、不定期に、短い時間でいいからじっと自分を見つめるのです。

ね、禅や坐禅を知らない人でも、すっと入っていける教え方だと思いませんか？

もちろんアメリカ人が相手ですから、法話や指導はすべて英語で行われました。弘文の英語は、流暢《りゅうちょう》でも雄弁でもなかったですよ、語彙《ごい》は豊富でしたけれど。そして、テンポはとにかくスロー。話の間に、しばしば考え始めて長い、ながい間《ま》ができるんです。話している本人が、そのまま寝ちゃったこともありました、ふふふ。信じられないでしょうが、弘文ってそういう天然な人でした。


弘文は、私たちアメリカ人に日本式の禅を押しつけようとはしませんでした。アメリカには、アメリカの禅があっていいと考えていたのだと思います。禅は、インドから中国、中国から韓国や日本に伝わった。そして、各国で異なる形の禅が育まれた。アメリカ禅はまだ若くて確立していないけれど、日本と違う形態になるだろう――弘文は、こう考えていたようです。

「本当は、外国人の私がリーダーになるべきじゃないんだ。文化の違いは大きいし、自分はその事実に繊細でありたい」

と、語っていましたね。

弘文は、お寺の子として生まれ育ったことに大変感謝していたけれど、一方で、

「仏教漬けの子ども時代はきつかったよ」

とも話していました。

弘文には、いつもどこかに日本の仏教界の殻《から》から飛び出したいという思いがあったのではないでしょうか。その証拠に、永平寺から渡米を打診された時は、「ドリームズ・カム・トゥ

ルー！（夢は叶うものだ！）」と思ったそうです。

そんな弘文が創った慈光寺には、独特の風習があります。

たとえば、坐禅の際に、〈警策《きょうさく》〉を用いないというのもそのひとつ。そうです、姿勢を直したりする時に使うあの棒、あれが警策です。警策は時に暴力的というか、お仕置きのようにまちがって使われてしまうことがあるので、弘文はそれを避けたかったのです。

とはいえ実は、警策って、筋肉をリラックスさせるので気持ちがいい側面もあるんですよ。でも、弘文はそうした用具は不要と考えました。リラックスしたいのなら、坐禅の途中でも立って歩けばいいじゃないか、と。

同様に摂心の時も、門を閉めるほかのお寺と違い、慈光寺では開いたままです。好きな時に坐禅をやめて、極端な話、外に出て行ってもかまわない。慈光寺では、誰もあなたを監視しないし、強制もしない、すべてはあなたのままにということなのです。

ところで、先ほど私は、弘文には悪いところもあったと言いました。少しそのあたりの話もしておきましょうか。

弘文は、物心ついた時から坐禅を組み、経を読み、十代で得度《とくど》しています。幼い日々には、正式な坐禅の形、結跏趺坐《けっかふざ》に足を組んだままで歩いては、父親を笑わせたと話していたくらい。要するに、仏教以外の教育を受けていないのです。だからこそ純粋なのですが、逆に、現実的な生活能力には欠けていました。ああいう人を、夫や父親に持ったら大変ですよ。

だからね、私は、突然溺死した最期《さいご》も弘文にふさわしいと思っているんです。だって、好ましい死を迎えられるような人じゃありませんもの。

弘文が亡くなったのは、スイスの山中。いえいえ、〝湖〟で溺れたのではありませんよ。弘文の弟子のひとりに、ヨーロッパの大富豪の子息がいましてね。彼の別荘の〝池〟で亡くなったんです。あの別荘には私も滞在したことがありますが、五歳だった摩耶ちゃんはともかく、大人が溺れるような池では決してありません。

死因は心臓麻痺と聞いています。弘文は、もともと心臓が弱かったとみんなは話していますが、実際はどうだったのでしょう？

僕はあの人、感心しません

カリフォルニア州ロサンゼルス禅宗寺僧侶、加藤和光の話

いやぁ、人間八〇歳を過ぎると物覚えがあやしくなりますな。なんのご用件でしたっけ？

あぁ、あなたが、アメリカの禅の歴史を知りたいって言っていた人ね。

え？　それと、乙川弘文さんのことも知りたいって？

ふーん、弘文さんねぇ。僕は、あの人、感心しませんけれど。仏教には戒《かい》があるというのに、あの人ときたら……。

まぁ、いいでしょう。弘文さんのことは、おいおいお話しするとして、まずは、北米禅の歴史から始めましょうか。いや、その前に日本の禅についてざっと説明しておきますか。

日本に禅が興《おこ》ったのは鎌倉時代。それ以降、武士、庶民を問わず全国に広まっていきましたが、現在日本には、曹洞宗と臨済宗《りんざいしゅう》の二大宗派が存在します。

たとえば、一休さんは臨済宗、良寛さんは曹洞宗。そして、私も弘文さんも曹洞宗の僧侶です。曹洞宗は今、日本に一万五〇〇〇カ寺あり、僧侶二万五〇〇〇人、檀信徒八〇〇〇万人と、日本有数の仏教教団です。日本にはほかに、黄檗宗《おうばくしゅう》といって、中国明《みん》代の禅をそのまま踏襲した宗派もあります。

しかし、禅は日本発祥のものではありません。釈迦――正式名は「釈迦牟尼仏《しゃかむにぶつ》」、また、僕ら僧侶や学者は「釈尊《しゃくそん》」とお呼びすることも多いですが――の教えが、六世紀前後に禅宗を開いた菩提達磨《ぼだいだるま》――はい、日本ではダルマさんと親しまれている、あの達磨大師です――によってインドから中国に伝えられ、かの地で曹洞と臨済の二派に分かれた後、日本に伝わりました。日本に曹洞宗をもたらしたのは、鎌倉時代の一三世紀に中国に渡った道元《どうげん》です。この道元禅師が開創したのが、弘文さんが渡米前まで修行していた福井県の永平寺ですね。

ところで、彼が永平寺を下山《あさん》してサンフランシスコに来たのは何年でした?

あ、そう、一九六七年。なるほど、それで僕は、彼とすれ違ってしまったわけだ。僕が、曹洞宗からサンフランシスコに派遣されたのは一九五二年。あそこに一一年いた後、当地ロサンゼルスの「禅宗寺《ぜんしゅうじ》」に異動していますから。でも、弘文さんには、布教師の会合などでしばしばお目にかかっていましたよ。

さて、弘文さんや僕が修行した曹洞宗の教えは、〈只管打坐《しかんたざ》〉といって、ただ坐ることです。

目的を持って坐禅するのではなくて、ただただ坐り、日常に坐禅と同じ価値を見出す。

これに対し、臨済宗は〈公案《こうあん》〉を繰り返すことを修行の旨《むね》とします。公案とは、菩提達磨が伝えた仏教の真髄とは何かを、常識以前の宇宙の真理を通じて答えることで悟りに近づく方法です。

五山十刹《ごさんじっせつ》や五山文学という言葉を聞いたことがあるでしょう? 臨済宗は、幕府や貴族など権力者から信仰を得て、それらの文化を育みました。一方、曹洞宗は、地方豪族や一般民衆に広がっていきました。

大丈夫ですか? ここまでついてきていますか?

実は、僕は僧侶を務めつつ、カリフォルニア州立大学ロサンゼルス校や名古屋外国語大学で、長いこと東洋哲学や仏教学の教鞭を執っていたんですよ。それで、どうしても話が講義調になってしまう。わからないことがあったら訊いてくださいよ、遠慮なくね。

では次に、アメリカの禅について説明します。

北米に最初に禅が紹介されたのは、一八九三年のシカゴ万国博覧会です。あの万博で、日本政府は、鳳凰殿《ほうおうでん》と名づけた日本建築を造設。若き日にそれを見たフランク・ロイド・ライト、かの旧帝国ホテルで知られる建築家が衝撃を受けたといわれます。そんなシカゴ万博では、イベントのひとつとして「万国宗教会議」が開催されたのですが、ここに臨済宗の僧侶、釈宗演《しゃくそうえん》が出席したんですね。

釈宗演はこの時、「オープン・コート出版社」のポール・ケーラスという編集者に出逢います。これは、とても大きな収穫でした。というのも、その後、釈宗演の弟子で仏教学者の鈴木大拙《だいせつ》が、ケーラスと繋がるからです。

鈴木大拙は、もちろんご存じですよね？

著作を読んだけれど難解だった？

そうでもないけどなぁ。

大拙は一八九七年に渡米すると、一〇年後に、オープン・コート出版社から『大乗仏教概論』を出版。これが話題を呼んで、禅がアメリカの知識階級の知るところとなります。大拙はその後、ニューヨークを拠点にコロンビア大学やハーバード大学、また、米国上流社会で講演活動を続けました。臨済宗は、今でも東海岸のエスタブリッシュメントに人気がありますが、その背景にはこんな歴史があるんです。

反対に、西海岸では曹洞宗が圧倒しています。弘文さんと縁があったというスティーブ・ジョブズもカリフォルニアの人でしょう？　彼が最初に出逢った禅は、曹洞禅だったにちがいありません。

曹洞宗が、アメリカ本土で第一歩を踏み出したのもカリフォルニアでした。一九二二年に、曹洞宗から開教師として派遣された磯部峰仙《ほうせん》が、ロサンゼルスに仮禅堂を開いたのが本格的な始まり。ここは後に禅宗寺に発展し、今、僕はこのお寺に在籍しているわけです。

磯部老師は、その後の一九三四年、今度はサンフランシスコに桑港寺を開きます。僕が、日本からこの桑港寺に赴いたのは、それからおよそ二〇年後のことでした。

ここで少し、当時の西海岸の文化状況について解説しておかなければなりません。これを語る時、忘れてならないのがアラン・ワッツの存在です。

ワッツは、カウンターカルチャー、反主流文化の教祖とも呼ばれ、一九五〇年代の〝西海岸の知性〟に多大な影響力を持っていた思想家です。イギリス生まれの彼は、後にサンフランシスコに移住。「米アジア学研究アカデミー」に入り、禅を含む東洋思想の研学を進めました。

その頃、僕は、ある学者を通じてワッツに紹介されましてね。逢ってみると、とても包容力のある人でした。「禅を学びたい」とのことだったので、僕が米アジア学研究アカデミーで禅の講座を持つことになったんです。

しかし、禅はいくら口で説いても意味がありません。わかりにくい答弁を「禅問答《ぜんもんどう》」とたとえるくらい、禅の話って理解しにくいでしょ？　けれども、坐禅を何年も続けると肉体でわかるようになるものなんです。

そういうことで、僕が、「桑港寺で一緒に坐禅しよう」と、アカデミーの人々に声をかけ、参禅会は一九五五年から四年くらい続きました。ワッツが一九五七年に発表したベストセラー、『ザ・ウエイ・オブ・ゼン（禅の在《あ》り方）』に、僕への謝辞が書かれているのはそのためです。

とはいえ、ワッツ個人は坐禅をしませんでしたけどね。結局、彼の禅は知的禅――インテレクチャル・ゼン――にとどまってしまいました。しかし、たとえ知的禅であっても、アメリカ人、特に若者たちに禅が普及した事実は大きいと思います。

アメリカの物質文明に行きづまり精神世界を求めていた彼らにとって、坐禅や禅は充分に魅力的だったのでしょう。桑港寺には、次第にアメリカ人が集まるようになりました。なかには、面白半分でやって来る若者もいましたが、参禅を続けた人たちは、「人間は孤独で儚《はかな》いものだ。禅によって世界と繫がりたい」と真摯《しんし》に考えて、次第に〈僧伽《そうぎゃ》〉――サンスクリット語や英語ではサンガと発音しますが――つまり信仰者の集団を形成していきました。

この頃、曹洞宗から桑港寺に派遣されたのが鈴木俊隆師です。ご承知のように、師は、弘文さんをアメリカに招いた僧侶。こうして、北米禅の歴史の一幕にようやく弘文さんが登場するわけです。

僕は、鈴木師とは、桑港寺で四年間ほど一緒に活動しましたけれど、自然体でしっかりと禅的生き方をされた方でしたよ。ただし、今では、鈴木師がアメリカに禅の種を蒔いたように語られていますが、それはちょっと違う。鈴木師の渡米以前に、ワッツたちが肥沃な土壌を育てていたことを忘れてはいけません。

ついでに申しますと、彼や弘文さんをあたかも教祖のように崇《あが》めるアメリカ人が多いのですが、僕はそれにも違和感を覚えます。彼らの法話を聴いたり、書いたものを読んだりしますと、昔から田舎の坊さんが説いていたことそのもの。特筆すべきことは何もないんです。しかし、アメリカ人は初めて聴いたものだから、衝撃を受けたんでしょうな。

僕だって、二人がパイオニアとして、アメリカ人の中に深く入り込んでいったことは認めます。ただ、二人とも時代や土地が禅を求めた時期にジャストタイミングで登場した、その流れに乗っただけといえないこともないのです。

ジョブズが弘文さんを師と仰いだと伝えられますが、ジョブズにはそもそも禅に対する憧れがあって、その時にたまたま弘文さんが近くにいた、それだけのことじゃないかという気がしないでもありません。それから、弘文さんには子どもみたいなところがあったから、アメリカ人のジョブズは、それをもって〝禅的〟で〝無垢な聖者〟と思ったのかもしれません。

話題は少し変わりますが、今、僕には憂慮していることがあります。

ひと口に禅寺といっても、アメリカには二つの種類があります。ひとつは、日本人や日系アメリカ人が主な信者で、戦前の日系人排斥運動の苦しい時代に、日系人同士、肌寄せ合って信仰してきた歴史を持ちます。こういったお寺は、日本同様、檀家《だんか》形式を用い、葬式や法事といった行事が主体です。

もうひとつは、一般のアメリカ人が通う禅堂や禅センターですね。こちらは、坐禅会やワークショップが中心で、弘文さんが開いたお寺はこちらのタイプに属します。

二つのタイプのどちらが良いとも悪いとも言えないのですが、問題なのは、最近後者の中から「米国独自のアメリカン・ソウトウを創ろう」という気運があって、これがどうも歪《ゆが》んでおるのですよ。

たとえば、これを見てください。アメリカの汎《はん》仏教雑誌ですが、ここに「Pursuing Happiness（幸福を追求する）」と大きな文字で印刷されています。けれども、あなた、そもそも禅は何も追求しないのですよ。ただ只管打坐あるのみ。

「アメリカには、アメリカの禅があればいい」と、弘文さんなら言いそうですが、仮にそうだとしても、まずは、アメリカ人がアカルチュレーション、つまり一度自分の文化を取り払う必要があります。

率直にいって、アメリカ人の考えは甘い。アカルチュレーションすることなく、自分たちの文化尺度で禅を勝手に解釈しているような気がしてなりません。彼らに、自らの左腕を切り落としてまで仏法《ぶっぽう》を求めた慧可《えか》に匹敵する覚悟はまったく見られません。慧可はご存じですよね？　達磨大師のお弟子さんですが、当初は入門を乞うも受け入れられなかったために、大師の前で左腕を肘の部分から切り落とし、志を示した人物です。

弘文さんゆかりのお寺では、この頃《ごろ》、曹洞宗から逸脱してチベット仏教やネイティブ・アメリカンの儀式を導入するなど、いろいろな宗教がごちゃ混ぜになっていると聞きました。感心しませんね。

最初に申し上げたように、僕は弘文さんによい印象を持っていません。仏教には戒があり、〈不邪淫戒《ふじゃいんかい》〉もそのひとつ。不道徳な性行為や性に溺れることを禁じているのです。はい、僕も、弘文さんがいわゆる〝できちゃった婚〟を発表した布教師会議には出席していましたよ。何十も歳の離れた、自分の娘のような女性とあんなことをするなんて。さらに、弘文さんはお酒も相当嗜まれたようで、〈不飲酒戒《ふおんじゅかい》〉をも破戒《はかい》していますね。

そういうお坊さんを認めることは、僕にはとうていできないのですよ。

旅Ⅱ

乙川弘文について、ある人は、

「釈迦の心をひたむきに学び、真実に生きた」

と肯定し、ある人は、

「ああいうお坊さんを認めることなど、とうていできぬ」

と否定。

また別の人は、

「(弘文の)死を聞いても少しも悲しくなかった」

とまで言いきった。

一方、スティーブ・ジョブズは、弘文の死を知ってさめざめと泣き続けたという。

ひとりの人物に、これほど極端な意見が交差することに、私はしばしば混乱し、〈破戒僧〉の一語が、ふと頭の片隅をよぎった。

破戒僧――仏門に入るために戒律を受けたものの、戒律を破る者。特に、女犯《にょぼん》など道徳的に正しくない行いに溺れる者。

移民の国、アメリカには、世界中から聖職者が移住する。仏教だけでも、チベット僧、タイ僧、中国僧、そして日本から渡った僧侶たち。加えて、前章で出逢ったようなアメリカ人の禅僧も、意外なことにたくさんいるのだ。そんな中から、ジョブズがわざわざ破戒僧を選んだとは考えられないが……。

二〇一二年一月、山中の夜は肌寒かった。私は、弘文が開創した慈光寺の宿坊で、弟子のアンジィ・ボワサヴァンから手渡された弘文の法話記録を読んでいた（第一章参照）。禅の素養がない私には、わかりかねる内容が続いたが、ある文章に出逢った時にページを繰《く》る手が止まった。

長時間坐禅していても、筋肉のバランスを保った本当に正しい姿勢で坐っていれば、あたかもそこには何もないかのような地平にいたることができます。（中略）そして、小さな自分の存在を忘れた瞬間、全世界が現れるのです。

どこかで読んだ文章だった。どこだったたか……。そうだ、ジョブズが語っていた「直感が花開く」だ。

ただただ坐って自分を見つめると、心に落ち着きがないことがよくわかる。静めようとするとかえってざわついてしまうのだけれど、時とともに落ち着いて、普段は捉えにくいものが聞こえる余地ができる。その時、直感が花開くんだ。いつもより物事がくっきり見えて、現状を把握できる。胆《きも》が穏やかに据わり、今まで見えなかったとてつもない広がりが眼前に開く。

これは、伝記作家のウォルター・アイザックソンが著した『スティーブ・ジョブズ』の中に出てくる文章だ。この本は、報道機関に不信感を抱いていたジョブズが唯一公認した伝記で、著者自身が直接聞いたジョブズの言葉が数多く紹介されている。ジョブズが逝った直後に刊行されたこともあいまって、世界的なベストセラーになった。
弘文は、坐禅で「全世界が現れる」と、ジョブズもやはり坐禅で「直感が花開く」と語った。やはり、二人はどこかで繋がっている——。

その夜は、弘文のこんな言葉も心に残った。

理想的な坐禅とは、呼吸さえ意識しないものです。円を描くように呼吸してごらん。

私は、弘文の法話ノートから目を離し、ゆっくりと「円を描くように」呼吸した。すると、この小さな身体と大気の間で、何かがごろんと動いたような気がした。頭の中で、「破戒僧」と「直感の花」「円を描くように」といった語句が行き来する。

二〇一二年八月三〇日
ユナイテッド航空#八九一便

午後一二時四六分　ロサンゼルス国際空港発
八月三一日
午後四時三五分(日本時間)　成田国際空港着

いまだ混乱していたものの、その思いを抱いたまま私は日本に向かった。弘文が渡米したのは一九六七年。まずは、彼が生まれてからその時までの、日本での足跡を辿ってみたいと思ったのである。

第二章

生い立ちから渡米まで

あらゆる罪を犯し、血みどろになった私

弘文の甥、乙川文英の話

暑い中、ご苦労様です。今年の夏は、まったくこたえますね。雪国、新潟でもこの蒸し暑さです。

ここが、弘文叔父が生まれ育った加茂市「定光寺《じょうこうじ》」でございます。私は叔父の四つ違いの兄、敬文《けいぶん》の長男で、この寺の住職を務めております。

遠いところからご足労いただいたことですし、インターネットなどでさまざまに異なる叔父の経歴が掲載されているようなので、今日は、それらを訂正する意味でもお話しいたします。

ですが、私自身は、叔父は無名のままでいいと思っているのですよ。スティーブ・ジョブズが亡くなって以降、急に叔父が世間の話題に上るようになりましたけれど、曹洞宗を代表する高僧とかそんな存在ではありませんでしたから。

は？　ジョブズが、この寺を訪ねたと新聞記事に書いてあった？

はぁ……。確かに、一九八六年にお泊まりになっていらっしゃいます。ただし、私はその時、京都の大学で学んでいたのでお目にかかっておりません。それに、叔父の行状《ぎょうじょう》についてはお伝えしても、お客様としてごく短期間滞在された叔父の友人については、あれこれ語るべきではないと存じます。

まぁ、何はともあれ、本堂にご案内いたしましょう。

その壁に日本画が飾ってありますでしょ。あれが、叔父が生まれ育った頃の寺の様子です。この付近は、昭和四〇年代に洪水がたび重なりましてね。目の前の加茂川も氾濫したもので、河川敷が拡張された際に、当寺もだいぶん敷地を削られました。

弘文の父、つまり私の祖父の乙川文龍《ぶんりゅう》は、定光寺の二一代目住職にあたります。定光寺を現在の形に整備したのはこの祖父で、大正時代には坐禅堂を開放して、当時はまだ珍しかった託児所を開くなど社会福祉にも積極的な人でした。

ただし、祖父は終戦のおよそ一〇日前、弘文叔父が七歳の時に癌で亡くなりましたので、私は逢ったことがありません。また、祖父以前の住職と弘文に血の繋がりはございません。明治五年に太政官布告《だじょうかんふこく》で「肉食妻帯《にくじきさいたい》」が解禁されるまで、曹洞宗寺院に限らず、浄土真宗以外のすべての宗派において結婚は認められていなかったのです。

祖父は三度結婚しています。最初の妻は、祖父が四〇代の時に死去、二人目は二児を残して早逝。その後、後妻に入ったのが、弘文の母で私の祖母のマサでした。

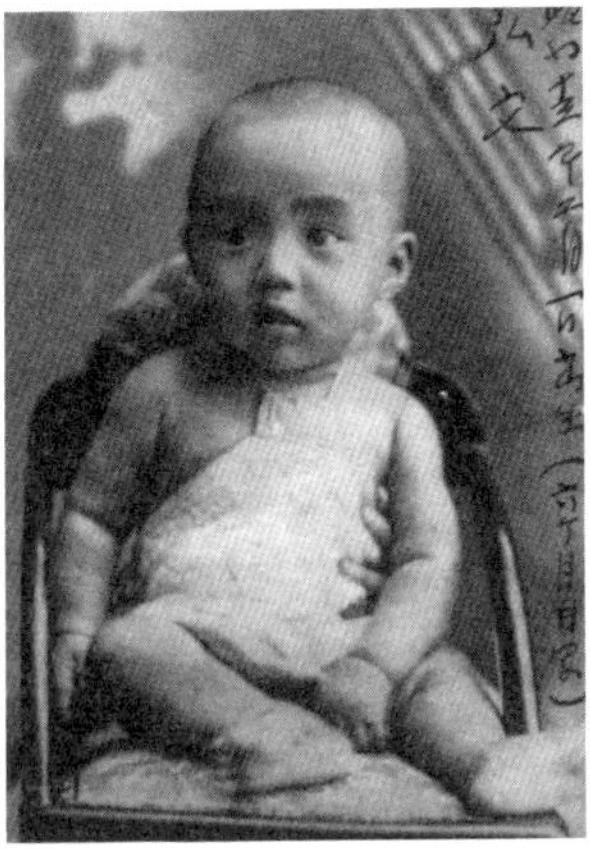

生後半年の弘文。まさに珠のよう
（写真提供／乙川家）

弘文の生まれは一九三八年二月一日。六人きょうだいの下から二番目の三男坊で、父親が数え五六歳にして授かった最後の男子でした。

ですから、親の愛情を一身に受けて育った。家族は、「弘ちゃん」と呼んでいましたね。ええ、それはもうみんなしてかわいがるなんてもんじゃなかった。そのせいか、ちょっと甘ったれというか、困ったところのある叔父ではありました。

さて、そろそろ庫裏《くり》に移りますか。冷たい麦茶でもご用意しましょう。

私が叔父の死を知ったのは、この庫裏の、その部屋でした。明け方に電話が鳴りましてね。まだ床に就いていたので、四時頃だったと思います。でも、こういうことはお寺にはよくあることで、檀家のどなたかが亡くなったのだろうと思っていたんです。

ところが、電話に出た父の大声が聞こえてきました。

その声は、

「Kobun died?（弘文が死んだ？）」

と、言っていました。

夏のことで窓が開いていましたから、二階にいる父の声がはっきりと聞こえました。

電話の主は、オーストリア人の叔父の門弟。内容は、「叔父がスイスの山荘で、娘の摩耶と一緒に溺死した」というものでした。叔父の一番下の娘、摩耶は、まだたったの五歳。家中に衝撃が走りました。

その時、父が、「弘ちゃんは、日本より外国との繋がりが濃いのだから、外国で亡くなったことです。満六四歳、行年《ぎょうねん》六五。叔父は、カナヅチだったと聞いています。二〇〇二年七月二六日の事実を大事にしよう」と申しまして、葬儀はスイスで行われました。叔父も参列する予定だったんですよ。

実は私は、その年の九月に結婚したのですが、結婚式には、叔父も参列する予定だったんですよ。夏を家族とスイスで過ごした後、その足でここに来る計画でした。

あの朝、「Kobun died?」と叫んだ父も、叔父の四年後に亡くなりました。その父の葬儀用の書をしたためたのは、誰あろう、叔父でした。父は長いこと病床に臥していまして、叔父が帰国した際に、「弘ちゃんの書は筋がよいから書いておいて欲しい」と、頼んだのです。叔父は、「全部書くと、敬ちゃんが死んじゃうといけないから、一文字残しておこうかな」なんて言いながら書いていましたね。その叔父が、父より先に逝ってしまうなんて。

当時、叔父の母、マサは――叔父は、母親を「おっかちゃま」と呼んでいましたけれど――まだ存命でしたが、老いのために記憶が曖昧《あいまい》になっていたのがせめてもの救いでした。

叔父の遺灰は、当寺や、叔父が開いたカリフォルニア州の慈光寺ほか、ゆかりのある地に分けて納められております。

そういえば、叔父の死後、外務省から連絡がありました。しかし、「日本国籍を離脱しアメリカ国籍になっているので、外務省として詳細を調査することはしない」とのことでした。叔父が、アメリカ国籍を取得した年は存じません。取得の理由は、二番目の伴侶がドイツ人だったことに関連しているのではと思いますが、詳しいことはわかりません。

叔父の経歴に話を戻しましょう。

叔父のアメリカでの法話記録によると、得度したのは一三歳。当時、新潟市「宗現寺《そうげんじ》」のご住職で、後に曹洞宗大本山「總持寺《そうじじ》」の貫首になられた乙川瑾映《きんえい》禅師によって得度しております。はい、曹洞宗には永平寺と總持寺、二カ寺の大本山があるんです。永平寺は福井県の山中、總持寺は横浜市にございます。瑾映禅師は、幼くして父親を亡くした弘文叔父やきょうだいの後見人になってくださった方です。

同じ法話記録には、瑾映禅師が宗現寺に、曹洞宗の高僧、澤木興道《こうどう》老師をお迎えになった際に、坐禅指導を受け大変に感銘。以来、澤木老師を坐禅の師と仰いだとあります。

なお、得度を曹洞宗に登録したのは一八歳。この年、一九五六年に上京し、一六世紀に曹洞宗が創設した僧侶養成のための学問所、学林《がくりん》を前身とする駒澤《こまざわ》大学の仏教学部に入学しました。駒澤時代も、当時同大学にいらした澤木老師の参禅会に毎週参加したと、叔父の英文履歴書には書かれています。

駒澤卒業後は、京都大学大学院文学研究科に進み仏教学を専攻します。修士の学位取得は一九六四年。修士論文を物《もの》するまでに四年かかっているので、だいぶん苦労したのかもしれませんね。

修士を取得した叔父は、その翌年に永平寺に上山《じょうざん》。そして、永平寺で修行中に曹洞宗から派遣されて渡米したというわけです。

偶然にも私が生まれたのは、ちょうどその日。叔父が、横浜港からアメリカに出航した一九六七年六月七日なんですよ。

大家族だった乙川家。左から３番目が弘文（写真提供／乙川家）

子どもだった私にとって、弘文は、時折ひょこっとアメリカからやって来るおもしろい叔父さんという存在でした。パイプタバコの香りがしてね。いかにも外国の風を運んでくるようでした。憧れもありましたよ。成長した私が、叔父と同じ京都大学に進んだのも叔父の影響かもしれません。

ところで、叔父の姓は乙川から知野、そして再び乙川に戻っています。それは、叔父が、京大大学院時代の一九六〇年に知野家と養子縁組をしたからです。養子先は、当寺のごく近所の「耕泰寺《こうたいじ》」という昔からご縁のある立派なお寺です。

かつてはともかく、今の時代、よほど大きなお寺でもない限り、二人以上のお坊さんが生活していくことはできません。ですから、叔父のように長男でないなどの理由で寺を継げない坊さんは、いつまでも実家にいるわけにはいかない。叔父の縁組は、誰が聞いてもきわめてよいお話で、その点、叔父は幸運だったと思います。

叔父は大学院時代に、養父となった耕泰寺ご住職の知野孝英《こうえい》老師から、弟子が師の法を継ぐ〈嗣法《しほう》〉をしています。少々専門的になりますが、曹洞宗では法系、要するに師弟関係を大変大事にしていて、一度法を継ぐと、還俗《げんぞく》して再度得度や修行を一からやり直さない限り師僧《しそう》替えは許されません。それほど強い繋がりがあるんです。

叔父がアメリカに根を下ろしたことで、最終的には、一九七二年に養子縁組は解消されましたが、叔父は終生そのことを負い目に感じていました。

さて、私は先ほど、叔父は憧れだったと申しましたが、しかし、大人になるにしたがい違う感情を持つようになりました。それというのも、叔父の困った部分に気づき始めたからです。

叔父は、ひと言でいって〝当てにならない人〟でした。風来坊で自由気ままに動いては、まわりの人間を振り回してしまう。叔父が動けば、必ずとばっちりを受けて後始末をする人が出る。たとえば、帰郷すると言ったきり連絡が途絶えたかと思うと、突然、欧米人の門弟大勢を連れて長逗留するといった具合です。

私の高校時代にも、こんなことがありました。休暇にアメリカの叔父を訪ねたのですが、現地から何度電話しても不在なんですよ。ええ、もちろん叔父には事前に連絡済みです。こちらはまだ一六歳か一七歳でしょ。途方に暮れましたが、いないものはしかたがない。後でわかったのですが、叔父はハワイに行っちゃってたんです！

まったくねぇ。どうして、叔父はみんなに迷惑をかけるのか。できることなら、もう少し常識的であって欲しいと何度思ったことか。

渡米後の叔父は数年に一度帰郷しましたから、そのたびにいろいろと波紋が起きたものです。は？　叔父は、奥さんも連れて来たのか？

私は学問で実家を離れていた時期があったので、すべてを知っているわけではありませんが、二人の奥さんとひとりのパートナー、三人ともそのつど連れて来たようですよ。こんな田舎でねぇ、しかもみんな外国の方でしょ。両親は大変だったと思います。

まぁ、そんなふうに非常識な叔父ではありましたが、家族はもちろんたくさんの人々から愛されたのも事実です。私は逢ったことも、叔父から話を聞いたこともありませんが、スティーブ・ジョブズもそのひとりだったのでしょう。

近頃しばしば思うのですよ、もし、叔父が常識人だったらこれほど人を惹きつけただろうか、と。亡くなり方にしても、実に叔父らしい。みんなの前からふっと消えてね。摩耶にはかわいそうなことをしましたけれど。

そういえば、父から聞いた話を思い出しました。

父が、叔父を連れて師僧にご挨拶にうかがった時のことです。

その方が、

「小遣いをやろう」

と、財布を開けてお札を一枚くださった。

叔父は、

「ありがとうございます」

と受ける。と、その方が、

「もう一枚やろう」

と、再び財布を開ける。叔父も再び、

「ありがとうございます」

と受ける。そしてまた、「もう一枚」「ありがとうございます」――。

父は、横でハラハラしながら叔父の袖を引いていたというのですが、叔父はまったく悪びれる様子がなかったそうです。

布施を受けるのは、僧侶の役目のひとつです。差し出されれば受けるし、差し出されなければ受けない。それだけのことなんです。とはいえ、叔父は並の僧侶よりこういったことに無頓着だったと思います。何度もお小遣いをいただいたことも、一般常識から解釈すれば強欲と捉えられるかもしれませんが、叔父の場合はまったく逆。叔父は、常識的社会人とはかけ離れた人でしたから。


ところで、これ、ご覧になりますか?

紙焼けして黄ばんでいますが、叔父の死後、この家や耕泰寺、アメリカで見つかった叔父の大学院時代のノートです。これらを読んで私は、これまで接してきた叔父とは、まったく違う人間像に触れた思いでいるのですよ。

こちらは、サンスクリット語や中国語、チベット語の原典から〈唯識論《ゆいしきろん》〉を学んだノート。ずいぶんと根《こん》をつめて勉強していたことがわかります。こちらは日記。日記からも、大学院に几帳面に通ったこと、頻繁に道元禅師茶毘所《だびしょ》を訪ねたこと、道元禅師の『正法眼蔵《しょうぼうげんぞう》』と格闘したことなどがわかります。

お読みになるなら、二階の座敷に座卓をご用意いたしますが。海外から叔父のお客様が来られるたびに使っていただいた部屋です。あそこなら何時間いていただいてもけっこうです。

＊

どうですか？　もうそろそろ日が落ちますよ。

だいぶん付箋《ふせん》を付けられましたね。あぁ、これは、『仏陀』と題された叔父の頌歌《しょうか》ですね。


こんなに身近に感じているのに。

声も姿も　お見せ下さらないのは。

私をいとわしく思われるからですか。

あらゆる罪を犯し、血みどろになった私のそばに。

どうして、あなたはおいでになるのです。


実に青年らしく思いつめていますよね。

ほかにどんなところに付箋を付けたのでしょう？

自分がダイヤモンドだという意識はすてましょう。嗣法をして真の仏者としての自覚を得たのだから、すでにその時に身心共に生まれ変わっていねばならなかったのでした。

何にでも化けることの出来る水か空気のような人間、そんなものになります。嵐とも海ともなって、善人も悪人も共に生かしころすことの出来る人間になります。


これは、嗣法直後に書いたもののようですね。

別のページに、確か「胆の太い禅僧」という表現があったように思います。叔父は、この時期に僧として生きる覚悟をかためたのでしょう。


私は叔父のノートを読んだ時、この人はただの風来坊じゃなかったんだという思いを強くしました。若い頃に真摯に悩み学んだことが足腰になった、その積み重ねがあったからこそ、後年多くの人々を惹きつけることができたのだ、そのように確信したんです。

叔父が生涯をかけてアメリカでやろうとしたことは、日本の禅とは違うものだったかもしれません。アメリカの禅は日本の禅とは異なり、目的を持ってする禅のように私には思えます。しかし、それがまちがっているともいえないんじゃないか。逆にいえば、日本の禅がどれだけ純粋に禅を捉えているのか？　その土地土地に根ざした禅の進化があってもよろしいのではないか。

私は今そう考えているし、叔父はきっと、アメリカでそのお手伝いをしたかったのでしょう。

晴れやかなおとなしさ
弘文の養母、知野芳江の話

申し訳ないけれど、床に入ったまま話させてもらいますよ。いいえ、どこが悪いってわけじゃないんです。まもなく九〇歳だからしょうがないですよ。家族に手間をかけてもいけないし、静養のつもりでね、しばらくこの施設にお世話になっているんです。

うちのお寺、耕泰寺にはもう行かれましたか？　弘ちゃんの実家より少し高台にあったでしょ。

そうですか、弘ちゃんがアメリカのお弟子さんたちに、「耕泰寺と慈光寺が似ている」と言っていたんですか？　へぇ。弘ちゃんがアメリカで開いた慈光寺って、どんなお寺なんだろう？　私はこの歳まで、とうとう行かれずじまいでしたけれど。

弘ちゃんを養子に迎えたのは、亡くなった夫、耕泰寺の方丈《ほうじょう》——禅宗では、住職をこう呼ぶことが多いんです——だった知野孝英のたっての希望からです。方丈は戦後の一時期、寺を護《まも》りながら新潟県立加茂高校の英語教師もしていたんです。弘ちゃんは教え子。それに、定光寺さんとも親しかったので、子供に恵まれない私たち夫婦が強く望んだのです。

弘ちゃんは、まじめで穏やか、やさしくて誠実な性格でした。人が嫌がることは絶対にしないし、わがままや反抗もなく、規則正しく時間を守り、お金やお酒の問題もない。檀家とのつき合いもいいし、人柄に関する心配はまったくなかったですよ。ひとりで本を読んでいることが多かったけれど、弘ちゃんのは、おとなしいといっても〝晴れやかなおとなしさ〟でした。

ただ、京大から帰省した時に、女が追いかけて来たことがありました。弘ちゃんは、小柄で美男子でもないのにモテたんです。言い寄られたら断れなかったんじゃないかしら。今振り返れば、あの頃からふらっと出てふらっと帰る、そんな側面が見え始めたようには思います。

悪いけど、このままの姿勢で話を続けさせてもらいますよ。意気地がないね、私も。申し訳ないです。

四年ほど京大に在籍した弘ちゃんは、京都からこちらに居を移してからまもなく永平寺に上山しました。永平寺で修行した後は、ここでずっと一緒に暮らすものだと私は少しも疑わなかった。ところが突然、アメリカから乞われてしまって……。

弘ちゃんの渡米に関しては、女の私に出番はないですよ。方丈と弘ちゃん、二人だけで決めたこと。

方丈は、

「アメリカに行くのも悪くはないが、一年や二年では何もつかめない。へたをすると帰って来ないのでは」

と、私には言っていましたけれど。

きっと弘ちゃんには、日本で不満、不足な何かがあったんでしょう。それでも、必ず帰って来ると私は信じていました。実際に、一度は約束どおり二年後に帰国したんです。なんの連絡もなくひょっこり戻ったから、うれしいやら戸惑うやらで夢かと思った。

その直後でした。新潟が大洪水に襲われて、山崩れで寺も何もかも流されちゃったのは。弘ちゃんは、その始末にそれはそれは尽くしてくれました。泥と悪臭にまみれてね。後から考えると、本人としてはせめてもの恩返しだったのかもしれませんね。

弘ちゃんがまたアメリカに、今度は帰国予定を立てずに行きたいと言い出したのは、寺の再建にめどがつき始めた頃、そう、帰国して半年後くらいのことでした。

弘ちゃんが再渡米してからは、それは寂しかったですよ。夜、天井を眺めて、あぁ、このまま縁がなくなるのかなと思ったことも数知れません。弘ちゃんは、節の変わり目に手紙を送ってくれましたが、そのうちにアメリカで家族までできちゃって歳月ばかりが過ぎていった。不安だったけれど、悲しすぎるので、私も方丈も煎じつめた話はあえて避けていました。

養子縁組の解消、これも方丈の判断です。日米に離れていたとはいえ一二年間続いた親子関係だけれど、方丈は身体が弱っていたし、後継者のことを考えると待ちきれなかったのでしょう。私と弘ちゃんの間に、縁を切るようなものはなんにもなかったのに……。自分はなんて縁に恵まれないんだと、あの時は心底落ち込みました。老いを託せると思っていたのに、それがなくなるというのは、最初から縁がないより何百倍もつらいことです。

今は、縁とはこういうものかと思っています。人間みんな、生まれた時にもらってくるものがあると考えるしかないですよ。

弘ちゃんもすまないと思ったんでしょうね。方丈の加減が悪くなってからは、帰国して看病もしてくれたし、亡くなった際には、本葬までの間ずっと寺につめて、葬儀用の書き物をほぼひとりで書き上げてくれました。でも、葬儀が終わるとすーっと姿を消しちゃった。縁組を解いてから二〇年以上も経って、もう新しい養子が入っていたから遠慮したのかもしれないですね。

弘ちゃんの死を聞いた時は、思いきり泣きました。声を上げてわーわー泣きました。私は、越後の曹洞宗四箇道場《しかどうじょう》のひとつ、「種月寺《しゅげつじ》」に生まれ、寺に嫁いだ女です。我慢なら誰にも負けません。その私が大声で泣きました。

極楽《ごくらく》で再会したら？

「元気だかね？」

てなもんで。そして、小言をいってやりますよ。

「かあさんを捨てたから、親を悲しませたから寿命が縮まったのよ」

って。

でも、生きている者の、これがわがままというものですね。

泥池に咲く蓮華

京都大学大学院時代の院生仲間、荒牧典俊の話

あなたから郵送された知野さんの修士論文、確かに拝読いたしました。

知野さんは、「āśraya-parāvṛtti《アーシュラヤ・パラーブリッティ》」、日本語に訳せば〈転依《てんね》（人格の根本転回）〉を論文のテーマにしたんですね。知野さんと私は、京都大学大学院の文学研究科で院生仲間でしたが、特に彼と修士論文の話をしたことはなかったように思います。

大学院時代の知野さんは、黙して語らず、友だちとわいわい騒ぐような学生ではまったくありませんでした。ですから、ちょっと正体のわからないところもありました。しかし、「黙して語らず」は曹洞禅本来の在り方です。

彼は京大の近く、吉田神社の辺りに下宿していましてね。立派な社家《しゃけ》、代々神職を継いできた家柄の方のお宅で、私などは、「さすがお寺さんの子、いいところに住んでいるな」と思ったものです。一度、珍しくそこに呼ばれて、長時間、禅について語り合ったことがあります。

知野さんは、例によって多くを語らなかったけれど、西洋哲学と釈迦の修行、この両者を突きつめて考えているといった印象を受けました。彼は、学者志向ではなく、もともとが僧侶。だけど、外へ外へというのかな、日本の寺院仏教の内部にとどまるのではなく、世界の哲学と関連づけながら物事を捉えようとしていた。その点、あの頃の京大は、理想的な学舎《まなびや》だったと思います。

京大文学部の哲学科には、西洋哲学研究とともに〝禅修行する伝統〟が脈々と流れていました。哲学者として禅を深く理解した西田幾多郎《きたろう》の愛弟子や孫弟子たちが、まだ現役の教授で在籍していたんです。たとえば、知野さんも講義を受けた西谷啓治《にしたにけいじ》先生。西谷先生は、ドイツの哲学者、ハイデッガーのもとでも学んだ日本を代表する宗教哲学者ですが、戦前から臨済宗「相国寺《しょうこくじ》」山内の智勝会《ちしょうかい》で定期的に参禅されていました。

その智勝会の伝統が続いていて、私を含めた京大生たちも盛んに坐禅を組んだものです。ただし、智勝会で知野さんを見た記憶はありません。

え？　あぁ、そう、彼は澤木興道老師の坐禅会に通っていたのですか。なるほど。

澤木老師は、「宿無《やどな》し興道《こうどう》」とか「移動式叢林《そうりん》」――叢林とは、僧が集まって修行する場のこと。寺院、特に禅寺をこう呼びます――などと自称しておられたように、自分の寺を持たず、生涯独身で、坐禅指導に招かれれば全国どこへでも行くというスタイルを貫いた曹洞宗の高僧です。ただし、洛北の「安泰寺《あんたいじ》」だけは名目上の住職で、毎月「紫竹林《しちくりん》参禅道場」という坐禅会を開いておられました。

そうでしたか、知野さんは澤木老師のところでね。それは実に貴重な体験をされたものですね。

幼くして両親を亡くし、色街で最底辺の暮らしをしている間に発心《ほっしん》して永平寺で坐禅修行をされた澤木老師は、知野さんの論文のテーマである〈転依〉をまごうことなく生きた僧侶です。また、法話も抜群におもしろかった。

あぁ、そうか、そうですね。知野さんの生き方に、澤木老師の影響を見ることができると思います。知野さんもある時期から、あちこちの寺を転々としたでしょう？　実際、私が一九九〇年代にカリフォルニアの慈光寺を訪ねた時も、彼はいなかったなぁ。

さて、知野さんの修士論文に話を戻しますと、〈転依〉というのは、仏教用語で人格の根本転回。つまり修行によって悟りを開き、人格がひっくり返り、それまで気づかなかった新しいモノの見方ができるようになることを意味します。

人は、生まれ育って一人前になって、その時にどうやって自分の人生を見つけるか？〈転依〉ができれば、その人らしく生きられるのですが、並大抵な努力でできるものではありません。では、どんな仏教修行をすれば〈転依〉にいたれるのか？

知野さんの論文は、それを西洋哲学との関わりの中で考察しているわけです。〈転依〉は、仏教哲学の根本思想で、欧米に仏教を伝える上でのキーターム、鍵となる用語でもあります。その意味で、彼の目のつけどころは大変核心を突いているといえます。

それでは、考察の果てに彼が本当に答えを見出したかとなると、さて……。

第一、この命題は大学院の数年間で答えを出せるようなものではないのです。知野さんも相当苦悩したはずです。一〇年ほど前に退官するまで、京大教授としてインド・中国仏教を教えていた私の知野さんの論文に対する評価は、「本人の努力は認める」といったところでしょうか。とはいえ、ハッタリや見栄が一切ない良心的な内容で、知野さんらしいと思います。

こんなことがありましたよ。

一九七〇年代の初めに、カリフォルニアの知野さんから、「コンピュータ関連のアメリカ人十数名が、京都に行くから面倒をみてくれ」と頼まれたんです。あの中に、スティーブ・ジョブズがいたのかどうかはわかりませんが。

私は、ジョブズという人は、ある種の〈転依〉を体験したのではと想像しているんです。それは、必ずしも禅修行を通じてではなく、精神集中から生まれるインスピレーションといってもいいかもしれません。つまり、ある時ジョブズには、従来と違うモノの見方をできるようになった瞬間があったのではないかと思うのです。

ところで、あなた、どこか浮かない顔をされていますね。知野さんについて、何か引っかかっていることがあるのですか？

あぁ、女性関係ですか。いいえ、私は彼のそういうことについては存じません。ただね、セリバシィ、つまり独身主義というのは、実にむずかしい問題なんですよ。男女の問題は一休さんも抱えていた可能性があり、なかなかの難題です。

歴史的な話をしますと、釈迦は家族を捨てて出家しました。以来、仏教は、独身主義を貴重な伝統として厳しく守り続けました。独身でなければ真理を追究できないという考え方ですね。おそらくその影響を受けたヨーロッパでも、カトリックの修道院運動が同じ思想の上に立っていました。それが、中世という時代の歴史的必然だったのかもしれません。

ところが近世になると、一夫一妻のプロテスタント的立場が優勢で、現在は禅を含めた多くの宗派で、妻帯、在家主義が一般的になっています。

あなたの話によると、知野さんの場合は、それをさらに徹底したわけですから積極的に肯定はできません。しかし、禅にはお釈迦様のように欲を捨てて生きる道と矛盾しない仕方で、あるいは、それをさらに超えた仕方で、〝自然のままに生きる〟という在り方もある。すなわち〈泥中《でいちゅう》の蓮《はちす》〉、泥池に咲く蓮といって、泥池の真ん中から生えてきてこそ美しく清らかな蓮華の花は咲く、つまり真実の生き方が実現されるという〈大乗《だいじょう》仏教〉思想もあるのです。

知野さんは、禅の修行をしていく中で起きたことを、ごく自然な事実として受け入れる道を選んだのでしょう。男女が存在するこの社会で、世俗の人と同じように、ごく普通に生きながら禅修行する道を選んだのでしょう。彼を、ごちゃ混ぜで節操のない人と切り捨ててしまえば、一応論理は通ります。だが、それで知野さんのすべてを言いつくしたといえるのか？

彼をどう肯定し、また肯定した上でどう仏教との接点を見出すか、その答えは容易ではありません。ですが、そこに生命進化の中で生きている生物としての人間の真実がある、〈転依〉する生き方があるというように、彼には何かキラッと光るものがあったのではないか。私は、切り捨てずにそう考えたほうがいいような気がするのです。

あんなに純粋な禅坊主

京都の御弓師、第二二代柴田勘十郎の話

あなたですか、弘文先生について聞きたいというのは。

弘文先生——。

まったく、どうかと思いますよ、弘文先生も！　世界中に家族を引きずり回して、終《しま》いには外国であんなかたちで死ぬなんて！　家内からは、「あんまり悪いことをしゃべったらあかんよ」と釘を刺されていますが、はっきり言わせてもらいます。最悪ですわ。

要するに、私は悔しいんです。弘文先生ほど純粋な禅坊主は、この世にいませんよ。それなのに、あんなに早う亡くなってしもうて……。

そら、あの人の私生活はめちゃめちゃでした。天然ボケもいいところやった。普通に会話していても、五分後に返事したりしますからね。こっちは、何を訊いたか忘れてますわ。

それに、時間にルーズっていったって、あの人の場合は時間単位じゃない、日にち単位やからね。スケールが違う！

待てど暮らせど現れないでこっちがあきらめた数日後に、仕事の手を休めてふと見上げると、すーっと立っているってな感じで。そう、先生はよく、すーっと現れたんです。

「先生、ひどいじゃないですか」

って言うと、

「ええ、遅れちゃいました」

遅れちゃいましたって、あんた、もう二、三日経ってますって！

そやけど、あの顔を見たらもう怒れへん。人間、持って生まれたモノってあるけど、先生の場合は、圧倒的なかわいげを天から授かったんやね。

私が先生を知ったのは、かれこれ三〇年前、結婚直後のことです。

私は、御弓師《おんゆみし》、二一代柴田勘十郎《かんじゅうろう》を名乗っていますが、柴田家には娘婿として入っているんです。御弓師の称号は、元禄《げんろく》時代に徳川家から授かったもので、京都で弓を作るとともに、弓道の指導もしている家系です。伊勢神宮の式年遷宮《しきねんせんぐう》にも、毎回御神宝弓《ごしんぽうゆみ》を制作、奉納させてもらっています。

弘文先生は、京大時代に亡くなった先代から弓の指導を受けていたんですよ。以来、渡米後もこの家と親しいつき合いが続いていて、私も出逢った。

へ日置流尾州竹林派《へきりゅうびしゅうちくりんは》っていうんですけどね。

へぇ、弓を始めた時の先生の心境が、法話記録にあるんですか？　どれどれ。

来る日も来る日も研究に没頭した私は、疲れ果ててしまい、何かしなければと思い立ちました。そしてある朝、一睡もできず青白い顔をした私は、弓道場の門を叩いたのです。それから毎朝、片手に教科書、片手に弓矢を抱えて始発電車に乗り込みました。おかげで、町内の清掃員と顔なじみになったほどです。

床拭きに明け暮れた七カ月を経て、初めて矢を放った時の感動は忘れられません。何かが私の内部から剝《は》がれ落ちて、違う人間になったように思いました。そして、弓と坐禅に共通するものを感じました。

ほほお。

京弓を使った日置流尾州竹林派は、古流。薩摩弓が大半を占める弓道界全体では、マイナーな存在です。また、規則に縛られず自然体で十人十色、弓を引く個人を尊重する流派でもあります。その点、弘文先生の生き方と一緒ですわ。京弓は、見た目は華奢《きゃしゃ》だけど使ってみると手《て》強《ごわ》い。弘文先生は、率直にいってうまくはなかったけれど、ほわんとして素直な弓でした。

ちなみに、スティーブ・ジョブズの愛読書が、ドイツの哲学者、オイゲン・ヘリゲルの『弓と禅』といわれますが、私はあの本が嫌いです。弓って、あんなに神秘的じゃないですよ。もっと人間的で現実的なものです。第一、『弓と禅』を読んで弓道に入る人の九九パーセントは続きませんから。

私がこんなことを言ったら、弘文先生は、「あぁ、そのとおりだね」って笑っていましたが。

実は、うちの先代は、弘文先生の縁で六〇歳を過ぎてからコロラド州ボルダーに移住したんです。ええ、ボルダーっていうのは、マラソン選手がよく高地トレーニングに行くあのボルダーです。

チョギャム・トゥルンパ・リンポチェって知ってます？　チベットから亡命して、アメリカ各地で仏教会を開いたパワフルな坊さんですわ。ボルダーに大学も創立しています。

そのリンポチェと弘文先生が友人同士でね。先代は、リンポチェに乞われてボルダーで弓の指導を始め、結局はあそこが終《つい》の住処《すみか》になりました。弘文先生も最後はリンポチェの大学で教えていたから、日本人が少ないあの街で、二人はかけがえのない話相手やったと思います。

話はややそれますが、リンポチェの私生活たるや、弘文先生なんか比較にならないほどめちゃくちゃ。一九八三年だったかな、弘文先生の紹介で、リンポチェ一行が京都に来ましてね。私が世話係を頼まれたのですが、まぁ、手間のかかること。ほんまに常識はずれの人たちやった。

リンポチェは、野放図な暮らしが災いしたのか、四八歳という短命に終わりました。しかし、カリスマ性は半端じゃなかった。そういったところは、リンポチェと弘文先生の共通点ですね。リンポチェは酒浸《びた》りだったし、あたりまえのようにマリファナも吸っていたから、先生もたまにはやっていたとは思いますよ。ただし、溺れることはなかった。アルコールも大酒飲みだったけど、依存症ではなかったと私は思います。

ついでに言うと先生は大食漢。好きな物を好きなだけ食べる。それに料理も上手でした。


思えば、私は、弘文先生に小言ばかり言っていたような気がします。

そうすると先生は、

「また説教されたあー」

どっちが坊さんかわからへん！

先生には、私のような凡人には理解できないところがいろいろありましたが、なかでも首を捻《ひね》ってしまったのが伴侶の選択でした。家内に言わせると、「弘文先生は聞き上手で、くだらない話でも正面からちゃんと聞いてくれるやさしい人」。それに、「ソフトでぽわんとした風情が母性をくす

弘文の弓は「ほわんとして素直」だった
© the 21st Kanjurou Shibata

ぐる」のだそうです。

まぁ、それやこれやが裏目に出たんですかね、ほんま難儀《なんぎ》な女ばかり選んだもんや。

たとえば、我々夫婦してアメリカに先生を訪ねた時のことです。先生は、すでにあちらで家庭を持っていました。だから、迷惑をかけないように日中に自宅を訪ねたのに、奥さんが出て来て、

「弘文は寝ているから帰れ！」

と、すごい剣幕《けんまく》で追い返された。

相当激しい性格の人だったようで、先生自身も、

「禅修行のつもりで結婚した」

と、言っていましたね。あえて名前は挙げませんが。

これも誰とは言いませんが、先生が女性を連れて家《うち》に来たことがあります。実家に紹介したいけれど、初婚ではないし、さすがの先生も気が引けたんでしょう。彼女を我が家に預けて、ひとまず自分だけ新潟に行ったんですわ。

ところが、ひとり残された彼女が、蔵の中に閉じ籠《こ》もって三日三晩出て来ない。何を言っても頑として動かない。初めての日本で、知らない家にいる彼女の気持ちもわからないではないのですが、それにしても行動が極端です。私らも困り果ててしまってね。

数日後に先生が戻った時に事情を伝えると、両手を広げて「おぉ！」と言ったきり硬直。後は、頭を抱えちゃった。あの人が困った時にする仕草ですわ。

結局、先生の帰還を知った彼女がようやく蔵から出て来て、その後、改めて二人で新潟に

行って、先生がお母さんに紹介したそうですが。

しかし、あの女性は、その後もトラブルメーカーだった。とにかく暗い女でね。きっと、どこか精神的に病んでいるんでしょう。それで、先生が手を差し伸べたんだと思います。世間からはぐれてしまった人を放っておけない性分でしたから。

ま、先生にとって、結婚はほんま〝修行〟だったのかもしれませんな。


結論としてね、超人ですわ、弘文先生は。

私を含めた凡人は、こだわらないことにこだわりますでしょ？　けど、弘文先生にはこだわり自体がないんです。あれほど、わざとらしさや白々しさのない人はいないんとちがいますか。

それに、他人を評価せず、その人のあるがままを受け入れていたし、相手によって話を変えることもまったくなかった。そもそも、これを言ったら相手がどうのこうのなんて考えがないんですから。警戒心ゼロ。だから、二歳の赤ん坊にも九〇歳のおじいさんにも、日本人にも欧米人にも同じように接していましたね。

最近ね、あの人にとっては、生きていることがすなわち〈禅〉だったような気がするんです。あるいは、人生そのものが洒落だったとか。浮世離れした禅坊主だったけれど、とにかく、何も言わず何もせずとも人が集まってきたんだから、すごい！

そうするとやっぱりね、超人ですわ、どう考えても。

風性常住、これいかん

永平寺雲水時代の同期、吉岡博道の話

そうですか、永平寺で参籠《さんろう》修行した帰りですか。あれは確か一泊二日？　参籠は、修行といってもお客様扱いですが、坐禅もできるし精進料理もいただけるし、体験しないよりはしたほうが断然いいですよ。

永平寺は、山の斜面を開いて築いた七堂伽藍《しちどうがらん》。百段以上ある階段を上りきった一番高い所にあるお堂が法堂《はっとう》です。その法堂で、早朝まだ暗いうちから、全員総出で読経する〈朝課《ちょうか》〉は荘厳で迫力があったでしょう？　朝課の間に、三八〇畳敷の法堂を囲む山々がほんのりと白んできてね。何十年も前に、私と弘文さんが毎朝眺めた情景です。昔は、今ほど境内に建物もなかったし、まさに深山幽谷《しんざんゆうこく》でした。

あれ、蚊に刺されました？　なんせうちは、「やぶっ蚊の正泉寺《しょうせんじ》さん」って呼ばれているくらいだから、ははは。まぁ、たまには蚊に刺されるのもいいもんです。

あぁ、これが晩年の弘文さんですか、よい写真ですねぇ。自然体で欲のない、いかにも弘文さんらしい写真だ。だけど、弘文さんって、頭でっかちでちょっとバランスは悪いんですよね、うん。

私と弘文さんは、永平寺の雲水同期です。当時の永平寺には一五〇名くらい雲水がいました

か。昔は地元で修行するのが一般的で、本山に上がるのはちょっと特別な行為でした。

一九六五年三月、私は、駒澤大学仏教学部を卒業すると、そのまま永平寺に上山しました。網代笠《あじろがさ》に墨染めの衣、略式袈裟の絡子《らくす》、白脚絆《きゃはん》に白足袋《たび》、草鞋《わらじ》履きという雲水の旅装束でね。その身形《みなり》でないと上山は許されませんから。今でもそうですよ。永平寺は雪国、越前にあるから、三月とはいえ剃髪した頭が寒かったなぁ。

弘文さんは気合いが入っていたんでしょう、あの年の上山組の中でも一、二番乗りでした。弘文さんより一カ月ほど遅れて永平寺の門を叩いた私は、親切に公務を教えてもらったものです。あちらは、どっしりした構えとおっとりした口調で、すでに古参和尚の風格でした。

私たちは、僧堂単《そうどうたん》でともに起臥《きが》した仲です。僧堂で、雲水に与えられるのは畳一畳だけ。これを〈単《たん》〉と呼びますが、この単だけが雲水の天地で、ここで坐禅し、食べ、そして眠る。いわゆる「起きて半畳、寝て一畳」の窮屈な場所だから、人柄が丸見えになるんです。

永平寺時代の弘文（中央）
左は吉岡博道師（写真提供も）

弘文さんは孤高の人、雲の上の存在でした。

なんてったってダントツの学歴でしょう。当時の永平寺では中卒、高卒が普通で、大卒といってもほとんどが駒澤大学。そこに京都大学の、しかも大学院卒で、おまけに、読む本ときたら西田幾多郎の哲学書だもの。そんなの、読んでいる人などいやしませんよ。

弘文さんは寡黙だったけれど、話す時は京都学派そのもの。沈思黙考《ちんしもっこう》の上、論理的に諄々《じゅんじゅん》と説くといった感じでした。それでも、高慢ちきだったり嫌みだったりはしないんです。誠実で飾り気なく真っすぐな人でした。

雲水には、さまざまな公務があります。台所を受け持つ〈典座《てんぞ》〉、風呂を沸かす〈知浴《ちよく》〉、便所掃除の〈浄頭《じんじゅう》〉、昨日あなたの面倒を見た接待係の〈知客《しか》〉といった具合にね。

しかし、弘文さんは、最初からスマートな役ばかり。だってそりゃあ、永平寺だって経歴を見ているんですよ。我々は二等兵なのに、あの人だけいきなり将校扱い。弘文さんの役目は広報誌編集室や書記などで、肉体労働はなかったはずですよ。

あれは五月でしたか、上山後数カ月で弘文さんは、胃潰瘍か何かを患って一時下山《あさん》したんです。それで、再上山したのが確か九月。で、その翌月に、〈眼蔵会《げんぞうえ》〉といって道元禅師の『正法眼蔵』を学ぶ会が開かれました。

その眼蔵会で、講師を務めた山田霊林《れいりん》老師——この方は、後に永平寺第七五世貫首になられました——の侍者《じしゃ》に指名されたのが弘文さんでした。これはもう大抜擢。私はうらやましくてね。だって、こっちは公務で眼蔵会への出席さえままならないっていうのに、あの人はいつも講師のそばにいられるんですから。

それに、弘文さんは書も達者で特賞をもらっていましたし、お経を誦むのも天下一品。越後のお坊さんは一般に節回しがうまいんですが、めったに褒《ほ》めない指導僧が「わしよりうまい！」

と唸るほどでした。宮崎奕保老師も、弘文さんをお師家《しけ》、つまり将来永平寺を背負って立つ指

導者に育てるんだと、大変かわいがっていらっしゃいましたね。

永平寺は、道元禅師が一二四四年に開いた坐禅修行道場です。

数え一四歳で比叡山に出家した道元は、二四歳で中国、宋に渡り、浙江省天童山景徳寺《せっこうしょうてんどうざんけいとくじ》で如《にょ》

浄《じょう》禅師に学んだ後に曹洞宗を日本にもたらしました。以来、永平寺では何百年もかけて行住坐《ぎょうじゅうざ》

臥《が》、つまり、日常の隅々に至る作法や規矩《きく》を細密、厳格に確立してきました。

たとえばトイレね。トイレは〈東司《とうす》〉と呼ばれますけれど、使用前後にももちろん作法があ

ります。

〈以水滌穢《いすいできえ》　当願衆生《とうがんしゅじょう》　具足浄忍《ぐそくじょうにん》　畢竟無垢《ひっきょうむく》〉

これは、用を足した後に唱える言葉で、清浄を願うといった意味ですが、これを黙唱した後

に三度指を弾《はじ》かせるんです。

他に、〈鳴らし物〉も規矩のひとつ。永平寺の一日は、鈴や鐘、太鼓など鳴らし物の合図で

動きます。時間はもとより、鳴らす回数や間隔が厳密に決められているんです。ところが、優

等生のはずの弘文さんが、これをよくまちがえて怒られていました。

朝の始まりは夏は三時半、冬は四時半に、当番の雲水が、鈴を鳴らして廊下を駆け抜ける振《しん》

鈴《れい》が合図なんですが、弘文さんは、このコースも誤って走っちゃったりしてね。ああいうのを

まちがえられると、寺全体の調子が狂っちゃうから困るんですけどね、うん。

永平寺は、山の斜面に沿って大小七〇もの建物が迷路のように回廊で繋がっているから、迷いやすいにはちがいないけれど、あの人には、浮世離れしたところがありましたから。そうね、後輩の面倒を見るとか、そういう社会性もあまりなかったかな。

私は、上山から約二年後の一九六七年五月に永平寺を送行《そうあん》し、――あぁ、送行というのはね、修行僧が各地に別れて行くことです――実家のここ、静岡県藤枝市の正泉寺に戻りました。弘文さんが渡米したのも、その頃だったと思います。

へぇ、これが、弘文さんが送行時の気持ちを回想した法話記録ですか。

永平寺に上山するまで、私は自分を上等な人間だと過信していました。でも、あそこでは、自らの愚かさを思い知らされた。二年半過ごした永平寺を去る時、私が感じたのは、すべては可能だということです。すべては成就する、だが時間がかかるのだと。

なるほどねぇ。当時の永平寺には、有無を言わせぬ軍隊的なところがあったから、京都学派のインテリにはきつかったでしょう。でも、あれは、頭じゃなく身体で仏道を学ぶには、よく工夫されたシステムでもあるんです。

私は、渡米後の弘文さんとは、手紙のやり取りだけで再会することはなかったのですが、アメリカではどんな生活だったんですか？

え！　三回も結婚や同棲をしたんですか！　腹違いの子どもたちが五人も！　それは知らなかったなぁ……。

アメリカで坊さんがモテるって話は、当時の永平寺でもささやかれていましたけれど。そうでしたか、弘文さん、すっかりアメリカ人になっちゃったんだねぇ。開き直っちゃったんだね、きっと。それとも、色じかけにはまっちゃったのかしら？　まぁ、いいじゃないですか、モテて、ははは。

それはともかく。

弘文さんの慈光寺は、曹洞宗の認可を受けていない単立寺院だって聞きましたが、これ、私、弘文さんらしくていいなって思うんです。アメリカの風塵《ふうじん》に身を晒《さら》して禅そのものを見つめたかったのでしょう。

亡くなり方だって、勇気のある仏の道そのものじゃないですか。

第一、養父母を捨てて、妻を三度も代えて……普通の坊さんじゃできないことですよ。

弘文さんは、大人物なのに名誉から離れてひたすらアメリカで禅に生きた。本人は、無名のまま亡くなって本望だったでしょう。スティーブ・ジョブズのことだって誰にも自慢しない。やはりこれは、私、すごいことだと思うんです。

道元禅師の言葉に〈風性常住《ふうしょうじょうじゅう》〉というのがありましてね。これは、風は充満しているが行動しないと風は起きない。理論に安住して行動しないと、何も働き出さないっていう意味なんです。

「風性常住、これいかん」

って訊いたら、弘文さんならなんて答えるかな？

旅III

乙川弘文の生家は、新潟県の中央部、加茂という内陸の街にあった。加茂の別名は「北越の小京都」。平安時代から、京に由来する賀茂神社の門前町を成してきた地で、今でも毎月数度、市《いち》が立つ。三方を山で囲まれた加茂は、なるほど京都を彷彿させる。市街の中央を、京の鴨川よろしく加茂川が流れているのだからなおさらだ。

その加茂川に面して、弘文の生家、加茂市神明町《しんめいちょう》の定光寺は立っている。

「大きなお寺だからすぐにわかりますよ。この辺りでは、いちばん檀家が多いんじゃないかしら」

信越本線が走る小さな加茂駅を出て、道行く老婦人に定光寺の方角を尋ねるとこう教えられた。

乙川家の現当主で、弘文の甥にあたる乙川文英《ぶんえい》師によれば、たびたびの出火で史料の大半は失われてしまったが、開創は一説に一二世紀の天仁《てんにん》年間。『加茂市史』所収の『上条村《じょうじょうむら》検地帳』(文禄四年)には、「常光寺」の名で記載されている。

名刹《めいさつ》といっていい。

敷地は、墓地の一部を除いておよそ一八〇〇坪。その広い土地に、山門、本堂、開山堂ほかの伽藍が端正に配置されている。

弘文が生まれ育った当時の乙川家を知る人は、

「あの家の男子は、小さい頃から坐禅をするなど、お坊さんになるべき教育を受けていましたよ」

と振り返る。

当時は住み込みの僧侶も多かったから、食卓は僧侶の列、乙川家男子の列、同女子の列、お手伝いさんの列と並び、弘文の父親の文龍方丈は、別室でひとり食事をしたという。その文龍を、子どもたちは「ののちゃま」と呼んだ。

「正直、『小京都』というのがやっかいなところでして。閉鎖的な側面がないとはいえない土地柄です。乙川家は加茂の名門。そもそもこの街で、京大出がいる家なんてまずありませんから」

こちらは地元紙記者の弁である。

かたい――。

ひと言で言えば、地方の名家の厳格でかたい家柄。弘文の故郷を訪ねた私は、乙川家に関してそういう印象を強く受けた。

当の弘文は、定光寺に育ったことをどう感じていたのか？　カリフォルニアの慈光寺宿坊で読んだ法話記録には、以下の文章が残されていた。

古くから続く禅寺に生まれ、物ごころついた時には、たくさんの僧侶や尼僧とともに禅に則《のっと》った暮らしをしていました。それは、それなりに満ち足りた日々でしたが、反面、自分には自分の人生を選ぶことなどできないと、不自由さも感じていた。「お寺の子なんだから、優等生できちんとしているべき」という周囲からの圧力もいつもあった。それで、よく野山に逃げ出しては、日が暮れるまで過ごしたものです。自分の内部に溜まったどうしようもない混沌と折り合いをつけるために。

「不自由さ」や「混沌」を抱えながらも、しかし弘文は、仏道をひたすら求めて青年期を送った。

駒澤大学での卒業論文テーマは、「ディグナーガの論理学『因明正理門論本《いんみょうしょうりもんろんほん》』研究序説」。世界を感覚としてどう捉えるかを、仏教的に論理化しようと試みたものである。

卒業後は、さらなる仏教研究のために京都大学大学院に学び、そして、曹洞宗大本山永平寺へ。

この頃の弘文は、仏道のために〈不犯《ふぼん》〉を貫くことさえ考えていたようだ。法話記録にこうある。

性は一時期、私の一大テーマでした。私にとって、女の人に触れることはとてつもない恐怖だった。それは常に、罪悪や救いようのない後悔といった感情をともなっていました。それで私は、僧侶として本気で純潔を守るつもりでいたし、そう公言もしていた。母は、私のこうした考えをとても心配したものです。

「名刹」「旧家」「不犯」――弘文の日本での足跡から浮かび上がったのは、アメリカを発つ前に私の頭の片隅をよぎった〈破戒僧〉からは遠く隔たった事柄だった。

二〇一四年六月一四日
ジェットブルー#七三六便
午前七時三分　ロングビーチ発
午前八時二六分　サンフランシスコ着

日本を訪ねてから二年後、私は、サンフランシスコへと向かう飛行便の機内にいた。自宅があるロサンゼルス郊外のロングビーチからは、一時間程度のフライトである。機体が降下するにつれ、翡翠《ひすい》色のサンフランシスコ湾が見えてきた。渡米して一〇年以上になる私にとっては幾度となく見てきた風景だが、いつもながらの澄んだ海の美しさにため息が出る。この青ともいえず緑ともいえぬ清涼な色彩は、からっと晴れたカリフォルニアの青い空が生み出すものだ。サンフランシスコ湾の眺めに、加茂に向かう鈍行列車から見た景色が重なる。車窓に次々と映っては流れる稲田は、あの日の曇り空のせいかたっぷりの湿度を帯びていた。

あまりにも対称的なふたつの景色だった。

人生を変えたエアメール。差出人は鈴木俊隆
（資料提供／乙川家）

一九六七年、二九歳の乙川弘文（当時知野）は、横浜港から船でサンフランシスコ湾に辿り着く。

その時の様子を、弘文は永平寺の広報誌、「傘松《さんしょう》」（三〇七号）に寄稿している。以下に抜粋したい。

（六月）十九日朝、無事に目的地サンフランシスコに到着、朝もやのたちこめる金門橋をくぐったのでした。桑港寺で四日間、ロスアルトスの禅センター支部俳句禅堂で四日間過ごし、二十七日ここタサハラへ鈴木老師（俊隆師）に御一緒して参ったのでした。七月三日仮雲堂《かりうんどう》の開単式《かいたんしき》翌日より開旦過《かいたんが》、それより九月お彼岸《ひがん》の中日《ちゅうにち》まで二ヵ月余の禁足安居《きんそくあんご》を八十余名の白人若者達と修してまいりました。朝四時振鈴から九時半開枕《かいちん》まで叶う限りお山式《やましき》にと、ひとり十役位の忙しさで今思うと自分乍《なが》らよく身体がもったものだと不思議に思います。男女の比率は凡《およ》そ七・三位。平均年令は大体二十二、三歳。（中略）皆がむしゃらに坐禅をいたします。

各自はたらいたお金を倹約してため、参禅修行を志して来ている訳であります。

以上、思い付くまま、現況のあらましを申し上げ、永い御無沙汰のお詫びを申し上げ、あわせて御叱声《しっせい》御慈教《じきょう》を賜りますよう、伏してお願い奉る次第でございます。

一九六七年九月十日

「叶う限りお山式に」の「お山式」とは、永平寺式を意味する。また、「タサハラ」は、サンフランシスコから車で南に約五時間、カーメル渓谷の奥地に鈴木俊隆が開いた叢林、タサハラ禅マウンテンセンターのことで、弘文がアメリカで最初に根を下ろした地である。

この前年の一九六六年、サンフランシスコから南に一時間ほどの、後にシリコンバレーと呼ばれることになる街に、ひとりの風変わりな少年が転校した。街の名はロスアルトス。ロスアルトスのとあるガレージでは、真新しい坐禅道場、俳句禅堂が産声を上げたところだった。

少年はやがて青年に成長し、弘文と出逢い、「いつのまにか、でき得る限り長い時間を一緒に過ごすようになっていた」（前出『スティーブ・ジョブズ』）と語るほど激しく弘文に傾斜していく——。

第三章 アメリカで、ジョブズと出逢う

渡米直後の引き籠もり事件

カリフォルニア州バークレー禅センター住職、メル・ワイツマンの話

弘文といえば、なんといっても思い出すのはタサハラ禅マウンテンセンター時代。あの人、引《ひ》き籠《こ》もっちゃったんですよ、ふふふ。まぁ、そのことは後でお話しするとして。

あなたは、もうあそこには行かれた？　やっぱりね。日本の人は温泉が大好きだから。いいお湯だったでしょう？　ええ、アメリカには、タサハラ以外にも温泉はたくさんあるんです、特に西海岸はね。だから、地震もけっこう多いですよ。

タサハラは、ものすごい僻地《へきち》にあるから驚かれたんじゃないですか？　渓谷のどんづまりですものね。え！　ご自分で運転されたの？　よく谷底に落ちなかったなぁ。

亡くなった鈴木俊隆老師がタサハラ禅マウンテンセンターを創建したのは、ヒッピー文化華やかなりし一九六七年。

それ以前、師は、サンフランシスコの桑港寺で住職を務めていましたが、あそこは戦前に日系人が作った寺なので、どうしても冠婚葬祭が中心になってしまう。そこで、熱心に参禅していたアメリカ人数十名を連れて修行道場、タサハラを開いたのです。

これはあくまで一般論ですが、こちらでは日系人や日本人よりアメリカ人のほうが坐禅に意欲的なんですよ。

タサハラを探し出したのも、アメリカ人信徒の若者でした。当時あそこは鄙《ひな》びた温泉ホテルで、売りに出されていたんです。三〇万ドルくらいだったかな。組織的な募金活動を行った上に、みんなで少しずつ貯《た》めておいたお金を元手にして、ローンを組んで購入しました。今は、夏の間は一般客に開放。一風変わった温泉リゾート、電気を使わない「ランプの宿」として知る人ぞ知る存在ですが、それ以外の期間は、設立時の理念どおり、早朝の振鈴から就寝の開枕まで永平寺式の修行を重ねています。

一九二九年生まれの私は、ヒッピーより一世代前のビートニク世代。さまざまな職業を転々とし精神的にも放浪していた時に、友人に誘われて桑港寺の参禅会に通い始めました。

鈴木俊隆師(右)と弘文
©San Francisco Zen Center

坐禅は、私のエゴをすっかり溶かしてくれた！ 身体が抑制されている分、心が自由になる、そう感じたんです。

鈴木老師は、私たちが禅を知らないことをかえって歓迎して、「あなたはすでに仏陀なのです」などと、心にほっこり火が灯るような法話をしてくれました。今思えば、それは〈一切衆生悉《いっさいしゅじょうしつ》有《う》仏性《ぶっしょう》〉という『涅《ね》槃経《はんぎょう》』の一節をやさしく説いただけのことなのですが、キリスト教文化で育った私には奇跡的なほど新鮮に聞こえました。

一神教では、神は常に〝絶対〟で人間を見下ろす存在。神と人は、いわば〝垂直の関係〟にあります。だから、「〈即心是仏《そくしんぜぶつ》〉。人間には生まれながらに仏性《ぶっしょう》が備わっている。坐禅を実践し自分の心の中の仏とひとつになる」という道元禅の教えに、私は救われたような気持ちになりました。

それで、迷うことなくタサハラの立ち上げにもついて行ったのです。

そのタサハラで、どうしても鈴木老師の片腕となる日本人僧侶が必要になり、弘文に白羽の矢が立てられました。

というのも、それ以前に老師は、アメリカ人の弟子を数人、永平寺に送っていたんですよ。でも、なかなかなじめなくて困っていたら、「弘文という雲水が親切に面倒を見てくれた」と、帰国した彼らが報告したわけです。逢ったこともない鈴木老師から、突然エアメールで渡米を乞われた弘文はさぞや驚いたことでしょう。

弘文と鈴木老師は、二人とも日本式を押しつけないところが似ていましたね。
ただ、弘文のほうがうんと芸術家肌でした。弘文は気品があって審美的、聡明なのに赤ん坊のように無垢。そのぶん浮世離れしていて、そうね、〝雲〟みたいな人だった。仏教ではしばしば〈空《くう》〉を説きますが、弘文自身が〝空の人〟でした。一種の天才です。
こんなことがありましたよ。
弘文の部屋の掛け軸が傾いていたので、私が直そうとしたら、

「いいんだ、いいんだ、そのままで」

これが弘文！　常に自然体なんです。

ある弟子が鐘を打っていたら、

「そんなに強く打ちなさんな、鳥が驚く」

ふふふ。

とにかく、弘文に逢った人は、弘文を好きにならずにいられない。なぜなら、弘文自身が誰もを愛したからです。


ええ、女の人たちからも愛されましたよ。実は、引き籠もりの原因もそこにあったんです。もちろん、初めての外国でカルチャーショックも手伝ったのでしょうが、主な原因は女性でした。弘文が渡米直前まで修行していた永平寺とタサハラのいちばんの違いは、タサハラには女性の修行者がいたことです。そして、彼女たちから弘文は半端じゃなくモテた。誘惑も多かったでしょう。

それに対して弘文は無防備すぎました。そのため、僧侶としてのモラルと葛藤したんでしょうね、山小屋に籠もってしまったのです。扉を叩いても返事をしないし、ちょっとした事件でした。引き籠もりは一カ月くらい続きましたか。

その間に弘文が、仏道と男女関係をどう結論づけたのかはわかりません。しかし、彼はその後、タサハラの研修生だったハリエット・バッフィントンという女性と結婚しました。

その結婚は一男一女をもうけた後、一〇年ほどで破綻してしまいましたが、あれはハリエットが疲れてしまったんだと思います。

ハリエットは、頭脳明晰でとても自我が強く、パパッと物事を進めるタイプ。反対に、弘文は超スローモー。だから、彼女はイライラしてよく怒っていましたね。それにそもそも、檀家や弟子に時間を奪われるのがあたりまえの日本の僧侶と、自分や家庭を第一に見つめて欲しいアメリカ女性がうまくいくわけがないんです。


そうだ、思い出しました、弘文の死後、慈光寺で行われた葬儀でハリエットを見かけましたよ。今はハワイにいると言っていたような。うーん、ちょっと待って……。

あぁ、ありました、これが彼女のビジネスカードだ。これによると、バケーションレンタル、貸別荘を経営しているみたいですね。弘文といた頃は、スタンフォード大学病院の看護師だったけれど。

ハリエットは、とてつもなく強くてちょっと怖い女性ですが、看護師、それもかなり上の地位で常に生命と関わり合ってきた人だから、地に足の着いた考え方をします。あなたの申込み方次第では、逢ってくれるかもしれませんよ。

誤解のないようにひと言添えておきますが、弘文は、俗にいう女たらしでは〝まったく〟ありませんでした。自身は、長続きのする平和な関係を望んでいたと思います。ただ、現実にはなかなかそうもいかなかっただけのことで。


晩年に再婚した弘文は、ハリエットとの過《あやま》ちを繰り返すまいと、私生活を守るために僧伽や弟子から離れて暮らしました。彼は人のよさから「オーケー、オーケー」と言ってしまい、後で身動きが取れなくなることが多々ありましたから。

再婚相手はだいぶん歳の離れたドイツ人ですが、結婚式の式師を務めたのは私です。場所はここ、「バークレー禅センター」で、一九九五年の年の瀬、いや、あるいは年を越していたかしら。もう乳飲み子もいたし、簡略化した仏式でね。集まったのも、この辺りの仏教関係者一〇名程度というこぢんまりしたものでした。新郎は確か長作務衣《さむえ》、新婦もウエディングドレスではなく平服だったんじゃないかな。

実は、結婚式の前日に、スティーブ・ジョブズから電話が入りましてね。

「挙式後のディナー・パーティをアレンジしてくれ、費用はこちらで持つから」

と、頼まれたんです。ただし、スティーブは、「ベビーシッターが見つからないから失礼するよ」。

スティーブといえば、亡くなる直前にサンフランシスコ禅センターに、「永平寺に行きたい」と問い合わせてきたそうです。結局は、病状が願いを叶えさせぬまま、彼は人生の幕を閉じてしまいましたが……。

禅で力を得た戦士

弘文の元弟子、ステファン・ボーディアンの話

僕は、弘文によって得度したアメリカにおける二番目の弟子です。一九七四年のことでした。

ニューヨークで育った僕は、一九七〇年にスタンフォード大学大学院に進学。西海岸は禅が盛んと聞いたので、修行をしながら学べる環境を求めたんです。ですから、スタンフォードに到着するとすぐに、近くにあった俳句禅堂を訪ねました。あそこには当時、鈴木俊隆老師がサンフランシスコから通っていましたが、まもなく、以前タサハラにいたという日本人僧侶が専属になりました。彼は、タサハラ後、一度は日本に戻ったけれど再渡米したとのことでした。

それが弘文だったんです。

弘文は、僧侶というより芸術家。

ヒエラルキーやルールがとことん嫌いで、本当にリベラルな人でした。その一方、日本の寺院できっちりと習得した所作は優美で、見ていてうっとりするほどだった。そんな彼に僕は惹かれ、その後六年間そばで修行しました。僕にとって弘文は、優れた師匠であり、厳しい叔父、愛すべき兄のような存在でした。

俳句禅堂に赴任した弘文は、じきに、スタンフォード大学の社会人コースで禅を教え始めましたが、そのお手伝いもしましたよ。大学と弘文を橋渡ししたのは、俳句禅堂に通っていた僕とは別のスタンフォードの学生です。あの大学は、仏教研究に力を入れていましてね。一九九九年の道元生誕八〇〇年時には、大学で慶讃《きょうさん》行事が営まれたくらい。

弘文が教えたコース名は、「ルーツ・オブ・ゼン（禅の起源）」だったと記憶します。インド仏教論など、弘文の得意とするところを英語でね。

同じ頃、弘文は、最初の渡米時にタサハラで出逢ったハリエット・バッフィントンと結婚して、俳句禅堂の近所に一軒家を借りました。自宅では、よく庭仕事をしていましたね。日本風の池も自分で造ったりして。

二人の間にはすぐに男の子が、続いて女の子が生まれましたが、弘文はとても子煩悩でした。僕と弘文が話している間も、子どもたちは肩に乗ったりして父親から離れようとしなかった。

ただ、夫としてはどうかな？

弘文は、僕を含めた弟子の訪問を昼も夜もなく歓迎し真摯に対応していたから、妻としてはきつかったでしょう。ハリエットはよく尽くしていましたけれど。

ハリエットは火のような女性で、これと思ったら命がけなところがあります。僕は、彼女のほうが、弘文を見初《みそ》めて追いかけたという印象を持ちました。しかし、現実の結婚生活は、彼女の忍耐の限界を超えてしまったようです。火のような妻と穏やかな夫は、よい組み合わせに見えたのですが。

スティーブ・ジョブズや、彼のガールフレンドのクリスアン・ブレナンが、俳句禅堂に通い始めたのは一九七五年だったと思います。スティーブは、まだまったくの無名。大学を中退後、インドを放浪し帰国したところとのことでした。

スティーブには、からきし社交性がなくてね。禅堂に姿を見せたかと思うと、ふらっと消えてしまったり。他の弟子にわずらわされることのない、弘文と一対一の関係を望んでいたのでしょう。事実、夜中に弘文を訪ねたり、家の前で待ち伏せしたりしていたらしいですね。

は？　なぜ、あれほど気むずかしいスティーブが、アメリカに何十人もいるほかの日本人僧侶ではなく弘文を選んだのか？

うーん、僕にもはっきりはわかりません。ただ、とにかく二人は強い絆で結ばれていたとしか言いようがないのです。

禅には二つの要素があると思うんですよ。ひとつはウイズダム、智慧《ちえ》。もうひとつはパワー、坐禅によって得られる武術にも通底する力。スティーブは、弘文から後者のパワーを学びたかったのではないでしょうか。彼はウォーリアー、戦士でしたから。

それに、弘文には先を見通す能力みたいなものがあったんです。超能力というと、ちょっと違うような気がするけれど。その能力にも、スティーブは惹かれたはずです。クリスアンが二〇一三年に刊行した回想録、『リンゴのひと齧《かじ》り（The Bite in the Apple）』にも、

「スティーブは、弘文のその種の能力に嫉妬さえしていた」

と、書かれていますよ。

わがままで有名なスティーブが、弘文には従順だったのも「そんな理由からかも」と、彼女は推測しています。

あの本は読まれましたか？　ああ、そう、日本では翻訳出版されていないのですか。本には僕も登場しますが、僕の記憶とは違っていたり、思い込みが激しいかなと思われる部分もあります。

クリスアンは、スティーブが高校時代に交際した生涯最初の恋人で、彼の初めての子ども、

リサを産んだ女性。彼女はもともとひじょうに繊細でしたが、スティーブとの間で泥沼の裁判が続いたことなどから、被害者意識が激しくなった点は否《いな》めないでしょう。

そのせいもあってか、本の中で彼女はだいぶん弘文を批判していますね。彼女が描く弘文像を鵜呑《うの》みにするのは疑問ですが、

「弘文に出逢った頃から、スティーブは目的だけを追求する冷徹な人間になった」

という指摘は、あながちはずれていないかもしれません。

つまり、将来が見えず不安定だった若きスティーブが、弘文から禅を学び、禅の力を得て、本来の戦士的性質をむき出しにし始めた。それがアップルの創業と成功を導きはしたが、逆に、恋人を置き去りにしてしまった、と。

ハイスクール時代のスティーブ・ジョブズ
©Polaris/amanaimages

一方、まったく的はずれと感じたのは、

「弘文は狡猾《こうかつ》な俗物で、権力をひけらかすペテン師」

という記述です。弘文は純粋で、権力なんか面倒なだけという人でしたから。

クリスアンは、俳句禅堂で参禅し始めた数年後に、未婚のままスティーブの子どもを身籠もりました。しかしスティーブは、父親であることを否定し続けた。

回想録には、そんな状況に悩む彼女に対して、

「弘文は、『スティーブと結婚できなくても子どもは産め。自分が世話をするから』と胸を叩いたが、実際に産んでみると何ひとつ助けてくれなかった」

とも書かれています。

これは、いかにもありそうな話ですね。弘文に悪気はなかったはずだし、彼女を助けたいとも本気で思ったのでしょう。でも、彼には実務能力が欠けていたから、結果的に口だけとなってしまったのにちがいありません。


六年間、弘文に仕えた僕ですが、実を言うと、最後は大変後味の悪い別れ方をしています。弘文は複雑な人物です。思想的にはリベラルでオープンでしたが、個人的にはオープンではなく、やや躁鬱《そううつ》的だったしこわれやすかった。

僕は、アルバイトをしながら、弘文のもとで修行を続けていました。でも、つまるところは僧侶でもなく、社会的には宙ぶらりんな立場。それで次第に、きちんとした寺院で修行に集中したいと渇望するようになったんです。

そんな時、弘文が俳句禅堂にひとりの日本人僧侶を招きました。その方は、弘文と異なり、日本式の伝統や儀式を重視するタイプの僧侶で、厳格な雰囲気が武士のように僕の目に映りました。心の中で、彼からも学んでみたいという気持ちがふつふつと湧き起こりました。

それで、正直に弘文に相談したところ……口をきいてくれなくなってしまったんです。終いには、電話をしてもめったに出てくれなくなって……。

弘文は怒ったのでしょう。裏切りと感じたのかもしれません。ですが、無口な彼には怒りを表現する術《すべ》がなく無言を貫いた。弘文には、そんな昔気質《むかしかたぎ》な東洋の男ならではの側面もあったのです。後で知ったのですが、こういうかたちで怒りを表現されたのは僕だけではなかったようです。

あぁ、すべて昔話ですね。

その後、俳句禅堂を去った僕が弘文と再会したのは、禅関連の催しの時など数えるほどです。そうこうするうちに、あちこちから弘文の酒癖の悪さが漏れ聞こえてくるようになりました。アルコール依存症との噂もありました。弘文が溺死したと聞いた時、僕の頭には「酒」の一文字が浮かびました。

弘文とは残念な別れ方をしてしまいましたが、僕は彼から、

「自分を価値あるものと思うこと。自身の経験を敬うこと。目的のためではなく、ただ坐禅すること。毎日が禅だということ」

を教えられました。

弘文のもとを去った後、僕は何人もの仏教の師に学び、現在は心理療法士になりましたが、弘文の教えは今も人生の糧《かて》になっています。

スティーブは、僕の家で日本に出逢った
ジョブズの親友、ビル・フェルナンデスの話

僕の話なんかで役に立つのかな？　僕は、弘文のことをよく知らないから。スティーブとは、中学時代から彼が亡くなるまでの長いつき合いだったけれど。

僕、日本に二年間住んだことがあるんですよ。「バハイ共同体」って知っていますか？　平和を説く世界宗教で、一九七九年、僕はバハイの布教、広報担当として札幌に赴任したんです。

出身はカリフォルニア。一九五四年生まれで、五歳の時に、今のアップル本社に近いサニーベール市に引っ越しました。

僕が育った頃のサニーベールには、果樹園などまだ牧歌的な雰囲気が残っていてね。でも、時を同じくして、ハイテク企業がニョキニョキと台頭してきた。近隣には、アメリカ航空宇宙局、ＮＡＳＡの研究所、「ロッキード社」、「ヒューレット・パッカード社」、「ウェスティングハウス社」、それにベンチャー企業育成に熱心なスタンフォード大学……。半導体企業も次々と誕生し、一帯は次第に、半導体の素材であるシリコンの谷、シリコンバレーと呼ばれるようになりました。

エンジニアたちは、余暇や休日に、自宅のガレージを利用して電子機器でいろいろな実験や遊びをしていましたね。僕は、彼らのガレージを訪ねるのが大好きだった。少年にとってはワ

クワクする環境でした。

あの頃、家《うち》のはす向かいに住んでいたのが、後にスティーブの片腕となりアップルを共同で立ち上げた〝もうひとりのスティーブ〟、スティーブ・ウォズニアックです。彼は僕より四歳年上ですが、僕が高校の時から二人して家のガレージで電子機器作りをするようになった。ウォズがデザインを設計し、僕が部品を組み立てて実現化することが多かったですね。

スティーブが、僕が通っていた公立中学に転校してきたのは中学二年の時。同学年の僕らは本当に気が合って、互いの家をしょっちゅう行き来していました。

はい、お察しのとおり、〝二人のスティーブ〟を引き合わせたのは僕です。

僕ら三人に共通していたのは、先端技術への憧れ。ほかに異文化、とりわけ東洋への興味もジョブズと僕は持っていました。ウォズは、そっち方面はてんででしたが。


僕とスティーブは、二人ともあまり友人がいないタイプで。あの年代の男子って、徒党を組みたがるじゃないですか。僕らは、そういうのが大の苦手だったから。二人とも将来が見えなくて、異文化や人生について延々と歩きながら話し込んだものです。スティーブは散歩しながら打ち合わせをしたことで有名ですが、あれは昔から一貫したスタイルでした。

彼は、僕の実家を気に入ってね。僕の家は、「アイクラー・ホームズ」っていう住宅群の一軒だったんですよ。アイクラー・ホームズとは、第二次大戦後、「シンプルでモダン、お洒落で安価な住宅を中流家庭に」をモットーに、カリフォルニアで売りに出された一種の建て売り住宅です。

スティーブの家はアイクラーじゃなかったけど、後年、

「子どもの頃、アイクラー・ホームズが大好きで、それが、シンプルで優れたデザインの製品を創りたいという思いに繋がった」

と、語っていますね。

アイクラー・ホームズは、オープンな間取りや柱と梁《はり》が支える構造など、日本建築の影響を大いに受けています。

僕の母は、スタンフォード大学で東アジア文化、それも日本美術を専攻したんですよ。そもそも母の父親というのが、モダンな浮世絵の新版画、なかでも川瀬巴水《はすい》の相当なコレクターで。だから、僕の家にも川瀬の版画は飾ってありました。

えっ？　スティーブが、川瀬の版画を蒐集していたって？

なるほどねぇ。それは知らなかったけど、とても納得できるな。だって、彼にとっての日本初体験は、僕の家だったんですから。

スティーブは、僕の母からも、日本についていろいろと聞いたことでしょう。彼と母は、本当の親子のように仲がよくて。母は、スティーブがアップルを追放された後に創業した「ネクスト社」でピンチに陥った時、同社に入社し彼をアシストしたほどでした。

スティーブにとって、異文化の中でも日本はちょっと特別な存在だったと思います。

一九六〇年代のアメリカのティーンエイジャーは、親の世代が守ってきたことに大いに疑問を抱いていました。キリスト教を信じ、富と物質を追い求め、自国第一とする価値観に、です。

アフリカ、インド、日本、シャーマニズム、ヒンドゥー教、仏教、そして禅。さまざまな異文化を学びアメリカ的なるものをぶち壊したい、そんなふうに考えていたんです。

でも、あの頃のスティーブが、とくだん禅だけに興味を持っていたとは思いません。確かにスティーブは、ある時期から坐禅会に通い出したけど、あれは大学以降のことでしょう。

僕らは違う大学に入学しましたが、リード大学を中退し実家に戻ったスティーブは、アップルを立ち上げると、一九七七年一月には法人化。僕は、その翌月の二月にアップルに参加しました。僕のアップル社員番号は四番です。営業や経営を担当したスティーブは〇《ゼロ》番、もっぱら技術分野を引っ張ったウォズは一番でした。

アップルⅠの基板を手にしたフェルナンデス
©Bill Fernandez

当時は、会社といっても海のものとも山のものともわからなくて、オフィスはスティーブの実家のガレージ。僕としては、学生時代には自転車でスティーブに逢いに行っていたのが、自動車で通勤するようになっただけといった気軽な感覚でした。

ただし、製品作りに対する情熱だけはみんな半端じゃなかったですよ。「このガレージから世界を変えてやるんだ」みたいな気概でいっぱいだった。

そんな中から、大ヒットした「アップルⅡ」――これは、マニア以外でも使える初のパーソナルコンピュータでした――が誕生するのですが、僕はテクニシャン、技術者としてありとあらゆる仕事に携わりました。ウォズと組んで、昔のようにウォズが描いたデザインを、僕が具体化することが多かったですね。

アップルⅡが爆発的に売れたことで、スティーブは一気に時代の寵児《ちょうじ》へと駆け上がります。一方僕は、その翌々年から二年間、日本に居住。目的は、さっきも話したようにバハイ共同体の布教活動と、ほかに合気道をきわめたかったから。僕らの世代だと、空手、カンフー、合気道などから東洋文化に興味を持つ若者が多かったですよ。もっともスティーブは、武術には全然関心がなかったけれど。

僕は、日本から帰国後アップルに復帰し、「マッキントッシュ」や「クイックタイム」などの開発を手がけました。アップルには合計一〇年以上在籍しましたが、会社で弘文を見かけたことはなかったですね。弘文に初めて逢ったのはいつだったかな？　山の上の禅堂を訪ねた記憶があります。

慈光寺？

うん、そんな名前だったかも。スティーブと行ったのかどうかも憶えていないんだけど。

あの時の記憶は曖昧ですが、弘文に関して確実に憶えているのはスティーブの結婚式。一九九一年、ヨセミテ国立公園内のアワニーホテルで行われた挙式の式師が弘文だったんです。ウエディングは、披露宴を含めた参加者が数十名という小規模なもので、式自体も二〇分前後とシンプルでした。

僕は、弘文に対して、大変ソフトタッチでつき合いやすい僧侶という印象を持ちました。

は？　その柔らかさがスティーブの気に入ったんじゃないか？

うーん、ちょっと待って……。

うん、そう、そうだ、君の言うとおりだ。

いやね、僕が今しばらく考えたのは、頭の中で、僕が知っているお坊さんたちとスティーブを並べてみたんですよ。ダメだ、彼らとスティーブはまったく合わない。ところが、弘文とスティーブを並べたらバシッとフィットした。

そうだね、弘文だからこそ、スティーブとうまくいったんだね。

何かといえば「レッツ・ゴー・シー・コウブン！」

ジョブズの大学同期、ダニエル・コトケの話

あぁ、僕はこの家のこのポーチで、いったい何人からスティーブ・ジョブズに関するインタビューを受けたんだろう？　取材はもう年柄年中だよ。世界中からジャーナリストがやって来る。

スティーブの元恋人、クリスアン・ブレナンに言わせると、「いちいち取材に応じるなんて、バッカじゃないの！」ってことになるんだけど。うん、彼女とは今でもよく電話で話すんだ。だけど、弘文のことを聞きに来た人は初めてじゃないかな？　いや待てよ、スティーブが亡

くなった年に、日本のテレビだか雑誌の人がひとり来たような。

クリスアンの回想録を読んだかって？

ううん、読んでない。第一、彼女は執筆なんて柄《がら》じゃないよ。クリスアンも、昔はもうちょっと素直だったけれど、スティーブとのごたごたで皮肉屋になっちゃった。

気持ちはわかるけどね。スティーブが、二人の間にできた娘を認知しなかったばかりか、「クリスアンは尻軽女」みたいな発言をしてさ。あの頃、スティーブは時代の寵児でちやほやされていたから、クリスアンにとっては、世の中全体が敵になっちゃったようなもんだもの。

実際、僕も、

「二人が一緒にベッドにいるのを見たことはない」

って証言しちゃったし。

あれはさ、スティーブの弁護士から頼まれたんだよ。でも、二人のセックスを見たことはないんだから、嘘はついてないんだな、これが。

彼女の本に、「初期のアップル社員で、ストックオプションをもらえなかったのはコトケだけ」とも書いてあるの？

うん、確かにもらえなかったね。

僕のアップル社員番号は一二番。アップルが株式上場した時、まわりのみんなは大金持ちになったけど、僕は蚊帳の外だった。なぜって……まぁいいよ、その話は。なんだかんだ言っても、こうやってスタンフォード大学のすぐそばに、小さいながらも一軒家を持てたんだからよしとしなくちゃ。

　スティーブと出逢ったのは一九七二年。オレゴン州ポートランドのリード大学時代ですよ。あの大学を僕は二年で、スティーブにいたってはたったの半年ほどで辞めちゃったんだけど、彼はその後も一年半くらい構内に住んでいたんだ。ルームメイトではなかったよ。

　自分が何になりたいかわからなかった僕は、キャンパスで、ラム・ダスの『ビー・ヒア・ナウ——心の扉をひらく本』を読んでいたの。ラム・ダスは、元ハーバード大学心理学部の助教授で、幻覚をもたらす薬物、ＬＳＤを研究したり、インドを放浪して精神世界を探求した人さ。僕が『ビー・ヒア・ナウ』を読んでいたら、スティーブが近づいて来て、「僕も読んだよ」って。それで、僕らは友だちになった。

　二人ともほかに、ヒンドゥー教の教説集『ウパデーシャ・サーハスリー』、パラマハンサ・ヨガナンダの『あるヨギの自叙伝』、チョギャム・トゥルンパの『タントラへの道——精神の物質主義を断ち切って』、それに、鈴木俊隆の『禅マインド　ビギナーズ・マインド』なんかが愛読書だった。

　スティーブは、特に『禅マインド　ビギナーズ・マインド』を気に入っていたね。彼ほどじゃなかったけれど、僕も禅にはイカれたよ。「心を空《くう》にシンプルにして今に集中する」なんて、完璧にグッと来るじゃん。禅関係では、アラン・ワッツの本もとてもよかった。

　あの当時、僕たちアメリカの若者は、精神世界に憧れてさまざまな自己啓発を試したものさ。なかで、スティーブには禅がいちばんキタみたい。

スティーブが、生後すぐに養子に出されたことは知っているよね？

学生時代のスティーブは、実の親から捨てられたという思いがとても強くて、心に傷を負っていたんだ。口には出さなかったし、「自分は、養父母から選ばれた特別な人間だ」と、思い込もうとしていたみたいだけれど。

これは、スティーブの養子先の妹から聞いた話だけれど、大学を中退後、故郷のカリフォルニアに戻って「アタリ社」で働き始めた彼は、稼いだお金でトラウマ・セラピーに多額を費やしたり、後には、実母を探すために私立探偵まで雇ったりしたそうだ。

スティーブが、心の穴を埋めたいと渇望していたのは確か。それが、自分が何者か知りたいという欲求になって、禅や悟りに興味を持ったような気がする。


そうこうするうちに、書物だけでは飽き足らなくなった僕らは、インド放浪の旅に出た。スティーブは一九七四年の四月から、僕は五月に合流して、二人で夏の間インドにいたんだ。ここではないどこかで、何かを発見したくなったって言えばいいのかな。一種の巡礼さ。二人とも僧侶の気分だったね。

旅の目的のひとつに、ある尊師《グル》に逢うってこともあったんだけど、その人はすでに亡くなっていてね。代わりに逢った尊師と称する人物は、まったくの俗物でガックリさ。

腰布だけで廃墟に眠ったり、下痢やシラミに悩まされたり、鉄砲水に流されそうになったり、いろいろあったなぁ。僕はあの旅にそれなりに満足したけれど、スティーブは落胆したみたい。

尊師にも逢えなかったし、悟りも得られなかったって。だけど悟りなんて、たかだか数カ月で得られるものじゃないだろうって。

後になってスティーブは、「インドで直感力の重要さを知った」と発言しているよね。でも、直感力はもっぱら禅から学んだと、僕は思っているけどね。

スティーブから弘文を紹介されたのは、インドから帰国後の一九七五年だったかな。休暇を利用して、カリフォルニアのスティーブを訪ねた時だった。当時、スティーブはアタリ社に勤めていたんだけど、ある時、突然、

「弘文に逢いに行こう!」

と、言い出して。

僕は、誘われるままに俳句禅堂を訪ねた。

振り返れば、あの頃のスティーブは、何かというと、

「レッツ・ゴー・シー・コウブン!」

って感じだったな。

僕はやったことないけど、摂心っていうの? 何日も続けて坐禅する修行があるじゃない? あれにも、スティーブは参加していたようだよ。

スティーブが、どうやって俳句禅堂を見つけたかって?

簡単さ。だって、この辺りにたくさん俳句禅堂のポスターやチラシが貼ってあったもの。それを見て、スティーブも顔を出したんでしょ。それで、弘文をめっちゃ気に入っちゃったと。

スティーブは、何をしたらいいのか、どう生きるべきなのかがわからなくて、真剣に師《メンター》を探していたんだよ。彼には、人の性格や才能を一瞬で見抜く慧眼《けいがん》があったから、弘文を見た途端に、「この人だ！」って閃《ひらめ》いたんでしょう。

スティーブと養父の関係は良好でしたよ。でも養父は、知的とか視野が広いとかってタイプの人じゃなかった。早起きして仕事に行って、帰宅するとテレビが大好きで、八時には寝ちゃうって感じの実直なお父さん。知的向上心の強いスティーブには、物足りなかったと思う。

そこに、年上でインテリで洗練されていて、東西文化の相違や精神世界を語れる、日本仕込みのほんまもんの禅僧が現れたんだもの、のめり込んでも不思議じゃないよね。僕には、弘文の話はよく理解できなかったけどさ。

一九七六年の夏休みに、僕は前年に続いてスティーブを訪ねたの。スティーブは、アップル社を立ち上げたばかりで、僕はアルバイトで仕事を手伝った。そう、実家のガレージをオフィスにしていた頃さ。まだ会社なんてもんじゃなくて、スティーブは、僕や彼の妹にキャッシュでパート代を払っていたね。

「アップルがうまくいかなかったら、日本に行って坊さんになる」

なんてことも言っていたな。

あの夏、僕はスティーブの家のソファに寝泊まりして、二人してよく弘文に逢いに行ったし、ほうぼうのコミュニティも訪ね歩いた。二人とも貧乏だったけれど、時間だけはあったからね。タサハラ禅マウンテンセンターや、「グリーンガルチ・ファーム」っていう禅のグループが有機栽培している農場とか、いろいろさ。

タサハラでは、お金がなかったから宿泊はできなかった。精進料理を食べて、温泉につかって、坐禅する間もなく日帰り。スティーブは温泉が大好きなんだ。もちろん裸で入浴していたよ。

あの夏は二人で、スタンフォード大学のコーヒーショップでよく碁も打ったな。


一九七七年にアップルが法人化して、リード大学からコロンビア大学に編入、卒業した僕も正式に入社した。社員番号が一二番だったのはさっき言ったとおり。今のアップルに社員は何人いるんだろう?

ちょうどその頃、スティーブと僕は、今、アップル本社があるカリフォルニア州クパチーノ市に一軒家を借りて、クリスアンを交えて共同生活を始めたんだ。三人で一台の車に乗って通勤したもんさ。

そのうちにアップルがだんだん軌道に乗り出して、忙しくなったスティーブは、俳句禅堂に僕を連れて行くこともなくなった。それでも、合間を縫ってひとりで弘文を訪ねていたとは思うけどね。


僕は、弘文とスティーブの会話を聞いたこともあるよ。スティーブは、事業について訊くことが多かったな。

アップルが成功してからは、

「会社を大きくしてもいいか？」

なんて質問もしていた。

意外でしょ？

スティーブは、矛盾を抱えていたんだよ。彼って、すんごい野心家じゃん。お金と名声が欲しくてしかたなかったんだ。だけど同時に、物質主義を本気で否定するヒッピーの自分もいる。金持ちになりたいか、世界を変えたいかと問われれば、まちがいなく後者を選んだと思うけれど、金がなければ世界も変えられないという現実主義もスティーブの中にはあった。

そういう自己矛盾と将来に対する答えを、スティーブは弘文に求めたんですよ。

弘文は、

「永平寺で修行したい」

と、言ったスティーブに、

「ここにないものは永平寺にもない。シリコンバレーにとどまれ」

と、勧めたとか。

それに、

「修行を続けながら実業家になるといい。事業と精神世界は矛盾しない」

とも言ったんでしょ。ビンゴだよね。

世俗と一線を画し、霞《かすみ》を食べているような禅の師匠から、「ビジネスの世界に行ってもいい」と承認を得たスティーブはフルスピードで走り出した。というか、スティーブは、承認を得たくて弘文を訪ねていたふしがなくもない。

欠落感を抱いていたスティーブが、あるがままの自分でいいと思えるようになったのも弘文のおかげでしょう。だって、禅って、「人は皆、そのままでブッダだ」って説いてるじゃん。若きスティーブにとって、テクノロジーの師匠は「インテル社」の創業者、ロバート・ノイス、心の世界の師匠は弘文だったね。

それから、アップル製品のミニマルで美しいデザインも、一部は禅の影響だと僕は思っている。スティーブは、ドイツのバウハウスも好きだったし、ハルトムット・エスリンガーの「フロッグデザイン社」からもたくさん学んでいるから、禅だけとは言わないけれどね。

とにかく、社員から「現実歪曲《わいきょく》フィールド」と表されるほど唯我独尊《ゆいがどくそん》で、人を人とも思わないところのあったスティーブが、弘文だけは特別扱いで敬意を払っていた。

へぇ、弘文って遅刻魔だったの？

ううん、僕は知らなかった。でもさ、禅って忍耐を求めるじゃん。わがままなスティーブだからこそ、師匠の前では忍《にん》の修行に努めたんじゃない？　彼自身は、死ぬまで悟りの境地なんてもんじゃなかったけどね、ふふふ。

僕らってカウンターカルチャー世代で、仏教とか禅ってとてつもなく大きな存在だったんだよ。カッコよかったしさ。時代が変わったとつくづく思うよ。今、俳句禅堂があった辺りに禅堂なんてないし、電柱にポスターだって貼られていやしない。

アップルの株式公開は一九八〇年だったかな。あの頃から、スティーブは僕を無視し始めた。

彼は、一九七八年にクリスアンが産んだ子を頑として認めなくてね。それで、僕が母娘と彼の間を仲立ちしようとしたのが気に食わなかったみたい。でも、僕とスティーブ、そしてクリスアンは、一時期同居していたんだからね。僕としては、困っている母娘を助けたかったんだよ。当然でしょ。

そんなこんなで、スティーブとはなんと一〇年以上も没交渉さ。僕は、マッキントッシュ部門を最後に一九八四年にアップルを辞めて、その後はヨーロッパに行ったり、不動産投資の仕事をしたり。

だから、一九八五年にアップルから追放されたスティーブが、その直後に創業したネクスト社時代のことはわからないんだ。世界中を騒がせたあの追放劇は、例の現実歪曲フィールドがいきすぎちゃった故の結末だろうね。

そうそう、こないだ君から、「弘文は、ネクスト社の宗教顧問だったのか？」ってメールをもらったじゃない。「たくさんの本にそう書いてある」って。

それで、あの会社で経理や事務を担当していたスーザン・バーンズに尋ねたところ、こんなメールが返ってきたよ。

「スティーブが、弘文を会社に連れて来たことは何度かあったけれど、あくまで友人として。ネクスト社の宗教精神顧問、スピリチュアル・アドバイザーだったことはないわ。弘文が〝仕事モード〟だったのは一度だけ。一九九一年、スティーブのウエディングの時よ」

彼女はもともとアップルにいたけど、スティーブが追い出された時に一緒についていった人。

スーザンの話は信頼できると思うよ。

没交渉中だったから、結婚式にも僕は呼ばれていない。禅スタイルの挙式で、弘文が仕切ったらしいね。

スティーブとまたつき合うようになったのは、向こうから電話がかかってきたからさ。アルバート・ホフマンって聞いたことある？　幻覚をもたらす薬物、ＬＳＤを発明した化学者。まだホフマンが生きていて、僕が彼の連絡先を知っていると誰かから聞いて電話してきたの。スティーブはＬＳＤが好きだったからね。

あれから弘文が亡くなって、スティーブもいなくなっちゃった。スティーブの死は、最初は確かラジオで知って、直後から、それはもうたくさんのメールが届いた。あの夜は、この家でひとりウイスキーで献杯しましたよ。

その後、スタンフォード大学記念教会で営まれた追悼式では、僕を含めた一〇〇人くらいの招待者に『あるヨギの自叙伝』が配布されたんだけど、あれはスティーブの遺言だったのかしら？

五年目の変調

弘文の元妻、ハリエット・バッフィントン・チノの話

伝記『スティーブ・ジョブズ』の中で、未亡人のローリーン・ジョブズはこう語っています。

「夫には、どうしようもなくやっかいなところがあります。(中略)でも、目を見張るような人生を歩いてもきました。そんな彼のすべてを、包み隠さず書いて欲しいのです」

彼女の考えを、私は全面的に支持しますね。

私の元夫、乙川弘文も――私には、私たちが結婚した当時の知野のほうがしっくり響きますけれど――人並みはずれた長所があった反面、致命的な問題を抱えていました。あなたは、その両面をちゃんと書かなけゃダメよ。

だけど、本当によかったわ、こうしてあなたに逢えて。私、話したいことが山盛りなのよ。ええ、私は、普段はハワイに住んでバケーションレンタル、貸別荘を経営しています。今回はロシア旅行の帰途、スタンフォード大学の友人に会うためにシリコンバレーに立ち寄ったの。

それにつけても、あんなに聡明で才能に満ちた弘文が、本来なら達成できた物事をことごとく放棄していく姿を見るのは、本当に悲しいことだった……。

離婚の責任は私にもあります。結婚した時、私は彼より八歳下の二四歳。わがままで無分別な娘でした。それにそもそも、私って結婚にむいていないのよね。そのことは、弘文との生活でとことんわかったから、以来、恋人は作っても再婚はしていないし、今後も断じてしないつもり。

あら、私のことが、『スティーブ・ジョブズ』に書いてあるの？ そんな文章あったかしら？

弘文には、スタンフォード大学病院で看護師をしている奥さんと二人の子どもがいてね。奥さんは夜勤だったので、僕は、夕方に弘文を訪ねては遅くまで話し込んだもんさ。で、真夜中近くに帰宅した奥さんに放り出されるわけだ。

あぁ、あれね。そう、そのとおりよ、追い出したわ。

あの頃、私は午後三時から一一時までの夜勤シフト。スティーブは、そうね、私が帰宅すると一〇日に一度は家《うち》にいたわ。もう真夜中ですよ、あなた。家には子どもが二人いて、朝早く起こさなくちゃならないんだもの、叩き出したわよ。

まったく、弘文の弟子たちときたら！

放っておいたら朝まで居座るような厚かましい連中が、次から次に押しかけて来たんだから、たまったもんじゃなかったわ。それでも、スティーブはまだマシでしたよ。弘文の弟子のほとんどは、世の中の落ちこぼれか精神を病んだ人たち。ほかの禅センターでは通用しないような人間ばかりだったんだから。

一九六八年夏のタサハラ禅マウンテンセンター。弘文と出逢ったあの夏のことを思い出すと、私って、絶望的なまでにロマンチックな娘だったと頭を抱えちゃう。

当時私は、南カリフォルニア、サンディエゴにある看護大学の学生でした。夏休みに、タサハラから七〇キロほど北のモントレーで看護師助手をしていた時、患者からあそこのことを聞いて、休日にタサハラを訪ねたんです。禅に関心はなかったけれど、子どもの頃から「ナショ

ナル ジオグラフィック」誌で写真を見たりして、日本の建築や美術が好きだったのでね。

行ってみると、大自然に囲まれたそれはそれは美しい所で。それで、休みを利用して通っているうちに弘文に出逢ったわけです。逢った瞬間に、彼には常人にない能力が備わっているとピンときたわ。それが、私が弘文に惹きつけられた最大の理由です。

ある宵のこと。弘文の部屋を訪ねると、彼は白い着物を着ていました。二人で話し込んでいたら、畳の上を大きな蜘蛛《くも》がうろちょろし出して。と、弘文は、信じられないくらい優雅な仕草で蜘蛛を掬《すく》い取り、別の場所に逃がしてあげたんです。普通なら殺してしまうというのに。

夏の夜、若い東洋の僧侶、白装束、優美な振る舞い——すべてがロマンスに結びついて、私は一気に恋に落ちた。

でも、あの夏、二人にそれ以上のことは起きなかった。清い関係でしたよ。そうして夏が終わり、私は大学に戻って行きました。


弘文のことをひと時も忘れられなかった私は、翌年に大学を卒業すると、またタサハラを訪ねました。

再会した私たちは、夜になると人目を忍んで逢瀬を重ねたわ。ええ、もちろん男女の仲にもなりましたよ。

は？ 弘文に、性に対する抵抗はなかったかですって？

なかったですよ。第一、私が初めての相手じゃなかったし。

あら、あなた、なんでそんなに驚いているの？

ええ、私も、弘文は日本では童貞だったと思うわ。永平寺に籠もったりして、生涯不犯で通すつもりだったようにも思います。

だけど、考えてもご覧なさいな。弘文が渡米した一九六〇年代後半のこの国は、ヒッピーとフリーセックスの真っ只中。女だって積極的にアプローチしたし、とにかくみんながセックスしまくっていたんです。そう、めちゃめちゃ多くの男女が、めちゃくちゃたくさんのセックスをね。日本の仏教界の厳格な戒律にがんじがらめだった若いお坊さんにとって、それがいかに誘惑的だったことか。

確かに、仏教者として道をきわめようとすれば家庭は妨げになるでしょう。実際、釈迦は、妻子を捨てて修行の旅に出ています。しかし、異性を知った弘文は、釈迦とは違う道、家庭と仏道を両立させる人生を選んだ。

弘文の最初の女《ひと》は、ルースっていうタサハラで修行していた人ですよ。私はその時、まだタサハラにいなかったけれど、彼女と別れた後、弘文は一カ月も自室に引き籠もっちゃったんですって。

あぁ、そう、この話は、メル・ワイツマンから聞いたのね。でも、メルは、彼女のことは話さなかったのね？

ルースとは大昔に逢ったきりだけど、感じのいい人ですよ。今は、ヨガの先生をしているはず。連絡してみたら？　あぁ、ルースか、なつかしい。再会したいもんだわね。

私たちが交際を始めると、すぐに弘文は私に求婚しました。私はもちろん、喜んで受けましたよ。けれども、二年の期限で渡米した弘文は、夏には日本に帰ることになっていた。

彼は言ったわ。

「君は、サンフランシスコで仕事を見つけてくれ。その間、師匠の鈴木俊隆老師夫妻がいるサンフランシスコ禅センターに住めばいい。そうして、僕が戻るのを待っていて欲しい」

私はこの言葉にしたがい、禅センターに住んで病院勤務を始めました。

でも、日本の弘文からはめったに手紙が来なかった。私は、毎日書いたのだけれど。

ただ一度だけ、彼の故郷、新潟の加茂市が大洪水で、「寺が大被害を受けたからすぐには戻れない」という便りが届きました。

彼は本当にアメリカに帰って来るのか？　私にはわからなかった。


弘文がようやく姿を現したのは、帰国から七カ月後の翌一九七〇年三月です。

弘文がアメリカに戻った理由は、もちろん私のこともあったでしょう。ただね、日本にいてもしかたがないって気持ちもあったと思いますよ。一度アメリカを体験した弘文にはもう、日本の田舎町のお坊さんで一生を終える気はなくなっていたんじゃないかしら。

ところであなた、弘文が左利《き》きだったってご存じ？　小学校に入る前に、右利きに直させられたんですって。当時の日本では当然の教育だったかもしれないけれど、そんなのって不自然だわ。アメリカは左利きでいっぱいですよ。そういう自由な空気も、弘文にとっては魅力的だったのでしょう。彼は、日本の縦社会をとことん嫌悪していましたから。

再渡米した弘文は、俳句禅堂に住み込んで禅を教え始めました。あそこの人々が、専属の日本人僧侶を求めて、日本に戻っていた弘文に熱烈な手紙を送っていたからです。

私たちが結婚したのは一九七〇年七月一日。場所は、俳句禅堂のそばにあった役場でした。そうです、アメリカでは、役場で婚姻の宣誓式を行うことができるんです。

仏式でなかったのは、鈴木俊隆さんが式を司ってくれなかったから。弟子の妻がアメリカ人というのが気に入らなかったのか、あるいは、私のことが嫌いだったのか？　私はもちろん傷ついたけれど、しないってもん、しょうがないじゃない。乙川家からも、私の実家からも出席者のいないシンプルな式でした。

私が弘文の家族に逢ったのは、それから四年後の一九七四年春。新潟の実家ほか、永平寺や京都を訪ねました。弘文の家族との会話はよく憶えていないし、私はあれっきり日本には行っていません。

結婚後、私たちは、俳句禅堂からほんの一ブロック離れた所に一軒家を借りました。その家が、二年後に売りに出されましてね。ちょうど私に遺産が入ったので、そこから頭金を出して買いました。

話は前後しますが、なんといってもシリコンバレーでしょ。離婚した時には家の価格が高騰していて。私の頭金で買った家だけど、法律上半分は弘文の物ですから、確か九万ドルくらいを彼に渡しました。日本円だといくらになります？　約一〇〇〇万円？　別れたのは一九八四年だから、大金でしたよ、あなた。

その大金を、弘文ったらどうしたと思って？　ニューメキシコ州のド田舎に土地を買ったのよ。バカじゃないかと思うわ。

反対に私は、離婚後も家を所有したまま賃貸に出しましてね。一九九八年にハワイに渡る時に売却したら、六〇万ドル以上の値がつきました。同時期、弘文の土地は、その五分の一から六分の一程度だったでしょう。

弘文が亡くなった時、あの土地には未完成のへんてこな家が建っていて、未亡人が私に買わないかって言ってきたけどもちろん断りましたよ。結局、あそこは売れたのかしら？　仮に売れたとしても二束三文だったと思うけど。

新婚時代の二人は、お互いのことをほとんど知らなかったし、文化や言葉の違いによる諍《いさか》いもありました。でも、翌年に長男が、その二年後に長女が生まれて、私たちは幸せだった。

弘文は、毎朝五時半から俳句禅堂で参禅会を開き、夜は夜で坐禅やら法話。ほかに、サンタクルーズやサンフランシスコの禅センターの面倒を見ていたし、スタンフォード大学の社会人コースや、地元の短大関連の施設で禅を教えてもいました。それに加えて、合間を縫っての摂心や独参と仕事に打ち込んでいた。地元紙にも活動が紹介されたりして、彼がいちばん輝いていた時代です。

「これまで日系社会にとどまっていた禅が、ヨーロッパ系アメリカ人の間で芽を出しかけている。宗教史的にひじょうに大きな出来事だ」

と、歴史の転換点に身を置く気概に溢れていました。

幸福だった頃の弘文一家。70年代前半、ロスアルトスの自宅にて
Photo: Courtesy of Harriet Buffington Chino

でも幸福なかたわら、私たちはとても貧しかった。

みなさんは知らないでしょうが、弘文のような曹洞宗の国際布教師は、正式に任命されているにもかかわらず、給料や助成金がほとんどない独立採算制なんです。日本のお寺だと、お葬式や法事が収入源になりますが、俳句禅堂は修行場だったからそれもない。後には、それこそスティーブ・ジョブズが成功したりと、まれに多額の寄附が入ることもあったけれど、再渡米したばかりの弘文には、まだそんな裕福なサポーターもいませんでしたしね。

それで、禅堂のメンバーが、弘文に毎月二五〇ドルを渡していました。だけど、それってちょうどお家賃で消えてしまう額。あぁ！　たったの二五〇ドルで、朝から晩まであの人にまとわりつくなんて！

生活を支えるために、私は猛烈に働きましたよ。それに、看護の仕事を心から愛してもいました。けれども、弘文は私が働くことに大反対だった。そのため口論が絶えず、結婚のつまずきはあのあたりから始まったのかもしれません。その点、典型的な日本男子でしたよ、弘文は。でも、私が働かなかったらどうやって食べていくのよ？　そういうところがズレてるっていうか。とにかく、あの人は金銭感覚ゼロでしたから。

「清貧をよしとしたのでは？」ですって？

ハッ、笑っちゃう。だって、あの人は高級品が大好きだったんだもの。ライターだってブランド物だったし、欲しいとなったら、子どもみたいに我慢できないところがあったのよ。

弘文が変調をきたしたのは、結婚して五年目くらいからです。鬱《うつ》状態が始まって、仕事もおろそかになっていきました。

弟子の中には、原因は私だと吹聴するのもいたけれどお門違《かど》いよ！　弘文は、デキの悪い弟子たちにほとほと疲れてしまったんだわ。彼自身も、「僕は子守りじゃないのに」ってこぼしていましたよ。

だけど、弘文は絶対にノーと言わない人だった。と同時に、実に聞き上手で、目の前にいる人の痛みを、我が事のように感じることのできる人でもありました。相手の相談には、いかなる時も、自分の身体を通した誠実な言葉を慎重に選んで答えていました。これは、弘文の極上の資質です。

ところで、私、宗教って演劇だと思うのよね。主演の僧侶や神父が、しかるべき衣装を纏《まと》い、銅鑼《どら》や鐘、オルガンをバックに儀式を演じる。弘文は、誠に優れた役者でしたよ。でも、舞台から下りれば、よそでは決して言わない弟子の愚痴だってこぼしていました。

それなのに、一歩外に出れば甘い顔をしたものだから、弘文によって得度した弟子たちが次次と生まれていった。いくら日米の禅が違うといったって、私に言わせれば、あれは〝禅ごっこ〟ですよ。だって、得度した弟子たちのいったい何人が、永平寺の修行に耐えられると思って？

明らかに弘文は、アメリカでの生活に行きづまっていました。しかし、もう日本に帰るという選択肢はなかった。どちらの国にいても満たされない状況で、弘文には道を拓く実行力がなく、常に受け身でした。

そうして次第に、彼はお酒に溺れるようになりました。

毎晩ではなかったものの、頻繁にジンやウオッカを半本から一本も飲むようになってしまった。そして飲めば、叫んだり、物を投げたり、殴ったり。私なんて、何度暴力を振るわれたことか。いつのまにか、私も子どもたちも、びくびくして暮らすようになってしまいました。

こういうことは、弟子たちは知らないはずです。弘文は、彼らの前では飲みすぎないように用心していましたから。

家庭が破綻すると、今度は弘文の浮気が始まりました。相手は禅堂関係者で、ひとりではなかったようです。でも、弘文だけを責めることはできない。だって、私も同じことをしていたから。私の浮気に気づいた弘文は、よりお酒に溺れていきました。

そんな時、私にカリブ海のドミニカ共和国での仕事の話があったんです。やり直すにはよい機会と思い、一九八〇年、一家揃って半年ほどカリブ海に暮らしました。

けれども、もう元には戻れなかった。私には、袋小路に苦しむ彼を救うことができなかった。このことは、今でも大変後悔しています。シリコンバレーに帰った時、私は離婚を決意していました。

はい、弘文はカリブで泳いでいましたけれど、どうして？

あらあら、甥っ子の文英さんが、「カナヅチと聞いている」と言っていたの？

とんでもない。あの人はちゃんと泳げましたよ。だからねぇ、謎なのよ、彼が溺死したって話は……。

離婚を決めた私は、翌年、大学院で看護学を学ぶために、子どもを連れてアーカンソー州に越しました。より自立するために、修士を取得しておきたかったのです。あそこには、私の希望に叶う学校がありました。子どもたちは息子が一〇歳、娘が八歳になっていたので意思を尋ねると、私について来ることを選択しました。そして結局、ハワイに移るまでの二〇年近くアーカンソーに住むことになります。

シリコンバレーに残った弘文から、たいした養育費は送られてきませんでした。

反対に私は、週に七〇時間も八〇時間も働き続けましたよ。二つの病院勤務をかけ持ちしてね。あの時、スティーブはもう成功者になっていて、私に金銭的援助を申し出てくれたけれど断わりました。他人を頼るなんて、〝まったく〟私の性分じゃないのでね。

途切れがちだった養育費は、長女の大学時代にぷっつりと途絶えました。弘文が再婚することになったからです。その時、妻になった人のお腹にはもう赤ん坊がいたので、こちらの子どもに仕送りをするどころじゃなかったんでしょうよ。

離婚を法的に申し出たのは一九八一年。子どもに関する取り決めやら何やらで、成立したのは三年後です。

離婚に対する弘文の反応ですか？

そうね、怒り、混乱、悲しみ……そんな感じ。

そもそも彼は、私が大学院を出たら、一緒の暮らしに戻ると思っていたふしがありましたから。反対に私には、青春の大切なおよそ一五年をムダにしたという思いが残りました。

ただし、

「今も彼を愛しているか？」

と問われれば、答えは、

「イエス」です。

人間、一度愛した人のことは忘れられないものですよ。その人の中には、自分が恋に落ちた時と同じものが生涯息づいているわけですから。たとえ悪い思い出が残ってしまったとしても、ね。

離婚時の約束事のひとつに、「子どもたちは、毎年一定期間、父親と過ごす」というのがありましたが、弘文がアーカンソーまで来たのは数えるほど。もっぱら子どもたちが、離婚後の弘文が、シリコンバレーから越したニューメキシコ州タオスまで訪ねていました。

だから、インターネットのどこかに、「弘文が居を変えたのは、子どものもとに通いやすかったから」とあったけれど、あれは嘘ですよ。あれって、弟子が書いた文章。まったく、あの人たちときたら、そうやって弘文を美化するのが大好きなんだから。

そういえば、あなたは息子にも連絡を取られたとか。息子が言っていました、「逢いたいと申し込まれたけれど、時間がないから断った」って。

でも、そうじゃないと私は思います。あの子は話せないんです、傷ついているから。

弘文は、あの子が結婚したのと同じ時期に再婚しました。弘文には、息子の子どもと同じ歳の子どもまでいます。息子にしてみれば、もともとお酒で苦しめられた上に、今度は、自分より新しい家族が大事だと言わんばかりの仕打ちじゃないですか。皮肉なことに、彼はキリスト教の牧師になりました。

娘のほうは、息子よりうんと父親とよい関係でしたが、それでもあなたを避けるでしょう。二人ともいまだに、父親の突然の死をどう受け止めたものかと苦しんでいるんです。

ええ、二人は弘文の死顔を見ています。亡くなったと聞いて、すぐにスイスに飛んで行きましたから。

弘文の死から一年ほどは、こんな私でも悲しみと混乱に包まれました。あれほど光り輝いていた人がこんなにも若くと、悔しい気持ちもあった。

弘文の死については謎ばかりですが、こういうことだったと私は聞いています。

——二〇〇二年七月二六日。弘文は、再婚した妻と三人の子どもを連れて、スイスにある弟子の別荘に滞在していた。ある日、夫婦は家の中、子どもたちは庭にいて池のまわりで遊んでいた。五歳の摩耶が池に落ちてしまったので、姉のタツコが家に走り母親に伝えた。母親は池に飛び込んだものの、水が冷たく断念。騒ぎに気づいた弘文が駆けつけ、池に飛び込んだ。その間、母親は近所に助けを求めに行ったが、彼女が戻った時には、弘文も摩耶も溺死していた。——

池のそばに、幼子《おさなご》三人を放っておくなんて！　水が冷たくて、母親が池から出てしまった？　私にはまったく理解できない！　弘文は酔っていたのかしら？　泳げた弘文がどうして溺れたの？　死因は心臓麻痺っていうけれど……。すべては謎のまま残されました。知っているのはただひとり、母親だけ。六歳だったタツコがどこまで憶えているか？

まったく、キャトリンってのはろくでもないドイツ女！　ええ、そう、キャトリンってのが弘文の後妻の名前。

あの女は、弘文がヨーロッパに布教に行っていた時に、禅関連のどこかで知り合って誘惑したのよ。ちゃっかり妊娠して、男が逃げられないようにしたってわけ。たいしたタマ！

弘文も弘文です！　いい歳をして、なんで避妊しないのよ！

でも、彼には純なところがあったから焦ったんでしょうね。一九九五年に、

「再婚手続きをしたいので離婚証明書を送ってくれ」

と、連絡が入りました。

弘文が国籍を変えたのは、あの時だったと思います。それまでの彼の立場、永住権では、キャトリンをアメリカに呼び寄せられませんから。日本に帰る手もあったでしょうが、今さらドイツ人の妻を連れて帰ってもと判断したんでしょう。

一緒になった二人は、アメリカで暮らし始めました。幼子を抱えて、ニューメキシコ、カリフォルニア、コロラドと、あちこちを転々としましたが、経済的には困窮していたようです。だって、弘文はあの調子だし、キャトリンは働かなかったから。

それなのに二人は馬を、しかも二頭も飼っていたんですよ、あなた。あぁ、頭がくらくらしちゃう。私が妻だったら、絶対にそんなムダはさせない。もっとも、別れた私に言えた義理ではないけれど。


キャトリンもどうかと思いますが、弘文が、私と彼女の間の時期に同棲した女もこれまたどうしようもなかった。どこか宇宙にでも住んでいるみたいに、完全にイっちゃってて。まぁ、あなたも逢ったの？　あの女ときたら、頭がぶっ飛びまくりで、話もへったくれもなかったんじゃない？

弘文は、女性がいなければ生きていけない人です。とはいえ、あの女はありえない！　あんな人と一〇年も暮らしたんだから、どうかしているわ、ほんと。

弘文と彼女が、スティーブ・ジョブズのクレジットカードを使いすぎたって話は聞きました？　二人は一時期、スティーブの豪邸に住んでいたんです。一種の管理人みたいな名目で、スティーブが弘文を援助したんだと思います。

ある時、弘文と彼女が日本に行くというので、スティーブが、引き落とし先を自分に設定したクレジットカードを渡したらしい。ところが二人ときたら、日本で目の玉が飛び出るような金額を使ってしまい、いつもは弘文に従順なさしものスティーブも激怒したとか。

それでも懲《こ》りずに、スティーブは、その後もずっと弘文を慕っていたようですけれど。

スティーブが、俳句禅堂に通い出したのはいつからだったかしら？　私が、弘文と彼の会話に加わることはなかったので記憶は曖昧です。ただ、彼が弘文に逢ったのは鈴木俊隆さんが亡くなった後のはずだから、一九七一年以降でしょうね。

弘文が、

「スティーブはとても知的だ」

と、感心していたのは憶えています。

それから、スティーブが、

「政治家か禅僧になりたい」

と言ったけれど、「止めた」ということも直接、弘文から聞きました。

ただし、巷間言われるように、スティーブやアップル製品が、禅の影響を受けているというのはどうかしら？　スティーブ自身、集中力やデザインの簡潔さに禅の影響を認めていますが、そういうのって生まれついての資質じゃない？　だって、そうじゃなければ、あのデキそこないの弟子たちとスティーブの差を説明できないもの。同じ師匠に学んで、どうしてあんなに違うのよ！

なぜ、スティーブが弘文を選んだのか？

それは、弘文が、文化的背景も性格も行動パターンも彼と正反対だったから、磁石みたいに引きつけられたというのがひとつ。もうひとつは、弘文の常人にはない能力、簡単に言うと超能力にスティーブは畏《おそ》れを抱いたんだと、私は確信しています。

スティーブ・ジョブズは、いかにもカウンターカルチャーの申し子らしく、自己啓発のためにありとあらゆる方法を試した人物です。彼は、悟りや予知能力を手に入れたくてたまらなかった。そして、その能力が弘文にはあった。これは、惹かれずにいられませんよ。

いえいえ、あなた、冗談じゃないの。あの人には、超能力があったのよ。

たとえば？

うーん、そうね、車の事故や来客者なんかは、いとも容易に予知したわ。これは、弘文に生来備わった特別な能力で、スティーブにこの能力はなかった。スティーブが薬物のＬＳＤを好んだのは、幻覚の力を借りて高い意識レベルに到達したかったからでしょう。弘文は、薬物の力を借りる必要などありませんでした。

あなたが翻訳してくれた弘文の京大時代の日記。あれが超能力と関係あるのかどうか、私にはわからない。ただ、とても美しい文章に心を揺さぶられました。

若い時、あれは丁度《ちょうど》十六の頃のことでありますか。谷の急流を走って渡り、高い滝壺へ真さかしまにとびおりたことがありました。死ぬかと思いました。死にながら谷間に咲いた百合の美しさを見、暮れていく谷間の静けさを思い、山寺の鐘の音を聞きました。落ち乍《なが》ら私は死なない、生れ変わっていくとしかと思われ、その瞬間から、無常の言葉の意味を知りました。

(中略)

この小さい私の全身に宇宙全体をうつし出し、眼に見えぬ神の姿をやどらせ、そのまゝに仏となることも出来る妙術を得ました。

私を殺さんとして近づいて来る岩も風も鉄の矢も、私の鏡に己がみにくき姿の映るを見て逃げ去って行きました。

弘文のことを、「僧侶ではなく詩人」と言った人がいましたが、まったく同感だわ。だからねぇ、あの人は詩人になればよかったんですよ。それから、忍耐強くて賢い〝日本人〟の奥さんと一緒になれば幸せになれたのに。

弘文が、自分を〝手負いの人〟と表現したことが幾度かありました。彼は、日米どちらの国にいても満たされなかった。「その苦境を打破する力のない自分は、運命に翻弄された手負いの人だ」と。

傷つき、足を引きずったような悲しい人生だったでしょう。

しかし、甘えていたとも私は思う。だって、この国は移民だらけですよ。泣き言を言わず、道を切り拓いた者こそが幸福になれるのです。

予知能力があった弘文だから、自分がヨーロッパで人生を閉じることも絶対にわかっていたはずです。それを承知で旅に出たのだから一種の自殺ですよ。そして、自殺ほど無責任なことはないと、私は腹を立てているんです。


えっ、何？　あら、もう話し始めてから一二時間経ったの？　私は大丈夫。まだまだ話せますけれど、あなたはもう疲れた？

思い出しても言えないわ

弘文初めての恋人と目されるルース・バーナートの話

ええ、あなたからのEメールは届いています。でも、こちらから返信する必要もないと思って。

おっしゃるように、私が弘文を知ったのはタサハラ禅マウンテンセンターです。

一九四二年、サンフランシスコ生まれの私は、二〇代の時にオートバイであちこちのキャンプ場を渡り歩く旅に出て、タサハラに辿り着きました。あの頃のタサハラは創成期。私はそのままタサハラに住み込んで、そうこうしているうちに、日本から弘文がやって来たのです。

私が、彼の初めての女《ひと》だったかですって？

知らない、わからないわ。私に逢う以前から経験はあったように感じたけれど。彼が素晴らしい人で、私たちがよい関係だったのは事実です。それ以上は忘れたし、思い出しても言えないわ。だって、言う必要なんてないもの。

私と別れた後に、弘文が引き籠もったんですか？

知らなかった……初めて聞きました。

とにかく、彼はハリエットと恋に落ちて家庭を持った。それでいいじゃない。私のことはどうでもいいの。

弘文が、異性と関係を持つことに葛藤していたとは思えなかったけれど。アメリカが、彼を変えたんじゃないですか？　永平寺にいた時、弘文が何を考えていたかは知りませんが、アメリカに来て、素直に、自然に、男女関係を持ちたい、家庭を作りたいって思ったんじゃないかしら。

アメリカの何が弘文を変えたのか？

いい質問ね。だけど、私には答えられない。彼に訊くしかないわ。ええ、もちろん弘文が亡くなったことは知っていますよ。いつ、誰から聞いたかは忘れてしまったけれど。私、禅の世界から離れてもう何十年にもなりますから。

最後に弘文を見たのは一九七一年。私が、タサハラから日本に向けて出発した時でした。

私はその前年に、やはりタサハラで修行していたポール・ディスコという人を伴侶に選んだ。

ポールは、タサハラの大工仕事一切を担当していました。当時タサハラでは、各自が得意分野を分担し合っていたんです。

でも、「本格的に日本建築を学ぶなら日本に行くべき」と鈴木俊隆老師に勧められて。それで、私たち二人は日本に行って五年間京都に暮らしました。ポールの仕事は大工の見習い。彼は今、建築家として大活躍していますよ。ええ、そう、「オラクル」の創業者、ラリー・エリソンの有名な日本建築風豪邸を設計したのはポールです。結局、私たちは別れてしまいましたけれど。

弘文は立派な人。精神的賢者でした。短い人生だったけれど、フルライフを生ききったと思います。彼が、アメリカだけでなくヨーロッパに蒔いた種は、存分に開花していますもの。

旅Ⅳ

二〇一三年一一月一二日
午前八時　セントルイス発　レンタカーにて長距離ドライブ

弘文を〝雲〟とたとえる人は多い。

今、私は、その雲を慕った、やはり雲のようなたくさんの門弟たちのことを思い出している。

一所不住《いっしょふじゅう》の弘文を辿るとは、すなわち数限りない旅をするということ。時間も費用もかかる試みである。

弘文を知る人々を訪ね始めて二年目、私に恵まれた機会がめぐってきた。広いアメリカ大陸の、東西南北どこからもほぼ中央に位置するセントルイスでの仕事が入ったのだ。私は、仕事を終えた帰途にレンタカーを借りて、セントルイスから太平洋に面した我が街、ロングビーチに戻る道々に、できうる限り弘文の弟子たちを訪ねてみようと決めた。

弘文は、カリフォルニア州のほかに、ニューメキシコ州やコロラド州でも寺の草創に携わった。どこも山岳地である。すなわち、アメリカ大陸の山々には、ぽつんぽつんと弘文の門弟たちが棲息し、禅的暮らしを営んでいるのだった。

八日間かけて全三〇〇〇キロ、日本の最北端、宗谷岬《そうやみさき》から最南端の沖ノ鳥島《おきのとりしま》に匹敵する距離を横断したこの旅では、一〇名以上の門弟の扉を叩いたが、なかでも忘れられない会話がある。

あるお弟子さんに、

「弘文に最後に逢ったのはいつですか？」

と尋ねると、アメリカのインターネット通販で手に入れたというデニム仕立ての作務衣を着た彼女は、うつむいてやや考えた後にこう答えた。

「昨日」

二〇一三年のことだから、弘文の急逝後一一年が経っている……。

禅の世界は、禅問答に代表されるように、常識をひっくり返した地平で生きているようなところがあるが、弘文の門弟たちにはこの傾向がことさら強い。雲である。

そんな雲のような弟子たちから、雲のような師が身を隠すごとく生きた時期がある。渡米後一五年間で家庭を成し、寺を開くなど急速に活動範囲を広げた末に、妻から離婚を迫られた直後のことだ。弘文は、それまで過ごしたカリフォルニアから遠く離れた土地で一種の隠遁《いんとん》生活を始めた。

思えば、渡米以来二度目の引き籠もり。一度目は男女関係が原因のようだったが、このたびは家庭問題を抱えていた。

弘文は、京大時代の例の日記に、以下のような憤怒を記したことがある。どうやら、下宿先の主人が妻子を置いて出奔したらしく、怒りは彼に向けられたものだった。

子供達とその母親に辛苦をなめさすような人は、どうせ小さな器量の者であろう。血迷うもいいかげんにしたらよかろう。父親をはやく亡くした俺には、母親の血の出るような御苦労と、精神的な支柱としての父親の有難さがわかりすぎる程わかっている。妻子にうらまれるような者は犬に食われてしまうがいい。

弘文が、他者を責めるのは珍しいことだ。しかも、「犬に食われろ」とは凄まじい。日記から二〇年の時を経て、同じ罵《のの》りの言葉は、今、弘文自身に跳ね返ってきていた。

一方、スティーブ・ジョブズも弘文同様、一九八〇年代半ばに人生の大きな転機を迎えている。

一九八四年　乙川弘文、四六歳、離婚。
一九八五年　スティーブ・ジョブズ、三〇歳、アップル社より追放される。

三〇代を迎えたばかりのジョブズは、自らの心血を注いで築いた会社から、驕慢《きょうまん》に起因する経営不振を理由に追われてしまう。絶頂期から一転、危機的状況を迎えた点で二人の境遇は一致する。時代の寵児から一気に坂を転げ落ち、道を失いかけたジョブズは、師である弘文を追い求めた。弘文とジョブズの生涯を振り返ると、この時期に二人はもっとも濃密な交流をしたように見える。

ジョブズが、弘文の実家、新潟県加茂市の定光寺を訪れたのも、弘文が、ジョブズの婚礼の式師を務めたのもこの期間のことだった。

加茂まで行ったジョブズだから、もちろん弘文の隠遁先にも現れている。

ニューメキシコ州タオス——。

私が、四輪駆動のレンタカーに手こずりながら、アメリカ西南部にあるこの街に入ったのはもう夜も遅い時間だった。まだ一一月だというのに、タオスの街にはところどころに雪が積もり暗闇を白く照らした。ネイティブ・アメリカン調の建築物が並ぶこぢんまりしたメインストリートを抜けて、北方の山々に向かって車を進めると、急に建物が消えて荒涼たる風景が広がった。その道、弘文の隠遁先にいたる山道は、意外にも曹洞宗の大本山、永平寺を彷彿させた。

無名時代に永平寺での修行を本気で考えたジョブズ。彼が、同じこの道に車を走らせたのは、アップルを追放されてから数年後のことだった。

第四章 追うジョブズ、追われる弘文

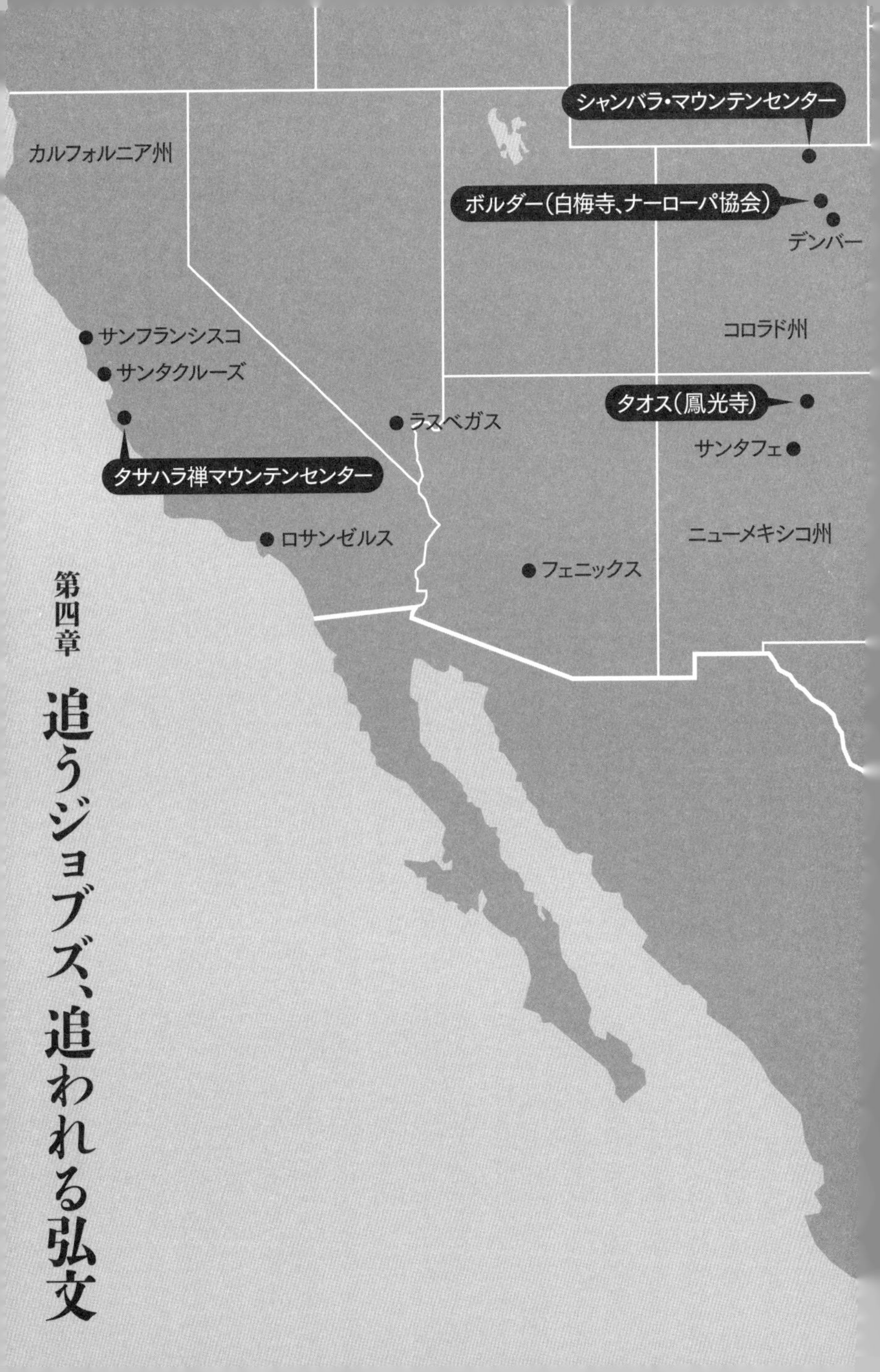

衆生無辺誓願度

ニューメキシコ州鳳光寺元住職、ボブ・ワトキンズの話

寒くて驚いたんじゃないですか？　一一月も半ばですから、当寺「鳳光寺《ほうこうじ》」ではそろそろ冬も本番です。ほら、積んだ薪に、先週降った雪が残っているでしょう？　弘文は、焚き火が好きでね。みんなしてよく、炎を囲んで坐禅をしたものです。弘文の修行には、禅を丸裸にしたようなところがありました。

ここは、標高二四〇〇メートルだから自然が厳しいですよ。タオスは、アートの街、サンタフェにも近いし、この頃は若い人たちに人気があるんです。でも、ダウンタウンから車でほんの二〇分だというのに、ここまで来るとすっかり人里離れた趣です。

こういう環境は、隠遁にむいていたのでしょう。最初の結婚に破れた弘文が、タオスに来たのはそのためです。あれは一九八一年でしたか。妻のハリエットが、二人の子どもを連れて弘文のもとを去りました。言葉は悪いけれど、彼女が弘文を捨てたのだと思います。

あぁ、あなたはハリエットにも逢ったの？　それはそれは、ふふふ。彼女、きついからねぇ。

家族と別れた弘文は、孤独と喪失感でもうぼろぼろ。俳句禅堂や弟子たちの面倒を見る心の余裕を失ってしまったし、また、こんな時こそ、大自然の中で修行に専念したいと願ったようです。弘文は、その数年前からタオスに越していた私をしばしば訪ねるようになりました。あの頃のタオスにはもっと大自然が残っていたし、雪国生まれの彼だから、故郷に抱かれるよう

ななつかしさもあったはず。それに、私はひとり者だし、弘文の初渡米以来の長いつき合いだから気楽だったんだとも思います。

はい、私は、タサハラ禅マウンテンセンター創成期のメンバーです。

実をいうと、私、若い頃はドラッグ中毒で……。そのほかにもちょっとむちゃをしまして、三年ほど刑務所に入っていました。禅と出逢ったのは塀の中です。道元禅師《どうげんぜんじ》の『正法眼蔵《しょうぼうげんぞう》』や中国の禅書『従容録《しょうようろく》』、それに、鈴木大拙《だいせつ》の書物を貪るように読みました。これらの本は、英訳されていますから。禅に関する書は、乾ききった私の心に砂漠が水を吸うように浸透していきました。

それで、一九六七年に刑務所を出所すると、真っすぐにサンフランシスコを目指したんです。当時のサンフランシスコは、禅の中心地だったのでね。着いてみると、桑港寺《そうこうじ》では、住職の鈴木俊隆《しゅんりゅう》老師が、タサハラ禅マウンテンセンターの造設中でした。

タサハラは、鈴木老師が構想、開基した修行道場ですが、老師はサンフランシスコでの布教に忙しかったので常住していたわけではありません。鈴木老師が永平寺にいた弘文を呼び寄せてからは、もっぱら弘文が先頭に立って坐禅指導、作法伝授、お経や鳴らし物の訓練と八面六《ろっ》臂《ぴ》の活躍でした。

タサハラでの私の役割分担は土木作業。あそこではドゥ・イット・ユアセルフ、自分たちの手で建物を解体、増改築したんです。禅寺では、坐禅や説法《せっぽう》だけでなく修行者が行う共同作業が重視されますが、それを踏襲したわけです。タサハラはそれ以前、温泉ホテルだったので、ホテル仕様の建物を、禅堂や僧侶と修行者の住居に改造してね。川のほとりに畳敷きの小さな山小屋も二軒造って、それらを鈴木老師と弘文の住まいにしました。

だるまストーブだけが置かれた山小屋の中で、弘文はよく、ホテルが残していったベッドシーツに書をしたためていましたね。

お金も何もなかったから、海軍払い下げの毛布を坐蒲《ざふ》に、同じく払い下げの瀬戸の食器を〈応量器《おうりょうき》〉に代用したりして。応量器というのは、禅の修行者が使う個人用の食器で、日本では漆でできたものが一般的ですよね。曹洞宗は、応量器を用いた食事作法を細かく定めています。弘文はあまり作法にうるさくなかったけれど、食事は永平寺式を全《まっと》うしました。大地の恵みを、感謝の念を持っていただいてこその修行だと考えていたからです。

献立はアメリカ風の精進料理。ブラウンライスのお粥や野菜サラダ、野菜スープが中心でした。料理上手な弘文は、私たちに大根やキャベツの漬け方を教えてくれたものです。

タサハラでは、こんなこともありました。

山中でキャンプした際、弘文が時間をかけて薪木をいっぱい拾って来たのです。はい、弘文はハイキングが大好きで、作務衣姿でしょっちゅう山を歩いていました。小さな身体が埋まってしまうほど薪を背負った弘文に、

「そんなに集めなくてもよかったのに」

と言うと、

「残していけば、後から来た人が重宝するよ」

彼はいつも、自分のことより先に他者に想いを寄せる人でした。

これは後年のことですが、ある日、タサハラに、サンフランシスコ禅センターから手に負えない人物が送られてきました。サンフランシスコ禅センターでは、大自然の中で彼を更生させようと考えたのです。しかし、その人は、タサハラでもドラッグはやるわ、大酒は飲むわ、住処に何十匹も野良猫を飼ってゴミ屋敷にしてしまうわ、私たちを怒鳴り散らすわと、どうにもならない。そこで、追放する方向で話を進めていました。

その彼を立ち直らせたのが弘文でした。話を聞いた弘文は、ひとりで彼を訪ねました。そして、しばらくして彼の部屋から出て来ると、

「もう大丈夫だよ」

驚いたことに、以降、彼の態度が変わりました。なぜか彼は、弘文の言うことだけは聞いたのです。

この人はもう九〇歳になりますが、この近くに住んでいますよ。弘文がタオスに越した時についで来たのです。

余談になりますが、私自身ももう七九歳。それでも、彼や同居人の世話でなかなか忙しいんですよ。その同居人というのが、有名俳優の甥で癌を患っているんですが。

世の中、支え合って助け合って、そういうもんじゃないですかね。そしてこれは、ヒッピー的生き方でもあるんです。ヒッピーって、日本ではいいかげんな不良のイメージなのかな？

しかし、ヒッピーの本質は、平和、互助、非物質主義です。

弘文が渡米した頃、我々ヒッピーは、禅に精神世界を求めていました。けれども、日本から来る僧侶はうんと年上だったり、形式を重視するタイプだったり。その点、弘文は年齢も近く、リベラルで、ちょっと風来坊。私を含めたヒッピー的人間には理想的な師でした。

それに、多分に天然ボケで完璧からは遠い人だったから、私たちも、

「あぁ、こんな自分でも問題ないんだ」

と、思うことができた。

弘文は無論、規矩《きく》や作法も教えましたが、形式よりも心の所在を重視する僧侶でした。わざと作法の順番を変えることすらあったくらい。私は彼が日本を離れた理由のひとつに、只管打坐《しかんたざ》に専念したいという願いがあったように思います。日本では、お葬式や法事、檀家《だんか》へのお務めでなかなかそうもいかないでしょう?

現在のタサハラもそうですが、アメリカに何十もある禅寺や禅センターは、私に言わせれば形式を重視しすぎです。あれでは僧侶の養成所ですよ。弘文のもとに集《つど》ったのは、それらの寺やセンターを訪ねたものの何かが違う、しっくりこないと感じた人々が多かったですね。

タオス時代の弘文に話を移しましょう。

弘文がタオスに定住すると決めて、坐禅会を始めると、だんだんと人が集まるようになりました。なかには、ネイティブ・アメリカンの人々もいましたよ。タオスは、太古の昔から彼らが住んでいた土地なんです。坐禅会に集った人々は、やはり何か悩みを抱えていることが多

かった。逆に、傷心の弘文にとっても、悩める人々とともに生きることが慰めになったようです。

〈衆生無辺誓願度《しゅじょうむへんせいがんど》〉ってご存じですか？　「迷える人々は無数にいるが、すべての人を助けたいと願う」という意味で、仏教修行者の誓願です。つまるところ僧侶とは誓願だと言いますが、弘文はまさに〝誓願の人〟でした。

そうして次第に参禅者が増えてきて、そうですね、二〇名くらいに膨らみましたか。すると、摂心《せっしん》ができる拠点が欲しいねと、自然に話が盛り上がって。運よくその時、弘文にある支援者から多額のお布施《ふせ》があり——念のために言いますと、この時のサポーターはスティーブ・ジョブズではありません——じゃあ、そのお金で禅堂を造ろうということになりました。それが、ここ、鳳光寺というわけです。

この話からもわかるように、弘文は何も計画していません。すべては、自然の流れで起きたことで、弘文の人生を象徴していると思います。

鳳光寺の開堂は、一九八三年一一月三日。

この年、弘文はほかに、カリフォルニアの慈光寺《じこうじ》も開いています。一年の間に二つの寺を創るなんて慌ただしいことですが、これもまた弘文らしく流れに身をまかせた故のことです。

さて、鳳光寺ですが、土地を買った時、ここには民家が建っていました。私たちは、その民家を自分たちの手で庫裏《くり》兼宿坊《しゅくぼう》に改造しました。また、ガレージも大改造して禅堂に改めました。禅堂の外観は、ネイティブ・アメリカン調でエキゾチックでしょう？　でも、内部は伝統的な日本の禅堂。この禅堂で、毎週の参禅会や年に数度の摂心を行っています。

鳳光寺の名は、弘文が決めました。

土地を購入した直後に二人でガレージの前に立っていた時、私が、

「寺の名前はどうしよう？」

とつぶやいたら、弘文が、まわりを見渡して、

「フェニックス・ライト・テンプル、鳳光寺……」

そう言われてふと周囲を見回すと、何羽もの野鳥が歩いていました。

それと、鳳光寺の名には、養父、知野孝英《ちのこうえい》老師への感謝の念を込めたようです。私は漢字を解しませんが、老師のお寺、耕泰寺《こうたいじ》の山号は「鳳来山《ほうらいざん》」と聞いたことがあります。また、弘文の道号《どうごう》はフェニックス・クラウド、「鳳雲《ほううん》」で、これは知野老師から授かったものです。

知野老師といえば、読経《どきょう》が素晴らしかったですよ。私は、弘文と一緒に新潟に滞在したことがあって、その時に拝聴して驚嘆しました。弘文も上手でしたから、あれは老師の指導の賜物でしょう。

鳳光寺開堂後の十数年は、私が住職というか、まぁ、まとめ役のようなことをしました。弘文にはリーダーになる気も、寺を自分のものにする意思もまったくなかった。鳳光寺は、ここに集うすべての人々のものという考え方です。

そういえば、参禅者のひとりに、ハリウッド映画の元スタントマンのカウボーイがいましてね。彼は、布施の代わりになんと馬を贈ったのです。弘文は快く受け取って、その馬をかわいがっていましたっけ。

ネイティヴ・アメリカン調な外観の鳳光寺禅堂。開堂1983年

開堂の翌年だったかな、弘文はこの近所に土地を購入して、アドベの家を建て始めました。アドベとは、砂や粘土、藁などから成る天然建材で、アドベを使った建物はタオスの伝統的建築様式です。その家は、スローモーな彼らしく、アントニ・ガウディの「サグラダ・ファミリア」よろしく永遠に未完でしたけれど、ははは。

ここには、スティーブ・ジョブズも来ましたよ。一九八八年だったか、八九年だったか。

私が彼に逢ったのは、その時が二度目。初対面は、スティーブがまだ若くて無名だった時代です。私と弘文を空港まで送ってくれたのですが、長髪に裸足で、ワイルドだったなぁ。

十年以上ぶりに再会したスティーブは、アップルを追い出されたとかなんとか。

もっとも私は、コンピュータはからきしですが。弘文だってそうでしたよ、コンピュータを使ったことはあったのかしら？

私が、あなたが今いるこの庫裏でスティーブと雑談していたら、弘文が、

「彼はとても頭がいいんだ。なんでも訊いてごらん」

それで私が、

「次に来る大きな時代の潮流は？」

と尋ねたところ、スティーブが、

「スーパーコンダクター（超伝導）！」

と、即座にきっぱり答えたのが印象的でした。とはいえ、ＩＴ音痴の私にはこれまた意味不明でしたがね。

わざわざここまで来たんだから、スティーブはきっと弘文に相談事があったんでしょう。けれども、込み入った話は私には一切わかりません。独参《どくさん》に近い形で二人だけでしていましたから。滞在中のスティーブが、私たちと一緒に坐禅をすることもなかったですね。彼は、熱烈に弘文を慕っていたけれど、私たち僧伽《そうぎゃ》、修行者の集まりにはまったく関心のない人でした。坐禅にしても、普段は、弘文を自宅に招いて二人きりでしていたんじゃないかな。

そんなスティーブが、弘文に自邸での同居を提案したのは、タオスに来た直後のことでした。彼は、弘文にカリフォルニアに戻って欲しかったのでしょう。弘文は即決しなかったものの、最終的にはいつもの「来る者は拒まず」の態度で申し出を受け入れて、カリフォルニアに赴く

時はあそこを住処にしていました。「ジャックリング邸」と呼ばれていたスティーブの豪邸を、弘文は確か「心月院《しんげついん》」と命名し変えたはず。

ところで、先ほど「スティーブは僧伽に興味がない」と言いましたが、この豪邸にもその考えは貫かれていました。滞在できるのは、基本的に弘文と弘文の家族だけ。私たち弟子が泊まることはめったになかったです。

そうこうするうちに、弘文は、あるアーティストと出逢って同棲を始めました。また、長女も、ハイスクール卒業後にこちらに越して来たのでにぎやかになりました。弘文は、娘にいつも食事をこさえていましたね。父娘関係はとても良好でした。

周囲がにぎわって離婚の傷が癒《い》えたのか、その頃から弘文が再び動き出しました。タオスとカリフォルニアの往復に加えて、アメリカ各地、さらにヨーロッパからも乞われて布教に行くようになりました。弘文は身軽が好きで、権威などいらない代わりに責任も負いたくない人だったから、移動生活は実に性に合っていた。弘文のことを〝雲〟にたとえる人が多いけれど、あれはまさに雲のような日々でした。

ところが、この雲ときたら、布教先のヨーロッパで新しい女性と出逢ってしまったんですよ。一〇年も同棲しているパートナーがいるというのにです。困った雲ですな、ははは。男女のことなので、私も詳細は訊きませんでしたが、結局、弘文はそれまでの女性と別れて、新しい女《ひと》と生きる道を選びました。

前のパートナーとの関係を清算し、スティーブの豪邸も引き払った弘文が、すでにお腹が大きくなったドイツ人女性を連れてタオスに帰って来たのは一九九五年。キャトリンという名のその人が、ここで女の子を産んだのは、その年の師走だったか、年を越していたか。

でも、親子三人の暮らしが根づく前に、弘文は、今度はカリフォルニア州サンタクルーズに越して行きました。ある裕福な弟子が、弘文一家に住居を提供したのです。その家はちょっと変わった造りで、日本の古民家風でしたけれど。

最初の結婚が破綻した原因のひとつに、弘文が、家族よりも弟子に時間と精力を費やしすぎたことがあったから、「今度こそは」と、用心した上での引っ越しのように私には映りました。

それに、新妻というのが、何か重いトラウマを抱えた人だったんです。生まれ育った家庭に深刻な問題があったとか。だから、今度の関係は、前の二人の女性の時とは明らかに違っていました。もっと背負うものを覚悟の結婚というか。それで、誰にも邪魔されない環境で彼女の精神バランスを保つ必要があったのでしょう。


サンタクルーズに越してからは、弘文がこちらに来る機会も少なくなりました。

二〇〇二年夏に、弘文が、ヨーロッパで客死したと聞いた時は言葉を失いましたが、悲しみの中、鳳光寺では四九日間一夜も欠かさず夜坐《やざ》を続けました。弘文の遺灰の一部も、この寺に埋葬されています。

弘文の死後、未亡人は、私たちと連絡を断ちました。私自身、もう何年も再会していません。こちらに残った弘文の〝未完の家〟も売却してしまったと、風の便りに聞きました。今はどこにいるのでしょうか？　元気でいるといいのですが……。
あっ、雹《ひょう》が降ってきましたよ。タオスは、これから長い冬です。

これが悟りの証拠だ

ネクスト社時代の弘文の侍者、マイケル・ニューホールの話

あー、それはムリ！　いや、隠しているわけじゃないんだ。本当に、僕は知らないんだから。若くて無名だった頃ならともかく、スティーブ・ジョブズほどのセレブリティともなると、師と話す際には二人だけになりたがるもの。しかも、禅には独参といって師弟が一対一でする面談があり、師は、独参の内容を他言しないのが決まり。だから、二重の意味で、スティーブが弘文からどんな教えを受けたのか、僕にはわからないんですよ。

確かに僕は、一九八〇年代後半から九〇年代前半にかけて、弘文の侍者《じしゃ》、つまりアシスタントでした——現在は、弘文に次ぐ慈光寺の二代目住職を務めています。それで、いろいろ知っていると思われるのでしょうが、侍者といっても正式に任命されたわけじゃないし、ほかにも侍者をしていた弟子はいましたから。

あの頃スティーブは、ネクスト社の社長だったかな。アップルから追放された直後で、精神的には相当きつい時期だったでしょう。弘文をいつも以上に求めていたとも思う。それでも、弘文が定期的にネクスト社を訪問して、スティーブの相談を受けるようなことはなかったですけどね。

第一、当時の弘文は、カリフォルニアのほか、ニューメキシコ州やコロラド州、それにカナダやヨーロッパなど海外にも出かけて参禅会や摂心の指導をしていたので、スティーブがいるシリコンバレーにとどまる暇などなかったんですよ。

お坊さんって普通、自分の寺に定住して、檀家などの組織を広めるもんじゃないですか。でも、弘文は組織化にまったく関心がなくて、求められればどこへでも行き、集まった人々と修行をし、その集団がひとり立ちできるようになると消えてしまう。

その点、弘文が尊敬していた坐禅の師、人々から「宿無《やどな》し興道《こうどう》」と慕われ、また敬われた澤木興道老師と通じる生き方でした。弘文は、澤木老師を、「我執《がしゅう》から解き放たれた全《まった》き自由な精神の持ち主」と讃えていましたね。

スティーブに初めて逢ったのは一九七五年。僕が俳句禅堂に通い始めた時で、彼はまだ無名でした。僕が弘文と一緒にいたからかな、とても感じがよかったですよ。

強烈な印象として残っているのは、スティーブの自宅を訪ねると、部屋が何もない空間で驚くほど整理整頓されていたこと。たいてい、若い男の部屋なんて雑然としているものなのに。アップル製品はシンプルで美しいことで有名だけど、スティーブには生まれながらに、簡潔なものを愛する資質が備わっていたのかもしれませんね。

ところがその後、僕が弘文の侍者になってからスティーブを訪ねると、アップルで功成り名遂げた彼は、大豪邸に住んで全然違う人物になっていました。僕に対しても、恐ろしいほど冷淡な態度で。

「宿無し」のごとく求められればいずこへも。1987年撮
Photo: Courtesy of Vicki Alexis Genson, Filmmaker

は？　その家は、ジャックリング邸と呼ばれていたかって？

そうかもしれない。ともかく、寝室が十何室もあるお屋敷でしたよ。

スティーブが僕に冷たくあたったのは、嫉妬からだと思います。彼は、弘文を自分だけのものにしたかったんじゃないかな。で、その気持ちは、僕たち弟子のひとりひとりも持っていました。弘文は一カ所に長くいることがなくて、雲のようにいつのまにかどこかに行ってしまうから、みんなの心に、常にもっと一緒にいたいっていう感情が残ってしまっていたんです。


僕は、幾度か弘文の実家、定光寺《じょうこうじ》に長期滞在し、お兄さんの乙川敬文《おとがわけいぶん》老師からも指導を受けました。ここに、その敬文老師が残した言葉があります。新潟から渡米し俳句禅堂を訪ねた師が、弘文の弟子たちに語った法話で、当時、俳句禅堂が発行していた会報「ＨＯＴＯ（法燈）」の一九七九年春号に掲載されたものです。

「みなさんもご承知のごとく、弘文は少々風変わりです(笑)。稀有《けう》な存在ともいえる。それでも、日本では誰もが弘文を好きになります。あれほど失敗ばかりしているというのに！　弘文の話し方は大変スローで、振る舞いときたら……どう形容したらいいのか(笑)。私自身は弘文より賢明だと思っていますし(笑)、きちんと話せる。しかし、不思議なことに弘文ほど人々から愛されません。

ある人が言いました。弘文が愛されるのは、いつも扉を開いているからだ、と。その人は、弘文を〝裸の人〟とも表現しました」

人は、必要な時にしか心の扉を開けないけれど、弘文のドアはいつでも開いているんです。その扉の中に、僕らあつかましいアメリカの若者がわんさか飛び込んで、弘文をアメリカにとどまらせた。しかも、ハリエットという強烈な個性の女性まで現れて結婚へと導いた。

弘文が、それまで寺院の中でしか伝授されなかった禅を、アメリカの誰もの手に届くものにしたかったのは事実です。だけど、僕らやハリエットが、日本の弘文をアメリカに引っ張り込んでしまったのは否めないと思います。

あれ、スティーブ・ジョブズの話から脱線しちゃいましたね。そうだ、彼はもっと弘文と一緒にいたかったって話をしていたんでしたね。うん、本当にそうだったと思いますよ。だからこそ、なおさら弘文と話す時は一対一の二人きり。で、最初のご質問に戻れば、だから僕は二人の会話は知りませんよ、と。

ただし、弘文が、スティーブについて語った法話のビデオが一本だけあります。スティーブの名前は出てこないけれど、話に登場するポールが彼の養父で、養子がスティーブだと、わかる人にはわかるでしょう。弘文が公にスティーブの話をするのはとっても珍しい、というか、これ一度だけじゃないかな。

ご覧になりますか？

＊

さあ、用意しましたよ。ほら、画面に弘文が登場している。一九九三年、ヨーロッパにある山奥の禅堂で弟子が撮影したビデオです。

私は、危篤状態だったポールという人物を病院に訪ねた足で、ここ、オーストリアに来ました。こちらに着いてから、彼が亡くなった知らせを受けたのですが、ポールがもう苦しまないですむと思うと、安らかな気持ちにさえなっています。

ポールは、いささか風変わりな男の子を養子に迎えていましてね。

二〇年ほど前でしたか、あれは私が、カリフォルニア州のロスアルトスに住んでいた頃のことですが、真夜中にその子が、私たち夫婦の自宅を訪ねて来たんです。裸足で長髪、髭《ひげ》はぼうぼう、ジーパンは穴だらけ。

妻は、

「あなたの弟子はおかしな人ばかり！」

と、カンカンに怒って、家の中に入れようとしなかった。

けれども、私には真剣さが伝わったので、夜中に二人して街まで出かけました。一軒だけ開いていたバーに入りカウンターに腰かけると、誰もが我々をじろじろ見てね。だって、とにかく彼の服装はひどかったんですよ、ふふ。

「悟りを得た」

と彼が言ったので、私は、

「証拠を見せてくれ」

すると彼は、困ったように口ごもって、

「まだ見せられない」

そんなことで、その夜はお開きになったのですが、一週間後、彼がまた裸足でやって来て、

「これが悟りの証拠だ」

と、そうですね、横幅四〇センチ、縦幅二〇センチくらいの金属板を差し出したのです。私は、そこにチョコが並んでいるのかと思ったのですが、パーソナルコンピュータのチップって呼ぶんですか、あれは。今思えば、あの金属の板が、アップル・コンピュータの始まりだったんですね。

でも、あれが悟りの証拠と言えるのかなぁ？　ふふ。

彼は、しばしば私に「僧侶にしてくれ」と頼むのですが、ダメだと答えています。なぜって、彼自身も認めているように、とても悪い修行者ですから。摂心をしないんですよ。聡明すぎるのでしょうか、一時間以上の坐禅ができないんです。

しかし、何よりうれしいのは、彼の娘、リサが、私のことをゴッドファーザーと思ってくれていることです。リサは、私が訪ねるといつも駆け寄って来て日本語で話しかけてくれるのですよ。

スティーブの細部に禅を見た

初代マッキントッシュ開発チーム、エド・リドルの話

弘文に逢った瞬間、私は彼に〝悟り〟を見ました。悟りについて語る僧侶はたくさんいるけれど、この人自身が悟りなんだと感じたんです。オーラというのかな、弘文の身体は光と喜び、清らかさに包まれていました。

それで、一九七九年に結婚した際には、迷わず弘文に式師《しきし》をお願いしました。役場で式を挙げたのですが、あの頃はまだ禅が一般化していなくて、役人が「僧侶だと証明しろ」と言ったんですよ。

そうしたら、弘文はにっこり笑って、

「私がここにいること」

と、答えたんです。

その時の表情の愛くるしさといったら。役人も同じように思ったんでしょう、挙式は滞りなく執り行われました。

結婚祝いに、弘文は、二本の松の木を贈ってくれました。夫婦で前庭に仲よく植えましたよ。どんなプレゼントよりうれしかった。弘文って、こういうあたたかくて実《じつ》のあることを、わざとらしくなくひょいとしてくれる人なのです。

ただね、そんな弘文の結婚生活がその後破綻してしまった。人生というのはむずかしいものですね。


第二次世界大戦が終わる直前にニューヨークで生まれた私は、青年期にヒンドゥー教、ヨガ、マインド・クリーニング、そして禅と、スティーブ・ジョブズ同様、ありとあらゆる方法で精神世界を探求しました。大学も合計一三校に入学しています。

とりわけ禅には惹かれて、サンフランシスコやシリコンバレーの禅堂に通い、摂心にも頻繁に参加しました。そうした日々の中で、弘文に出逢ったわけです。

一九七〇年代から八〇年代にかけて弘文が運営していた俳句禅堂は、まさにホットスポット。才能に溢れた人々が集まるカフェのような存在だった。ちょうど、一九七六年にまだ無名だったスティーブ・ジョブズが、手作りのワンボードマイコン、「アップルI」を持ち込んだコンピュータ・ショップ、「バイト・ショップ」と似た雰囲気がありました。今はまだ得体が知れないが、何かが起こりそうな場っていうんでしょうか。

ただし私が、俳句禅堂や、その後に弘文が開いた慈光寺で、スティーブに遭遇したことはありません。私が通い出した頃、彼はすでに若き実業家として大成功していたので、弘文とは一対一で逢っていたんだと思います。

私は一九八〇年、三五歳でアップルに入社しました。それ以前に、ビデオゲーム、ビデオカメラ、レーザー、ソフトウエアと、いろいろな職種を経験しています。スティーブが、アップルを創業する以前に通っていたアタリ社の社員だった時期もありますよ。

あるレーザー会社にいた時、後の一九七七年に、アップルⅡの主要メンバーとして携わることになるエンジニアのロッド・ホルトと知り合い、一緒にバーコードリーダーを開発しました。そのロッドが、まずスティーブにヘッドハントされて、しばらくして「君も来いよ」ということになったんです。

そうそう、ロッドはあの頃、スティーブと日本を訪ねていますよ。目的は、「ソニー」のフロッピーディスクドライブの視察だったかな。「アルプス電気」も訪問したとか。ロッドはもとより、確かスティーブにとっても初来日で、スティーブは日本の版画を買っていたとロッドは言っていましたね。

私がアップルの採用面接に赴いた時、オフィスにはまだいくつかの机とベンチ以外、家具がない状態でした。場所は本社から少し離れた、テキサコのガソリンスタンドの横にあった通称「テキサコ・タワーズ」。「初代マッキントッシュ」の開発チームがそこにあったのですが、スタッフもまだ一二、三名しかいなかった。

オフィスを訪ねると、スティーブが直接面接したいとのことで、二人して別室に行くことになりました。

廊下を歩きながら私が、

「あなたの禅の師、弘文とは知り合いです」

と話したところ、スティーブはうれしそうな顔になって、

「グレート！」

と、ひと言。

部屋に入ると、そこにも家具は一切なくて二人で床に坐り込みました。スティーブは、坐禅の型のひとつ、半跏趺坐《はんかふざ》の形に足を組んでいたように記憶します。

向かい合って座ったけれど、スティーブは私の目を見つめるだけで何も言いません。こんな入社面接は初めてです。予期しないことだったので面食らいましたが、話すより遥かに心が通じ合ったのも確かです。

五分くらい続きましたかね。スティーブが突然、笑みを浮かべて日本式のお辞儀をしました。それで決まり！　です。

アップルに入社した私は、エンジニアとして初代マッキントッシュのキーボードのデザインを担当しました。

振り返ってみると、スティーブが、職場で禅を語るのを見聞きしたことはありません。ですが、私は一緒に働きながら、彼の仕事への姿勢や製品思想に、禅に通じるものをしかと感じま

した。本質を見きわめ、明快で直截な答えを希求する彼の細部に禅を見たのです。

完璧主義者のスティーブは、ありとあらゆる側面にまで気を配り、最終的に、デザインも構造もシンプルに削ぎ落としていきます。そばで見ていた私は、大変日本的なアプローチだと思ったし、アップル製品の静謐《せいひつ》さや清冽さは、禅からきているとも確信しました。私は茶道を学んでいたので、スティーブとの作業に茶室での所作を連想したものです。

スティーブが会社や製品に向けた情熱は、まさに炎のようでした。その点では、禅僧というより侍に近かった。コンピュータ本体とキーボードを、どのようにワイヤで繋げるか？　長さは？　交差の方法は？　私とスティーブは床に座り込んで、アローダイアグラムを描いては消す作業を延々と繰り返しました。

アップルの宣伝文に、

「洗練を突きつめると簡潔になる」

という、レオナルド・ダ・ヴィンチによるとされる格言を引用したものがありますが、この言葉どおり、スティーブは、ピュアで高品質なモノづくりを目指していました。

マッキントッシュで私が担当した部分は、一年で無事完成。私はその後、友人が立ち上げた会社に転職したので、アップルでの日々は一年間にすぎません。

ですが、あの職場を忘れることはとうていできませんよ。みんながみんな、「誰もやったことのない、カッコよくてめちゃくちゃすごいこと」をやろうと躍起になっていました。アップビートのノリで、最高のモノを創造しようと夢中だったのです。あんな企業は、後にも先にもアップルのほかに知りません。

当時はまだ、超大型コンピュータは政府や大企業など、ひと握りのエリートが管理していた時代です。今では考えられないことですが、コンピュータは保守や権威の象徴だったのです。そういう時代に、スティーブは、机の上に置ける小さなコンピュータを創ろうとした。個人がコンピュータを手に入れることで、自由と解放、知識を平等に共有する社会を実現したかったからです。

ですから、アップル社は、あの頃のコンピュータ業界で異端の存在でした。

日本には長い禅の歴史があるので、禅は〝伝統文化〟と捉えられていることでしょう。けれども、ヒッピー世代が登場するまでキリスト教一辺倒だったアメリカにあって、禅は伝統とは真逆の〝反体制文化〟、カウンターカルチャーそのものだったのです。日本人には、〝静謐な禅〟と、スティーブ・ジョブズのような〝熱き革命児〟は相反して映るかもしれませんが、カウンターカルチャーの文脈で考えると理解できると思います。

私たちが共有していたのは、「コンピュータを通じて世界を変革する」という思想。これは、ヒッピー特有の管理社会に反発する反体制思想からくるものです。

カウンターカルチャーは、文学、音楽、ヴェトナム反戦運動、そして禅に代表される精神世界など多岐の分野に浸透しましたが、コンピュータも例外ではなかったのです。

禅から学んだ引き算的思考

元ネクスト社エンジニアAの話

ここは、すぐにわかった？　ゆっくり話すには、アメリカン・ダイナー、食堂がベストだと思ったんだけど、いやー、まいった！　サンフランシスコでは、普通のダイナーを探すのがかえってむずかしいと改めて気づきましたよ。エスニックや中華、日本料理の店ならごまんとあるのにね。

「サンフランシスコの人間に宗教を尋ねると、みんな仏教徒と答える」ってジョークがあるくらい、この辺りには独特の進歩的空気が流れているんです。なんといっても、ヒッピー発祥の地ですから。僕にしても、大学時代に坐禅を始めてかれこれ半世紀。アメリカの片田舎なら奇人扱いされるでしょうが、ここではみんな「あ、そう」ってすんなり納得しちゃう。

禅のことは、東部のコネチカット大学にいた時に知りました。本格的に傾倒したのは、一九七五年、博士号を取るためにカリフォルニアに越してからです。あの頃は、アップルⅡを使って研究に没頭するかたわら、タサハラやバークレー禅センターに通っていましたね。

その後、ＩＴ企業の「サン・マイクロシステムズ社」――あの会社は後に、オラクル社に吸収合併されましたが――に採用されてからは、もっぱら近所のマウンテンビュー観音堂で参禅。観音堂は、俳句禅堂が手狭になったために弘文が開いた禅堂ですが、弘文が来ることはあまりなかったですね。彼は当時、慈光寺の創建準備で忙しかったみたい。

だから僕は、弘文から正式に禅を教わったことはないんです。でも、慈光寺グループと一緒にピクニックに行く機会が幾度もあって、その時々に弘文には逢っていました。寡黙な人でね。目が合うと、黙って「うん」ってゆっくりうなずく。その態度が、いかにも〝東洋の賢人〟といった趣で、僕はとても好きだった。

弘文には伝説があったんですよ。僧伽が資金繰りに困っていると、どこからか大金を都合してきて、弟子にポンと全部渡すという。


ネクスト社は、アップルを追われたスティーブが一九八五年に創業した会社です。僕が、ネクストに入社したのは一九九〇年。職種は、デベロッパー・サポート・エンジニアでした。

ネクストは、優れたコンセプトを持ってはいたものの、ビジネス的には失敗したし、社内はいつも混沌としていました。スティーブは、あわや無一文というところまで追いつめられたんじゃないかな？　あの頃の彼は、弘文にもずいぶん相談したはずです。

入社した年だったか、サンフランシスコのデービス・シンフォニーホールで開かれた「ネクスト・ステーション」の新作発表会に行くと、ものすごい人ごみの中に袈裟《けさ》を着てひょこひょこと歩く弘文の姿がありました。スティーブが招待したんでしょう。

ただし、会社で弘文を見たことはなかったですね。僕の席はエントランスの近くだったので、訪問者はよく見えたんだけど。

社内で弘文のことが盛んに語られたのは、一九九一年にスティーブが結婚した時。弘文が司ったそうですね。「銅鑼が鳴ったらしいよ」とか、「香が焚かれていたんだって」なんて会話が交わされていました。プライベートを病的なほど守ったスティーブが大事な挙式を頼んだのだから、よほど弘文を信頼していたのだと思います。

僕は、スティーブは禅を真剣に捉えていたし、禅の智慧《ちえ》を採り入れ、禅によって集中力を高めたと思います。けれども彼は、禅をきわめるほど修行に専念してはいなかったろうし、そもそも禅の、それも曹洞宗という特定の宗派の信徒ではなかったでしょう。

ひと口に仏教といっても、世界にはたくさんの宗派がありますよね。スティーブの、というか多くのアメリカ人の仏教観って、宗派はどうでもよくて、いろいろな仏教の中から、自分にしっくりきたものだけをピックアップしているところがあるんですよ。よくいえば自由、悪くいえばごちゃ混ぜ。

ネクスト社時代のスティーブ・ジョブズ
©AP/アフロ

とはいえ、スティーブが、弘文から禅の真髄を学んだことはまずまちがいない。断言するのは危険だし、彼が会議で禅に言及したこともないけれど、

「ネクストやアップルの製品は、禅の影響を受けているか？」

と問われれば、

「イエス」

と、僕は答えます。

それが、「インフルエンス（影響）」とまで言えるものなのか、「アプリシエーション（敬意）」なのかはむずかしいところですが。

アップルストアや、いくつかの製品デザインに見られるシンプリシティ、クリーンなライン、単純明快さ、清潔感――あの簡潔なエレガンスは、やはり禅からくるものですよ。僕などは、初めてiPadを見た時、「これは禅堂だ！」と思ったものです。

それに、アップルならではの書体への情熱は、書道からインスピレーションを受けていると思います。スティーブは、大学時代に手書き文字、カリグラフィに興味を持ったようですが、書の名手だった弘文の存在が、その思いを強くさせたにちがいありません。


デザインって、大別すれば三つに分けられるんですよ。工芸のクラフト・デザイン、二次元のグラフィック・デザイン、そして、工業製品としてのインダストリアル・デザイン。三つの中では、クラフトからインダストリアルに移行するにしたがい消費者の数が増えるので、失敗した場合の痛手が大きくなります。それを避けるためには、必要なものだけを残しムダな部分を削ぎ落としていくしかありません。

スティーブはこれを守りきったから、アップル製品は美しい。しかし、引き算は足し算よりうんと困難で、完徹するには強い意志や信念が必要です。

スティーブの引き算的思考は、経営方法にも貫かれました。

一九九六年、ネクストがアップルに吸収合併され、スティーブがアップルに返り咲いた時、アップルの製品ラインはあれもこれもとぐちゃぐちゃに多様化していました。スティーブは、それを徹底的に削ぎ、強いラインだけを残して再構築した。実に、勇気と決断力のいる大仕事でした。スティーブにとって、そうした意志や信念を貫くひとつの支柱になったのが禅だったと、僕は思います。

スティーブはまた、「ユーザーインターフェース」を第一に考えていました。何がユーザー、使い手のためになるのか？　使いやすさこそユーザーのためになる。そのためには、よけいなものは省き、複雑な使用方法を避け、ユーザーにストレートにアプローチするべきだ、と。この考えも徹底していけば、やはり自《おの》ずと美しい製品ができ上がるのです。

僕は、スティーブがアップルに復帰した時に一緒について行きました。アップルを退社して独立したのが一九九九年だから、ネクスト時代を含めて、スティーブとは約一〇年間一緒に働いたことになります。

そういえば、会社でポップコーンを食べていたら、健康オタクのスティーブから、

「油の塊だ。身体に悪い！」

と、叱られたこともありましたっけ、はは。

スティーブの何がすごいって、企画会議などで、「これではユーザーにはわからない、使いこなせない」という部分を、瞬時にズバッと発見すること。で、彼が指摘した部分って、実際、僕らエンジニア部門の技術面に問題があったりするんですよ。スティーブは、必ずしもエンジ

ニアリングに強かったわけではないのにね。

直感力なのかな。ここが美しくない、汚らしいって部分が彼の目には見えて、「汚いのは、絶対に何か構造上の問題があるからだ」と、確信している強さがありました。

本当に流麗なデザインって、外観だけじゃなくて、内部の深いところ、製品の本質と繋がったものなんです。スティーブは、物事の本質をつかむ天才的な能力を持っていた。では、その能力はどのように培われたのか？

これまた断言は危険なのですが、『スティーブ・ジョブズ』の中で、著者のウォルター・アイザックソンはこう分析していますよ。

「ジョブズの集中力もシンプルさへの愛情も、禅修行からくるものだ。彼は、禅を通じて直感を大事にする心を研《と》ぎすまし、不純、不要なものをすべて漉《こ》しきる方法を身につけ、そして、ミニマリズムに基づく美意識を育んだのだ」

私は禅僧ではない、仏教の僧侶だ
チベット仏教徒で弘文の弟子、メイソン・ブラウンの話

大好きだったな、弘文のこと。物静かな中にもカリスマ性のある本物の僧侶でしたよ、あの人は。まぎれもなく、僧になるべく生を享《う》けた人です。

弘文は、他者に逢った時、目の前のその人のことだけを考える人。彼はよく約束の時間を破ったからそのことに怒る人もいたけれど、僕に言わせれば、そういう人は禅を学んでいない

んですよ。

弘文が時間に遅れたとしたら、それは、誰か他者のために動いていたからにちがいない。この世は、いつ何が起こるかわからないもの。弘文は身をもって、世の中の何事をも受け入れて、自然の流れとともに生きることを教えてくれていたのだと、僕は思います。

「私は禅の僧侶ではない、仏教の僧侶だ」

と、弘文はよく言っていました。

〈禅〉という言葉も極力使いたくなかったようで、どうしても使わないといけない時には、「a so-called Zen monk（いわゆる禅僧）」と表現していました。法話でも、曹洞禅の開祖、道元より釈迦《しゃか》の話をすることが多かったですね。


そもそも、弘文と僕を結びつけたのはチベット仏教でした。

僕は、一九六六年に、五大湖に隣接した中西部のミシガン州で生まれました。父は、僕が幼い頃に、チベット仏教行者《ぎょうじゃ》、チョギャム・トゥルンパの著書を読んで感銘。父の影響を受けた僕も、物心がつくと自ら望んでチベット仏教徒になりました。

ところで、チョギャム・トゥルンパって知っていますか？

知らない？　そうね、日本ではほぼ無名ですもんね。トゥルンパは毀誉褒貶《きよほうへん》あい半ばする人物ですが、アメリカにおけるチベット仏教を語る時、忘れてはならない存在です。彼が著した『タントラへの道』は、この国でロングセラーになっていますよ。スティーブ・ジョブズも学生時代に愛読していたようですね。

少しトゥルンパの話をしましょうか。というのも、弘文は彼と親しい間柄で、また、チベット仏教に大変深い関心を抱いていたからです。

仏教は、紀元前五、六世紀頃にお釈迦様が始められました。しかし、インドでは中世に仏教が衰退。かの地では今、ヒンドゥー教が主流になっています。念のためですが、釈迦はインド生まれではなく、インド国境から十数キロ離れた現ネパールのルンビニで誕生したといわれています。

一方、チベットには、インドで衰退する以前のインド大乗《だいじょう》仏教が伝わり、継承、保全されるとともに密教も展開されました。

大乗仏教とは、釈迦の入滅後何世紀も経ってから興《おこ》ったものです。それ以前に広まっていた〈上座部《じょうざぶ》仏教〉は、出家した一部の人々を対象とした自助努力型でしたが、大乗仏教では、そうした考え方を大転換させて、在家の民衆でも救われる道を説いています。

大乗仏教といえば、日本に伝わったのも大乗仏教で、その源は紀元前後に中央アジアに展開したもののようです。しかし、同じ大乗仏教でも、チベット仏教には、日本には入らなかったインド大乗仏教の要素が多く見られます。弘文が関心を寄せたのは、まさにこの点でした。

さて、チョギャム・トゥルンパですが、一九三九年、東チベット生まれ。彼をリンポチェと呼ぶ人も多いのですが、リンポチェは名前でなく、活仏《かつぶつ》や生き仏、僧院長、時に王に用いる称号です。トゥルンパは、生後まもなくチベットの仏教界から活仏として見出され、カルマ・カギュ派の僧院で英才教育を受けました。

しかし、一九五九年、中国のチベット侵略を逃れてインドに亡命。その後は、一九六三年にイギリスのオックスフォード大学で比較宗教学ほかを修め、スコットランドでチベット仏教の瞑想センターを開きます。

そして、一九七〇年、今度は渡米し、西部のコロラド州と東海岸のバーモント州を拠点に活動を開始。僕の父が、トゥルンパのミシガン支部を任されたのはその直後でした。つまり僕は、チベット仏教に包まれて育ったのです。

たとえば、トゥルンパは一九七四年に——この年は、ニクソン大統領が辞任、アメリカ社会は転換期を迎えていました——教育の拠点として、コロラド州ボルダーに「ナーローパ協会」を創立しましたが、その時、八歳だった僕も父と一緒に協会を訪ねています。また、それ以前の一九七一年に、トゥルンパはロッキー山脈の麓に広大な修行場、「シャンバラ・マウンテンセンター」を開きましたが、僕は一二歳でここのセミナーにも参加しました。

弘文に出逢ったのは、その九年後、このセンターにおいてです。弘文は、講師として来ていました。

というのも、トゥルンパが開発した「シャンバラ・トレーニングメソッド」という修行法には、積極的に禅が導入されていたからです。トゥルンパは、チベット仏教というベースに坐禅を中心とする禅の要素を大胆に採り入れ、僧院で修行を積んだ経験のない人でも習得できるシンプルな修行法を構築しました。禅は誰にでも門戸を開いていますからね。どんな人でも、ポンと坐ればそれでいいですよみたいな。

したがって、シャンバラ・トレーニングメソッドは、オーソドックスなチベット仏教の修行法とは異なります。欧米人にアピールすることを前提に作られたもので、計画どおり大成功を収めました。

弘文とトゥルンパは、鈴木俊隆老師を通じて知り合ったようですね。トゥルンパは、禅を学ぶために鈴木老師のもとに通っていたんです。

弘文とトゥルンパ、二人には共通点がいくつもありました。まず、ひとつ違いと歳が近かった。また、母国できっちり仏教修行を重ねた後、東洋から西洋に移住し仏教を布教中という半生も重なっていました。それから、僧院の中にとどまるのではなく、一般生活の中で仏教的生き方を実践することを提唱した点も同じでしたし、二人とも妻は西洋人。ほかに、芸術を愛した点も似ていた。弘文の書道の腕前は有名ですが、トゥルンパも草月流いけばなを嗜み、戯曲や詩も多数物《もの》しています。

異なるのは、トゥルンパが猛烈な勢いで組織を広げていったのとは対照的に、弘文が自然に身をまかせ、望まれればそこに赴くというスタイルを貫いたことです。現在、トゥルンパの組織を継承した「シャンバラ・グループ」は、欧米で一大王朝のような隆盛をきわめていますが、弘文の弟子たちは、それぞれが地元に根づいた小さな僧伽を運営しています。

シャンバラとのつき合い方にしても、弘文はいつものように、乞われれば指導者として参上するというスタンスでした。

二人の親密な交流は、トゥルンパが亡くなる一九八七年まで二〇年近く続きました。トゥルンパは、四八歳という若さで亡くなりましたが、主因は、深刻なアルコール依存症といわれて

隠遁時代、友、トゥルンパの修行場にて揮毫
Photo: Courtesy of Vicki Alexis Genson, Filmmaker

います。並はずれたカリスマ性で欧米の精神世界に君臨した一方、不摂生で不道徳と多くの批判を浴びた生涯でもありました。

一九八七年、ちょうどトゥルンパが遷化《せんげ》した年に、セミナーで弘文に出逢った僕はすっかり惹きつけられましてね。セミナー終了後、タオスの鳳光寺に押しかけて侍者にしてもらいました。チベット仏教徒の僕ですが、弘文のもとで真摯に禅を学びたかったのです。

ええ、弘文の〝未完の家〟も知っていますよ。だけど、あれはわざと未完のままにしたんじゃないかな？

ある高僧にこんな逸話があります。高僧がいた建物の屋根が雨漏りしていたので、弟子が「直しましょう」と言ったそうです。

すると高僧は、

「このままでいい。ここで坐禅できるじゃないか」

と、漏れていない場所を見つけて坐禅を続けたという。僕は、弘文の未完の家に、これと通底するものを感じていました。

弘文の恋人？

はい、知っていますよ。なんというか、夢を見ているような人だったなぁ。現実感覚という点では、〃あの〃弘文のほうがまだしもましだったくらい。弘文が彼女の面倒を見ていたんだから、見ているこちらがハラハラしましたよ、ははは。結局、弘文は、ああいう人と一緒にいるのが快適だったんでしょうね。男でも女でも、世間からちょっとはぐれて個として生きている人が好きだったから。

鳳光寺には、スティーブ・ジョブズも来ましたよ。すんごい美人を連れて。一九八八年か八九年でした。

え？「その時期だと、ティナ・レドセだったはずだ」と？

あぁ、そんな名前だったかもしれない。

二人は、三日間くらい弘文と寝食をともにして、その間しばしば話し込んでいました。僕もそばにいましたが、スティーブは弘文に、

「カリフォルニアに家を用意するから、そこに住んでくれ」

と、盛んに誘っていましたね。

「自分の土地に弘文用の家を新築する」

とまで言っていた。

でも、弘文は断っていました。そりゃ、そうでしょう。拘束されるのが大嫌いな弘文だもの、籠《かご》の鳥になりたくなかったんですよ。

ただ、弘文は最終的に、スティーブのオファーを半分断って、半分受けるかたちになりました。スティーブのお屋敷を、カリフォルニアの拠点にしましたから。とはいえ、定住していたわけじゃない。カリフォルニアには慈光寺があったし、あの頃からヨーロッパにも布教しに行くようになったから便利だったんでしょう。

アップルを追放されて道を見失いかけた当時のスティーブには、弘文が必要だった。無名時代以来、久しぶりに送る弘文との濃密な時間だったことでしょう。その後の一九九六年に、スティーブはアップルに復帰し快進撃を遂げますが、あの頃、弘文や禅から何かを学んだと考えても不自然ではありません。何を学んだかは、僕にはわからないけれど。

一九九〇年に僕は日本に行き、二年間ほどご実家の定光寺で修行しました。だから、日本式に読経できますよ。

僕の読経を聴きたい？　いいですよ。

観自在菩薩《かんじざいぼさつ》　行深般若波羅蜜多時《ぎょうじんはんにゃはらみたじ》　照見五蘊皆空《しょうけんごおんかいくう》　度一切苦厄《どいっさいくやく》　舍利子《しゃりし》　色不異空《しきふいくう》　空《くう》
不異色《ふいしき》　色即是空《しきそくぜくう》　空即是色《くうそくぜしき》

『般若心経《はんにゃしんぎょう》』です。

ちなみに、「色即是空　空即是色」を英語で唱えるとこうなります。

Form is emptiness, emptiness also is form; emptiness is no other than form; form is no other than emptiness.

なんで笑うの？　おかしい？

だけど、よく考えてみて。これは、もともとサンスクリット語だったんですよ。それが中国語ほかに翻訳されて、仏教が伝来したそれぞれの国で読誦《どくじゅ》されているのだから、英語のお経が変《へん》というのは、それこそ変ですよ。

さて、定光寺で僕は、弘文のお兄さん、敬文老師の侍者にしていただきました。弘文は、弟子の幾人かを実家に送ったんです。規矩に拘泥《こうでい》する人ではなかったけれど、何人かには、日本の儀式的なものをきちんと継承させておきたかったのでしょう。

当時、定光寺には三〇〇もの檀家があり、ほぼ毎日のようにお葬式や法事がありました。反対に、坐禅会は月に二度、各三〇分だけ。驚きましたよ、アメリカ人のほうがよっぽど坐禅してるって！

定光寺をお暇《いとま》して、一九九一年暮れに僕がタオスに戻った時、弘文はもうあまり来なくなっていました。ヨーロッパ布教で忙しかったからです。

ところで、弘文の道号は鳳雲ですが、とてもふさわしいと思いますね。弘文は雲のような人でありながら、鳥のように俯瞰して物事を見る視点を持って地球を飛び回っていましたから。

その後、僕は鳳光寺を去り、以来今日まで、兄弟子がボルダーに開いた「白梅寺《はくばいじ》」の僧侶を務めています。

白梅寺のことは住職に聞いてください。僕らが今いるこのトレーラーのお隣が住職の家ですから。とても親切な人だから、きっとよい話を聞けると思いますよ。

禅とは掃き清めること

コロラド州白梅寺住職、マーティン・モスコーの話

メイソンから、あなたのことは聞いていますよ。ええ、大好きな弘文のことならなんでもお話ししますとも。

それにつけても、弘文と交わした最後の会話が昨日のことのように蘇ります。二〇〇二年七月。あの日、夏の数カ月間をヨーロッパ布教に赴く予定の弘文を囲んで、ちょっとした壮行会が開かれました。

会の直前に、弘文から電話が入りましてね。

「来てくれ。別れの言葉を交わそう」

私は、その言い方に何か尋常でないものを感じつつ会場に向かいました。でも、到着した時、弘文はすでに会場を去った後でした。そして、ほどなく届いたのが急逝の知らせ……。振り返れば、弘文は自らの死期を悟っていたように思えてなりません。

はい、壮行会が開かれたのは、ここ、コロラド州のボルダーでした。ボルダーは、弘文が人生最後の半年を送った街。当時弘文は、この街の「ナーローパ大学」で教鞭を執っていたのです。秋に学期が始まるまでに帰って来るはずだったのに……。

弘文と私のつき合いは、およそ三〇年におよびます。弘文は私の師ですが、私たちは師弟というより兄弟のような間柄でした。体形も似ていたので、よく服や帽子を交換したものです。私の箪笥《たんす》の中には、今でも弘文の服がたくさん入っていますよ。

出逢った時、私は三〇歳、弘文は六つ上の三六歳。一九七四年、やはり、ボルダーでのことでした。

チョギャム・トゥルンパのことは、メイソンから聞かれたと思います。ジョニ・ミッチェルの『旅はなぐさめ（Refuge of the Roads）』を聴いたことがありますか？　あれは、トゥルンパのことを歌った曲ですよ。

一九七四年当時、私はトゥルンパの弟子でした。あの年、トゥルンパは、チベット仏教を中心とする仏教教育の拠点として、ナーローパ協会をボルダーに創設。同時に、創設記念のサマー・セッションを開きました。その時の講師のひとりが弘文だったんです。

弘文に出逢った途端、まるで、まだ見ぬ実の兄に遭遇したような不思議な感覚に包まれました。だから、すぐに弘文のクラスを受講することにしました。

クラス名はなんだったかな？　は？　「ルーツ・オブ・ゼン（禅の起源）」だったはず？

うーん、そうだったような、そうでもなかったような。

でもね、弘文の場合、クラス名や講義タイトルなんてどうでもいいんですよ。その日の生徒の波長を見て、話の内容を決めるといったスタイルでしたから。

私は、講義内容はもとより弘文の人柄に惚れ込みました。

弘文ほど親切な人は、この世にいませんよ。たとえば弘文は、物乞いされると財布ごと渡してしまうといったふうでした。だから、本人はいつもお金に困っていましたが。自分も弘文のように親切な人になりたくて、それで私は弘文に惹かれたのだと思います。

人には誰にも、仏教でいうところの〈利他《りた》〉、つまり、他人の役に立ちたいという願いがあるものです。ところが、弘文の場合はこれが徹底していて、自分のことより何よりまず利他が優先されるのです。その点、〝現代の菩薩様〟みたいな人でした。

弘文は、こんなことを言っていました。

「私は、木々を跳び回る猿だ。この猿は、木の上から救いを求める人を見つけると、飛び降りて、抱きしめ、放さない」

一度、弘文に、

「人助けは、どうするのがベストだろう？」

と、尋ねたことがあります。

すると彼は、

「笑わせてあげることだよ」

ええ、弘文には、禅機《ぜんき》の効いたユーモアのセンスもたっぷりとありました。

私が、本格的に仏教とめぐり逢ったのはインドです。

一九六五年、イェール大学の学生だった私は、アメリカ政府の発展途上国支援ボランティア派遣プログラム、「ピースコア」に参加しインドに渡りました。その後、大学に復学し、大学院に進んで、サンスクリット語研究に重きを置いたインド‐ヨーロッパ哲学を学びます。

しかし、修士課程を修了しても、私の心から仏教が離れることはなかった。それで、『禅マインド　ビギナーズ・マインド』の著者、鈴木俊隆老師を訪ねるべくサンフランシスコの桑港寺に向かったのです。

話は少しそれますが、私は、白梅寺を運営するかたわら造園業を営んでいます。近年は、ハワイのヒンドゥー教寺院や、インドのニューエイジ・コミュニティなどの大プロジェクトを抱えているので、寺にいないこともしばしばで。実際問題、住職といっても、アメリカではなかなかそれだけでは食べていけないんですよ。だから、多くの僧侶が別の職業を持ちつつ修行を重ねています。禅だけで生活できた弘文は、この国では特別な存在といえます。

私は、サンフランシスコ時代に初めて造園に携わったのですが、弘文からも多くを学びました。日本最古の造園書といわれる『作庭記《さくていき》』を勧めてくれたのも弘文です。はい、『作庭記』は英訳出版されています。

弘文には審美眼がありました。作庭、書道、華道、茶道から食事の盛りつけまで、彼は「間《ま》」に関する優れた美意識を持っていた。きっと、スティーブ・ジョブズも、弘文から間や美を習得したはずです。アップル製品に、そうした感性が投影されていると思います。

弘文は言っていました。

「みんなは、禅は瞑想《めいそう》だと思っている。でも、そうじゃない。禅とは掃き清めることなんだ」

私はこれを、禅とは時空間を整え、物事をできる限りシンプルに保つことと理解しています。

サンフランシスコにしばらく暮らした私ですが、一九七一年に鈴木俊隆老師が亡くなってしまいます。この先、どう生きていこうか？　チョギャム・トゥルンパを訪ねたのは、そう悩んでいた時でした。そして、トゥルンパの弟子としてボルダーにいた一九七四年に、弘文と出逢ったわけです。以来私は、機会を見つけては弘文の摂心に参加するようになりました。

弘文の坐禅指導は天下一品。姿勢を直してくれるタイミングが絶妙なのです。

弘文は、

「正しい姿勢が大事。姿勢は自らを映す鏡だ」

と、繰り返し説いていました。

それを聞いた時、私はハッとしました。自分の半生を振り返ると、自信のなさから我を張ってしまうため、普段の姿勢も、肩が突っ張ったようになっていることに気づいたからです。

今でも、姿勢を直してくれた弘文の手の感触をしっかりと憶えています。弘文は、参禅者のひとりひとりをひじょうに注意深く観察して、小さなことだけれど、その人にとってはとても大切な要所をそっと直していました。

私が、弘文によって得度《とくど》したのは、それから五年後の一九七九年。

あの年、私の結婚生活は崩壊しつつありました。妻の浮気を知った私は自分を見失ってしまった。アメリカでは、人生の目標を明確にし、それを明快に人に伝えることが求められます。あるがままを受け入れる禅的生き方は、ある種、消極的と捉えられるような風土です。そういう戦闘的なまでに前向きな文化にあって、道に迷った私は絶望感で打ちひしがれました。

その時、弘文が、

「この時を待っていたよ」

と、私を得度へと導いてくれたのです。

弘文は何も説明しなかったし、私も何も訊かなかったのですが、「人は危機的状況の時にこそ、真実を見つめられる」という意味だったと解釈しています。

私が得度すると、弘文は、封筒を渡しながらこう告げました。

「上野駅に行きなさい。そして、この住所を近くにいる人に渡して行き方を尋ねなさい」

封筒の中には、日本行きの航空券と弘文の実家、定光寺の住所を書いた紙が入っていました。私は、すぐに日本に向かいました。弘文を信頼していたので不安はなかったです。それから半年間、定光寺で修行させていただきながら近くの造園業者のもとで働きました。

しかし、結局、私の結婚は破綻してしまった。ひとりになった私は、完全に鬱に陥ってしまいました。同じ時期、弘文も離婚してタオスの山中に籠もっていたので、私もそちらに越しました。

その時、出家も考えたのですが、弘文は、現実世界で、別れた家族や仕事と向き合いながら禅的生き方をすることを勧めました。禅は、寺や僧院の中にだけ存在するものではない、と。

私は、弘文の家の隣に住み、弘文から学ぶ日々を送りました。

弘文も離婚の痛手で落ち込んでいましたが、やがてアーティストと同棲を始めました。気立てはとてもよかったけれど、いささか浮世離れした人ではありました。あの女性、それに結婚した二人の妻――私に言わせれば、彼女たちは〝世界でもっとも難儀な女性トップ・スリー〟ですよ。まぁ、それが弘文の業《カルマ》だったんでしょう。

思えば、弘文は、女性に対していつも受け身でした。

「女が男を選ぶ。男は女を選ばない」

とも語っていたし、女性の直観力や決断力に常に一目置いてもいました。

弘文が、カリフォルニア滞在時にスティーブ・ジョブズの豪邸で同居するようになったのは、あの頃、スティーブのアップル追放から数年後のことです。

スティーブは、無名時代にも僧侶になることを弘文に相談していますが、あの時も同じ気持ちを伝えたそうです。でも、弘文は止めて、「事業で才能を伸ばしたほうがよい」と強く勧めました。この助言が結局、大復活劇へと繋がったのですからねぇ。

スティーブは、自邸に私たち弟子が宿泊するのは歓迎していなかったようですが、私はなぜか二週間ほど滞在しました。もっとも、スティーブと顔を合わすことはめったになかったですけどね。彼は、キッチンの上の部屋に住んでいたのですが、仕事の虫のようで、早朝に家を出て夜遅く帰宅する生活でしたから。

とにかく広い家でね。三〇室はあったんじゃないかな。それなのに、物がほとんどなくてガランとしていた。あったのは、スティーブのフルーツ用ボウルと――その中には、たいてい〝アップル〟が盛られていましたが――三〇人くらいが利用できる大きなダイニングテーブル、ものすごく高級なステレオ、そしてパイプオルガン……。まったく不思議な家でした。

あんまり部屋数があるから、弘文と彼女は、今夜はこの部屋、明日はあの部屋というように、いろいろな部屋を転々として寝ていたとか、ははは。

ところがその後、弘文に新しい女性が現れてしまいます。彼女は弘文にぞっこんだったし、新しい女性は妊娠するしで、修羅場だったと想像します。

ただ、弘文の没後十周年の法事で、二〇年ぶりに彼女に再会しましてね。家庭を持ち、幸せそうにしていたので安心しました。別れた女性が法事にまで来るとは、これも弘文の徳というものでしょう。


再婚した弘文は、スティーブの屋敷での生活を清算しました。新妻は精神過敏な人だったから、気むずかしいスティーブのお屋敷にいるわけにもいかなかったんじゃないかな。それに、スティーブのほうも、弘文の面倒を見るのにいささか疲れていたようにも思います。

弘文は、サンタクルーズの人里離れた日本式古民家で暮らし始めました。しかし、正直いって、あの頃の弘文はかなりお金に困っていた。金欠の理由は、お布施をすべて僧伽のために使い果たしていたこと、もともと無欲で貯金などなかったこと、加えて、離婚後ずっと隠遁のような暮らしをしていたので定期的な収入がなかったことなどです。

サンタクルーズの弘文一家を訪ねると、経済的に行きづまっていることが手に取るようにわかりました。それなのに、馬は飼っていたし、酒もたっぷり買い込んでいましたが……。

弘文は、だいぶん前から飲酒問題を抱えていました。それが、再婚後さらにひどくなったように思います。私はマッサージ師の資格も持っているので、弘文に施術したところ、ツボがガチガチに硬くなっていました。おそらく肝硬変だったのでしょう。

弘文は、お酒には弱いんです。なのに、一気にグーッと飲んでしまって後はわけがわからなくなる。道に寝込んで、留置所に入れられたことも何度かありました。最初、留置所にいることに気づいた時はさすがに驚いたそうです。酔った間の記憶が飛んでいるわけですから。

でもその後は、楽しんでいる風情もありました。他の留置者や前科のある人々から相談を受けたりして、

「これも僧侶の仕事だよ」

と、いつものようににこにこしながら話していました。

けれども、弘文はアルコール依存症ではなかったと私は思います。だって、摂心の間は一切飲まなかったですから。摂心は何週間も続けることがあるので、依存症だったらムリじゃないですか？

二〇年近く一種の隠遁を続けた弘文ですが、新家庭に男の子——この子は、弘文の愛読書、ドストエフスキーの『カラマーゾフの兄弟』からアリョーシャと名づけられました——が誕生すると転機を迎えました。世間に出て、しっかりと生きる父の姿を見せたかったのでしょう。

弘文は、手始めにサンタクルーズの幼稚園や小学校で法話をしたりしましたが、やはり定期収入を得る必要がありました。慈光寺や鳳光寺に戻ることもできたのですが、あれらは弟子や僧伽に渡したもので、弘文は戻るのを潔しとしませんでした。

それで私が、地元のナーロッパ大学の学長と弘文の橋渡しをした次第で。大学側は大歓迎で弘文を迎え入れました。弘文が家族を連れて、ボルダーに移住したのは二〇〇一年の師走です。弘文は、昼間は大学で禅や書道を教え、講義が終わると、二時間ほど離れた山中にあるシャンバラ・マウンテンセンターに戻って行きました。センターは、ナーロッパ大同様、シャンバラ・グループが運営する一大修行場です。弘文一家は、七三万坪もある広大な敷地の一角に置かれたトレーラーハウスで新生活を始めました。

トレーラーハウスには、小さな台所にシャワー、居間と寝室。決して贅沢ではなかったものの一歩外に出れば大自然で、弘文は気に入った様子でした。それでも、依然として貧しかったにはちがいないのですが、あそこは一種のコミューンですから最低限の衣食住に不自由はないのです。

「一時はスティーブ・ジョブズの豪邸に住んでいた人が、それではみじめではないか」ですって？

あぁ、それは禅を理解していない人の考え方ですね。禅は、あるがままの環境を受け入れるのです。人には運命があるのだから、置かれた境遇を思いわずらうのは愚かなことです。弘文は、自分が落ちぶれたなどとはまったく考えていなかったでしょう。

コロラド州白梅寺の禅堂は、遊牧民の移動式家屋、ゲルの造り

さはさりながら、弘文は確かに疲れてはいました。親友だったトゥルンパはすでに亡くなり、金欠の一方、家族に対する責任はある。住み慣れたとはいえ、外国ならではの不自由もあるし、ドイツ人の妻は、精神的に不安定な上に自分以上にアメリカに慣れていない……。

それに、もとより宗教家というのは、人々の苦をともに苦しみ、悲しむものですが、純粋で不器用な弘文は、長年にわたってそれをまともに受け続けたため、自分の心まで痛めつけてしまったように思います。

けれども、弘文が不幸だったかといえば、そんなにシンプルな話ではありません。弘文は、常に坐禅を欠かさず、仏教の本を読み続けながら置かれた環境を飄々として受け入れていました。その意味で、最後まで全き仏教者だったのです。

この寺を開くことを私に勧め、開堂の指導をしてくれたのは弘文です。亡くなる一年前のことでした。

禅堂には行かれましたか？　遊牧民の移動式天幕家屋、ゲルの造りだったでしょう？　丸く開いた天井から空が見えたでしょう？　あれは、弘文が、

「禅堂は丸いほうがいい。参禅者のヒエラルキーがなくなるから」

と、言ったからああしたのです。

禅堂には、弘文の位牌《いはい》もありますよ。どうぞ、参禅していってくださいな。

旅Ⅴ

二〇一四年一〇月三〇日
ユナイテッド航空#一二四二便
午前七時一二分　ロサンゼルス国際空港発
午後二時五六分　ワシントン・ダレス国際空港着
ユナイテッド航空#九三六便
午後五時五五分　ワシントン・ダレス国際空港発
一〇月三一日　午前六時五五分（ヨーロッパ時間）　スイス・チューリヒ国際空港着

初めて目にする〝動き、語る〟弘文だった。弘文の元侍者で慈光寺現住職のマイケル・ニューホールが見せてくれた、スティーブ・ジョブズに言及した弘文の法話ビデオ（一六九ページ）。一九九二年から九三年にかけて記録されたもので、この時、弘文、五四、五五歳。

ビデオは、塀ほどの高さに積もった雪壁の間を歩く、法衣を纏った弘文の後ろ姿を追う場面から始まる。

場所は、オーストリア中央部のプレグ。モーツァルトが生まれたザルツブルクからローカル列車で二時間、そこからさらに車で小一時間山に入った小さな村である。そもそも、スイスの東に位置するオーストリアは、隣国同様、山岳の国だが、この農村の標高も約一三〇〇メートルと高い。

おそらく弘文は、隠遁先のニューメキシコ州タオスから、当時の愛車、四輪駆動のトヨタ・ハイラックスサーフを駆って約二〇〇〇キロを走行。カリフォルニアのジョブズ邸にしばし滞在後、空路、渡欧したと思われる。

雪道を行った弘文は、農家の納屋のような古い建物に着くと、空を指差しながらゆっくりとカメラに向かって振り返る。痩せぎすだが柔和な表情、剃髪《ていはつ》ではなく短髪、実際の歳より五歳は老けて見える。

にこにことうなずきながら空に向かって合掌し、建物に入って行く弘文。カメラが合掌した先を追うと、まだ日が暮れる前の青空にぽっかりと月が浮かんでいる。弘文は建物の奥へと進み、何世紀もの時を経たワインセラーのそれを思わせる頑丈な扉を開く。扉の奥に、年季の入った丸太の梁と柱に支えられた禅堂が広がる――。

坐禅の後らしい。禅堂の片隅でヨーロッパの人々に囲まれた弘文は、「『苦悩』とは？」というひとりの参禅者の質問に応えて語り始める。

ややかすれた小さな声。

弘文は、他者に思いを届けるように訥々《とつとつ》と話す。時に、自分自身に問いかけるように、時に、身体の中から智慧の泉を掘り当てるかのように。必然的にテンポはきわめてスローだ。普通の

オーストリアの山中に弟子が開いたプレグ禅堂で法話。長い間が独特だ
Photo/Courtesy of Vanja Palmers

人の五倍は遅いし、たびたび入る間《ま》もおそろしく長い。強い日本語訛りがある英語だが、語彙はきわめて豊富で、哲学的で詩的な表現が続く。

弘文の語りにはまったく作為が見られず、天然、自然、あるがままといった様子だ。適切な言葉を選び出そうと、無心に首をかしげたり、虚空を見つめたりする仕草は、まるで赤ん坊のようだ。そのあるがままの天真や無垢が、しばしば本人が意図しないかたちで聴く者の笑いを誘う。

赤ん坊のような大人——。

しかも、天真無垢な赤ん坊には邪気もあるが、この大人にはそれもない。私などがこれまでに逢ったことのない大人が、そこにいた。

私は、弘文の日記を思い返さずにいられない。新潟の生家に残る、表紙に「鳳来孫

日録　京洛」と書かれた大学ノートの日記帳にはこんな文章が綴られていた。

真昼の空に死神を視《み》る。忘れかけていたそれの出現が、またしても私を地に引摺《ず》り落してしまった。恐ろしい人間関係の破綻の前ぶれがたえず私を萎縮させる。また身近な人々を不本意に傷つけなければならぬのであろうか。恐ろしい事である。

ただならぬ緊迫感が漂う記述だ。しかも、同じ日記帳の中の『仏陀』と題された頌歌《しょうか》には、「あらゆる罪を犯し、血みどろになった私」という表現があったことも、私たちはすでに知っている。

それに較べて、画面の弘文の柔らかな無垢はなんということだろう。いったい「血みどろ」だった「私」が、五十路《いそじ》半ばの大の男になってどうしてこうも天真でいられるのか。

弘文が、プレグでの法話でジョブズに触れたのは、〈悟り〉に関する文脈でのものだった。だが、プレグはもとよりヨーロッパに、弘文にまつわるジョブズの足跡はない。

ただし、弘文はヨーロッパで布教を開始した一九八〇年代後半から、五年以上にわたりジョブズ邸をカリフォルニア滞在中の住処とした。それは、アップルを追放されたジョブズの不遇時代とぴたりと重なる。

ジョブズの不遇は十年続いた。この期間に、ジョブズが弘文から何を学んだかは未《いま》だつまびらかでないが、彼は後年、禅への深い傾斜を以下のように語っている（前出『スティーブ・

ジョブズ』)。

僕はいつも、仏教、とりわけ日本の禅宗をとても美しく崇高と感じてきた。なかでも、もっとも崇高なのが京都やその周辺にあるいくつもの庭園で、僕はその文化が醸《かも》し出すものに深い感銘を受ける。あれは、すべて禅が育んだものだ。

いずれにせよ、不遇時代のジョブズが、弘文と濃密に交流したことはまちがいない。実際、プレグに赴く前に、弘文はジョブズの危篤の養父を訪ね、プレグ到着後に死の知らせを受けている。二人は、身内の死というもっとも繊細な出来事を共有する間柄だったのだ。

そして一九九六年——。

弘文のヨーロッパ布教と並行して交わされた〝二人の時間〟を経て、ジョブズは奇跡的にアップルに復帰し、iPhoneをはじめとする世界の在り方を変える製品を世に送り出した。

一九九六年といえば、弘文のほうも五八歳にして再び家庭を持ち、新しい人生に踏み切った年である。しかし、ドイツ出身という弘文の妻について語るアメリカの人々の口は重く、彼女は夫以上に謎の存在だった。

実は、私は一度だけこの妻に逢っている。

二〇一二年七月二九日、慈光寺で弘文と娘、摩耶の没後十周年の法要が行われた時のことだ。追善供養の後で、私はある人と話をしていた。そこに現れたのが彼女だった。彼女は、私たちの会話に少しだけ加わると、「大事な話があるのではずせ」と、突き放すように私に告げた。先にいたのはこちらなのだから、筋が違う話ではある。だが、氷のような彼女の表情に何か病的な鋭さと、それ故の脆《もろ》さを感じた私は、黙ってその場を立ち去った。

ヨーロッパの地で、弘文とこの人の間に何が起きたのだろう？

さらに、弘文はなぜ、かの地で亡くならなければならなかったのか？

弘文は生前、俳句禅堂で行った法話の中で死についてこう語っている（一九七八年一一月九日）。

死にゆく人々は、とても貴い表情をしています。存在の真実と直面するからです。人は逝く直前に、肉体的な痛みや打ち寄せるたくさんの想いに苦しみます。ですが最期《さいご》には、すべてをその手から放す。そして、背負っていた重みから解き放たれて安らかで高貴な顔になるのです。

弘文は、どんな表情をして逝ったのだろう？

ビデオの冒頭に弘文が見せた後ろ姿。私は、その背中を追うようにヨーロッパへと向かった。できることなら、背中をつかんで、くるりと正面から弘文と向き合いたいという願いをいっぱいに抱えていた。

第五章 ジョブズと離れヨーロッパへ

この世にいることに敬意を抱くこと
スイス・フェルゼンタール禅堂主宰者、ヴァニア・パルマースの話

あぁ、やっぱり君だったんだね。弘文の話を聞きたいって手紙をもらった時、君じゃないかと思ったんだ。僕たち、確か、弘文の没後十周年の法要で立ち話をしたよね。僕はあの時、導《どう》師《し》だったからもう忙しくて。

でも、ここまで来てもらってよかった。この村、スイスのエンゲルベルクは、弘文の生涯最期の地だから……。

スイスには今朝着いたの？　まだ時差ボケ？　駅の待合室なんて、こんな場所で長話もなんだから僕の別荘に行きましょう。坂道を歩いて一五分くらい。荷物、持とうか？

二〇〇二年七月二六日――。

あの日の昼頃、僕は、エンゲルベルクに続く山道を運転していた。数日前から、弘文とキャトリン、それに三人の子どもたちが僕の別荘に泊まっていて、みんなのところに戻る途中だったんだ。ところが、運転中に兄から電話が入って。「蜂蜜を採集するから手伝ってくれ」って。

僕は、とりあえず弘文たちの様子を尋ねようと別荘に電話を入れた。でも、応答がなくて。「きっと、家族で散歩でもしているんだろう」と僕は考えて、山道を引き返して兄の家に向かいました。

兄と僕は蜂蜜採集を終えると、碁を打ちながら午後のひとときを過ごした。その時だった、電話が鳴ったのは。

相手はキャトリンでした。受話器の向こうのキャトリンは、取り乱した様子でこう告げたんだ。

「弘文と摩耶《まや》が、庭の池で溺れた！」

もちろん、僕は、大慌てで別荘に急ぎましたよ。

けれども、別荘に着いた時にはすべてが手遅れだった。弘文と摩耶は、池のそばに横たえられていました。二人とも、まるで昼寝でもしているような顔で……。

医師は手の施しようがなかったと語り、警察や役場の人たちが慌ただしく動き回っていた。

僕は、すべてが悪い夢のような、水の中で手を掻《か》いているようなおかしな感覚に包まれていた――。


さあ、着いたよ。ここが僕の別荘。

広すぎるって？　そうでもないよ。

窓の向こうに池が見えるでしょう？　弘文と摩耶が亡くなった池です。今は、網で覆ってあるけれど……。

池の大きさ？

そうね、七メートル×一五メートルってところかな。池というか、プールというか、眺めても泳いでもいいように造ったものなの。縁はとても浅くて、中央にいくにつれて徐々に深くなっている構造。いちばん深い所が約一・八メートルです。

池の背後に高峰が聳《そび》えているよね？　エンゲルベルクのシンボル、標高三二三九メートルのティトリス山。葬儀の後で、弘文の遺灰を撒《ま》いた山です。

弘文は、ティトリス山が大好きだった。雪国育ちだからスキーはもちろん、夏にはロッククライミングを堪能していましたよ。弘文は、少々危険な所でも物怖じせずにガンガン挑戦する自然児でした。

池の横に、小さな小屋があるのがわかる？　サウナ小屋です。弘文が亡くなる二日前に、僕らはあそこで一緒にサウナに入ったんだけど、あの時のことは鮮明に憶えている。

「あぁ、ずいぶん痩せて小さくなっちゃったな。疲れているんだな」

って思ったから。それも単に疲れているっていうんじゃなくて、精気がなくて人生に疲弊しているって感じだった。

あの夏、弘文はとても、本当にとても痩せていたんです……。

弘文が亡くなる前夜、僕は自宅に帰る必要があったのでこう言って別れました。

「明日また来ます。おやすみなさい」

そう、今さっき、君と一緒に入って来たあの玄関でね。あれが、弘文との最後の会話になってしまった……。


僕と弘文の出逢い？

タサハラ禅マウンテンセンターですよ。

一九七〇年にスイスのチューリヒ大学を卒業した僕は、卒業後しばらくの間、オートバイで北アフリカやアメリカ大陸を放浪したんです。人生で何をすべきかわからなくて、ヨガにも夢中になったし、要するに典型的なヒッピーだった。

マリファナやLSDもやりましたよ。あれらは、当時のヨーロッパの若者にとって、アメリカンドリームの一部だったからね。それに、マリファナやLSDで悟りが得られるかもっていう思いもあったし。LSDについては、スティーブ・ジョブズも「人生でトップクラスの重要な体験」と語っているよね。

マリファナやLSDは、弘文も試したと言っていましたよ。師匠の鈴木俊隆老師がこう命じたとか。

「うちにやって来るアメリカ人の多くが、『マリファナやLSDと悟り』の関係について尋ねる。私はもう歳を取りすぎているから、弘文、おまえがやってみろ！」

ははは。もっとも、弘文は結果について何も語っていなかったけれど。

それはともかく。

放浪時代に、タサハラのことを耳にした僕は興味津々で訪ねました。それ以前から瞑想には親しんでいたけど、坐禅は初体験だった。驚きましたねぇ。信じられないほどピタッときたんだもの。「これだ！」っていう感覚をつかんだっていうか。

それで結局、僕はそのままアメリカに一〇年間居住し、タサハラを拠点に周辺の禅センターで修行を続けたんです。

一九七六年のそんなある日、弘文がタサハラを訪ねて来て、僕らは出逢った。だけど、あの時は、すれ違っただけの平凡な邂逅《かいこう》でした。

一〇年後、ヨーロッパに戻った僕は、時折タサハラに戻り修行を続けました。一九八七年には、三カ月間の〈安居《あんご》〉に参加して、その時に弘文と再会しました。安居とは、僧が一カ所に集まり外出せずに一定期間、集団で修行することです。

ポーチで、足を包帯でぐるぐる巻きにした人が坐禅していてね。ぐるぐるの包帯と坐禅の組み合わせがなんとも愛くるしかったので、そっと近づくと、その人が弘文だったんです。なんでも、山登りで凍傷になってしまったとか。

再会は、初対面の時とはまったく異なり決定的でした。あの時、僕が弘文に抱いた感情は、〝恋に落ちた〟という表現がもっとも近いと思います。弘文は、ひじょうにローキーでリラックスした雰囲気を湛《たた》えていたけれど、そんな中にも、この世の真実を希求する姿勢が垣間見えて、「この人は本物だ！」と、僕は直感したんです。

だから、すぐに尋ねました。

「弟子にしてくれませんか？」

弘文の応えは、「友だちになろう」でした。

その時から亡くなるまでの一五年間、僕は、できうる限り長い時間を弘文とともに過ごした。弘文は、最後には、僕を彼の教えの継承者とまで言ってくれるようになりました。「弘文のどこにどう惹かれたのか？」と訊かれても言葉ではうまく表せません。恋に理由なんてないじゃないですか。

一九八九年、弘文と再会してから二年後に、僕は、オーストリアのプレグに禅堂を開きました。

それ以前から、ヨーロッパには一般的な仏教センターがあったし、曹洞宗も弟子《で し》丸泰仙《まるたいせん》老師が——澤木興道老師の弟子で、弘文とも親しかった僧侶です——フランスを中心に精力的に布教活動をしていました。でも、僕が暮らすオーストリアやスイスには、じっくりと坐禅できる場所が絶対的に不足していたんです。

プレグは、とても雪深い村でね。年によっては夏にも降雪があるし、冬は、家屋全体がすっぽりと覆われてしまう。農家の人々は夏の間、牛をあそこで放牧し、秋には牛と一緒に下の村に移って行きます。プレグの冬は、牛にさえ寒すぎるからです。

そんなプレグの禅堂内には、特定の神様や仏様を飾らず石だけを置いています。キリスト教徒でもチベット仏教徒でも禅信徒でも、坐禅する者はすべて受け入れるという意味合いでね。実際、カトリック、ベネディクト派の人々も参禅していますよ。僕は、彼らを「禅」と「ベネディクト」で〝ゼネディクト〟って呼んでいるんだけど、ふふふ。

「プレグ禅堂」の開堂にあたっては、弘文を招いて開単式《かいたんしき》を執り行ってもらいました。プレグ禅堂には「寂光寺《じゃっこうじ》」という別名もあるのですが、命名したのは弘文です。

開堂後、弘文は毎年一、二度、摂心の指導に来てくれるようになって、それは亡くなるまで続きました。遷化したあの夏も、この別荘で静養した後に、プレグ禅堂で摂心指導する予定だったんです……。

僕がプレグ禅堂を開いた頃から、弘文はしばしばヨーロッパを訪問するようになりました。ひとつは、チョギャム・トゥルンパのシャンバラ・グループからの依頼で、ヨーロッパ各地のチベット仏教瞑想センターで坐禅や書道を教え始めたこと。もうひとつの理由は、弘文の弓の師匠、先代の柴田勘十郎先生がヨーロッパで弓道を教え始めたので、その補佐役を務めたこと。

ヨーロッパ人の弘文に対する反応？

もちろん〝とっても〟好かれていましたよ。みんな、弘文は、他の日本人僧侶と違うって感じたみたい。

ヨーロッパにおける従来の禅のイメージって、完全にマッチョだったんですよ。厳格で軍隊ぽくってビシバシって感じ。反対に、弘文はフェミニンでフレキシブル、包み込むようなスタイルだったので、親しみを抱いた人々が多かったですね。

なあに？「弘文の修士論文の内容を知っているか」って？

ううん、知らないけれど、どうして？

……あぁ、そうだったんだ。〈転依《てんね》〉を、西洋哲学との関わりの中で考察した内容だったんだ。

なるほど！　僕は今、この瞬間に、ひじょうに、絶対的に、納得できましたよ！　だからですよ、スティーブ・ジョブズをはじめとする僕ら欧米人に、弘文の禅指導がすっとなじんだのは。

修道士や修道女と語らう弘文。全地球的宗教観を持っていた
© Nicolas Schossleitner

思えば、弘文はほかの日本人禅僧とは異なり、西洋哲学と比較しながら禅を語ることができました。僕はいつも感心していたのだけど、そうか、弘文は、僕たち欧米人に禅を説くための土台を、すでに大学院時代から培っていたんだね。なるほどなぁ。

弘文は、禅を全世界的な視点から捉えていました。それに、欧米の禅が日本の禅とは違うものになっていいとも考えていました。ただ、ひとつだけ誤解しないで欲しいのは、弘文がいいかげんに禅に対していたのではないということ。

弘文は語っていました。

「アメリカやヨーロッパの禅は、百年、二百年、五百年と長い時間をかけて進化していくだろう。拙速に、欧米禅を創り上げるべきではない」

一九九九年、僕はプレグ禅堂に続いて、

今度はスイスに「フェルゼンタール禅堂」を創ったのですが、あの禅堂には、弘文の崇拝者のカトリック修道女が長年住んでいます。彼女は、弘文のグローバルな宗教観に惹かれたと常々語っているから、話を聞きに行ったらどうですか？　そうだ、せっかくここまで来たんだから是非寄るといい。あそこには弘文のお墓もあるし。

フェルゼンタールの場所？

ここから登山列車や、湖を周遊する船を乗り続いで三、四時間の山中です。

フェルゼンタール禅堂を開いた理由ですか？

それは、ヨーロッパにも禅修行したい人が増えて、プレグ禅堂だけでは手狭になったから。プレグ禅堂が小さな旅館だとしたら、フェルゼンタール禅堂は星つきのホテルにたとえられるかもしれない。実際、もともとホテルだった建物を買い取って改造したので、いろいろな施設が整っています。

でも、禅堂自体は新築で、建築家は、以前タサハラで修行していたポール・ディスコです。そう、オラクルの創業者、ラリー・エリソンが、カリフォルニアに建てた有名な日本式邸宅を設計したのも彼ですよ。

そういうわけで、フェルゼンタール禅堂の鐘はラリーからの寄附なんだ。あれは、ラリーが自邸用に買ったもの。でも、もっと大きい鐘が欲しくなったので、僕に譲ってくれたの。それから、禅堂の材木も彼からもらいました。ラリーは、あの材木を購入したものの色が気に入らなかったらしい、ははは。

プレグ禅堂やフェルゼンタール禅堂の資金ですか？

あのー、ざっくばらんに言いますね。僕は、とても恵まれた家系の生まれなんです。実家は、オーストリアを中心に、ヨーロッパ中でビジネスを展開しているファッションメーカー。その点、自分は本当に幸運だと感謝しています。

弘文の話に戻りましょう。

弘文は、頻繁にヨーロッパを訪れるようになると、いつの間にかキャトリンというパートナーを見つけていました。二人が具体的にいつ、どこで出逢ったのか、僕は知らないし尋ねたこともありません。

キャトリンはドイツ人です。二人は、プレグ禅堂で知り合ったんじゃないかな？　彼女は、あそこにしばらく住み込んで修行していたから。はい、ドイツと隣接するオーストリアの公用語はドイツ語です。

キャトリンとは、今でもメールを交換しているし、アメリカを訪ねる時は再会したりもします。けれども、彼女はとても内向的で繊細、私生活について積極的に話したがらないので、僕は彼女の過去を知りません。ドイツに夫とひとり息子を残して、弘文と一緒になったとは聞いているけれど……。

えっ、驚いたの？　そうか、君は、このことを知らなかったんだ……。

弘文の死に関してはね、僕は今でも、キャトリンに詳細を訊けないままでいるんです。傷口にわざわざ塩を塗るようで。死因は、心臓麻痺とも溺死とも伝えられていますが、本当のところどちらだったのかはわかりません。死亡証明書は、キャトリンが受け取ったまま誰も見ていないから。

あの時、弘文は酒に酔っていたか？

それも、僕にはわからない。

キャトリンが常々、弘文のお酒についてこぼしていたのは事実です。ただ、弘文が、僕の前で飲酒問題を起こしたことはなかったですよ。

でも、お酒については、最初の奥さんのハリエットも嘆いていたから、やはり問題があったのかもしれない。なんといっても、そういうことは妻がいちばんよく知っているでしょ。二人の妻が二人とも言っているっていう事実は重いですよね。

弘文の死について、キャトリンや子どもたちから聞いたことを話すことはできます。庭に出て、実際の場所を見せながら話しましょうか。

＊

ここ、このデッキ。姉と弟と一緒に庭で遊んでいた摩耶は、このデッキから池に落ちたそうです。

驚いた姉と弟は、大慌てで室内にいる両親を呼びに行きました。弘文は寝ていたので、キャトリンが庭に飛び出し池に入ったものの、摩耶を救うことはできなかった。それでキャトリンは、助けを求めて近所へと駆け出した。そして、キャトリンが近隣者を連れて戻った時には、摩耶だけでなく弘文も池にのみ込まれていた――。

これが、僕が聞いた話です。

思っていたより小さい池で驚いた？
そうだよね、大人が溺れるような池じゃないです。夏でしたからね、いくらスイスの山中でも水はそれほど冷たくなかった。そう考えると、弘文の死因が心臓麻痺とは考えづらい。弘文もキャトリンもカナヅチではなかった。なのに、なぜ摩耶を救えなかったのか？　キャトリンは、どうして弘文を起こさずに近隣に助けを求めに行ったのか？

僕には、何もかもがわからない……。

少し歩こうか。

池の横のここが、あの日、キャトリンから緊急連絡を受けた僕がこの家に到着した時に、二人の亡骸が横たえられていた場所です。

その後、僕らは庭に面したポーチに遺体を運び、摩耶を弘文の腕の中に抱かせ、二人に袈裟の一種、絡子《らくす》を掛け、花を飾り、お線香を立て、チベット仏教の五色の祈禱《きとう》旗を掲げて、そうして、『般若心経《はんにゃしんぎょう》』を唱えた。何度も何度も。繰り返し繰り返し。

事故死の上、外国からの旅行者ということで、警察は解剖を主張しました。僕らは精いっぱい抵抗したのだけど、法を覆すことはできなかった。あの日は金曜日で、警察は二人の遺体を運んで行きました。

遺体が戻ったのは週明け。弘文も摩耶も、解剖したとは思えないほど安らかで美しい姿でした。僕たちはポーチに大きなテントを張って、白い絹で覆われた二人の棺《ひつぎ》を横たえました。

知らせを聞いた弟子たちが、まずはスイスやオーストリアから、次にフランスやドイツから、最後には、アメリカからハリエットの子どもたちも駆けつけて、葬儀の参列者は五〇名に達していたと思います。全員が衝撃に包まれていたし、何が起きたのか消化できないままだったものの、二人の遺体には不思議なほど平和な気が満ちていました。

僕は、弘文の実家に何度も電話をかけて、お兄さんの敬文老師から教示を受けながら葬儀を進行しました。お経は、英語と日本語の両方で唱えました。弘文は、すでに仏弟子として戒律を受けていたので、「弘文」が戒名となっていましたが、摩耶には「摩耶童女」という戒名を授けました。

葬儀の間に雷鳴が轟きました。

十方三世一切仏《じいほうさんしいしふ》
諸尊菩薩摩訶薩《しいそんぶさもこさ》
摩訶般若波羅蜜《もこほじゃほろみ》

最後に『略三宝《りゃくさんぼう》』を唱え終えたその時、凄まじい勢いで豪雨が降ってきました。すべてを洗い清めるような雨でした。

遺体は、翌日荼毘《だび》に付しました。一般的な方法ではなかったけれど、娘を父に抱かせる形にしてひとつの棺に納めて。

炉の扉が開き、炎の中に棺が入り、扉がカチッと閉められた瞬間、それまで恐ろしいほど沈黙を保っていたキャトリンが、頽《くずお》れるように涙を流したのが痛々しかった……。

日本と違いスイスに骨上げの儀式はありません。また、火葬法も遺骨にするのではなく遺灰が一般的です。遺灰は、欧米、そして日本の弘文ゆかりの地に少しずつ分けて埋葬しました。最後に僕が遺灰を運んだのは、弘文の実家の定光寺。遷化からおよそ四年後、二〇〇六年春のことでした。

あの日は、お昼頃に定光寺を訪ねたのですが、着いてみると、お寺は尋常でない空気に包まれていた。敬文老師が、その朝亡くなっていたのです。僕は、不可思議な運命のようなものを感じました。敬文老師の葬儀は、三〇名以上の僧侶が進行する荘厳なものでした。弘文が実家を自慢することはなかったけれど、乙川家と曹洞宗の歴史や繋がりの深さを改めて思ったことでした。

弘文は無口で、他人のことはめったに話さず、目の前に起きている事象だけを語る人だった。ある時、

「世の中でいちばん大事なことは？」

と尋ねたら、

「この世にいることに敬意を抱くこと」

と、答えたことが忘れられない。

弘文は僕の一部だった。あれほど心が通じ合った人が、僕の池で亡くなるなんて……。宿

命？　因縁？　業？　この思いは、とても言葉では表せない。

僕は、この山荘に来るたびに、池に向かって日本式のお辞儀をします。弘文には、深く頭を下げて心から言いたい。

「ありがとう」

あえて申せば弘文禅

カトリック修道女、シスター・テレサの話

はじめまして。あら、はじめてじゃない？　慈光寺で行われた弘文の法要で私を見かけたのですか？

まあまあ。私はいつもこのように、カトリックの修道女の装いだからきっと目立ったのですね。

「カトリックの尼僧が、なぜ禅なの？」と、あなたの顔に書いてありますよ、ほほほ。私の答えはこうです——宗教に形式を求めるなら、宗派をミックスしてはいけない。けれども、人生の真実を求めるならまったく問題はない。なぜなら、さまざまな宗教は、根底のところで必ずクロスしているからです。

私は、朝から晩まで修道女の服装です。この服で朝晩の坐禅もすれば、摂心もするし、禅宗の得度をした時もこのままでした。

私がカトリックから禅宗に改宗していれば、話はわかりやすいですよね。でも、そうではな

いから、私の存在に混乱する人がいるのはムリもないことです。

さあ、戸外でお茶でも飲みながら話しましょうよ。この禅堂の庭には、絶景スポットがありますから。

ねぇ、息をのむようでしょう？　眼下に広がっているのはルツェルン湖。ほら、雲があんなに下に見える。

ここにはリギ鉄道でいらした？　あの列車はヨーロッパ最古の登山鉄道だから、いつも世界中の観光客でいっぱい。でも、うちの駅、「ロミティ・フェルゼンタール」で降りた人は少なかったでしょう？　ほとんどの乗客は、終点のリギ山頂まで行きますから。リギ山は、標高約一八〇〇メートル。ここ、フェルゼンタール禅堂は、リギ山を六割がた登った一一三〇メートルの地点にあります。

フェルゼンタール禅堂の石門

「入口の石門に肝をつぶした」ですって？　ほほほ。山道が突然あんな巨岩に塞《ふさ》がれているのだから、誰だって驚きますよね。自然というのは不思議なものですね。あれらの巨岩は、何百年もの間、微妙なバランスで支え合っていて決して倒れない。そして、ここにいたる細い入口を奇跡のように作っています。禅寺には山門があるものですが、あれらの巨岩こそ、フェルゼンタール禅堂のように全地球的な宗教観を抱いた修行場にふさわしい。はい、フェルゼンタールは、ドイツ語で石門、岩門といった意味です。

そろそろ、あなたの疑問を解いてさしあげないといけませんね。カトリックの尼僧が、どうして禅なのかということを。

私は、一九五八年にオーストリアのチロル地方で生まれました。両親が特に信心深いということもなく、宗教性の薄い子ども時代でした。しかし、一一歳の時にカトリックの本を読んで、「これだ!」と、全身に電気が走ったんです。私が「これだ!」と感じたのは、〝慈愛〟の部分でした。以来、いずれは出家して、修道院で生涯を送りたいと願うようになりました。

実際に、修道院に入ったのは一八歳の時。オーストリアのインスブルック近くにあるカトリック聖フランシスコ会の女子修道院で、私はそこで長い間、満ち足りた日々を送っていました。

ところがある時、付近で禅の講座が開かれると聞いて出かけてみたのです。時には、別の宗教を学ぶのもいいと思って。

素晴らしかった!

というのも、私は常に、キリスト教と地球共存の問題を考えていたのです。聖フランシスコ会は、中世イタリアに生まれた「アッシジの聖フランシスコ」が創設しました。アッシジの聖フランシスコは、鳥に向かって説教をした逸話からもわかるように、人間だけでなく森羅万象《しんらばんしょう》を兄弟姉妹のごとく愛した修道士です。彼は、「万物兄弟の思想」を抱いていた点で、キリスト教者としては稀有な存在でした。

キリスト教は、基本的に人間に焦点を当てた宗教です。他方、禅には、自然と共存する精神が脈々と流れている。たとえば、樹木とともに坐禅するといった感性はキリスト教には希薄です。

弘文の師のひとりだった澤木興道老師は、

「天地も施し、空気も施し、水も施し、植物も施し、動物も施し、人も施す。施し合い。我々はこの布施し合う中にのみ、生きておる」

という言葉を残していますが、初めて禅の講座に出席した私は、禅の森羅万象の視点に感じ入ったのでした。

それでももちろん、講座後も私は修道院に帰りましたよ。あの時はそれで満足でした。でもそのかたわら、「また、禅のグループがやって来ないかな」と、心待ちするようになったのです。

弘文に邂逅したのは、そんな一九九五年。弘文は、禅セミナーの講師として招かれていました。

あの時、弘文は英語で講義したのですが、東洋訛りが強いし、長い間《ま》のある独特な話しぶりだったので、何を言っているのかよくわかりませんでした。それは私だけではなかったようで、まわりの人々は、弘文の英語を〝ゼングリッシュ〟と呼んでいましたね、ほほほ。

しかし、言葉は通じなくても、彼の存在そのものが禅でした。実際、弘文の読経を聴いて、涙を流した聴講生も少なくなかった。私たちにはわからない、東洋の言葉で誦んだにもかかわらずです。

それで、翌年、今度は弘文が指導する摂心に参加しました。

その時に、初めて弘文に独参をお願いしたのですが、あえて通訳は頼みませんでした。だから、弘文はゼングリッシュと日本語で、英語が苦手な私はドイツ語で話し合った。そして、私たちは充分にわかり合えたのです！

独参の内容ですか？

私は、

「聖フランシスコを心から尊敬している」

と申しました。

弘文は、

「私も、かねてから彼が手がけた寺院を訪ねたいと思っている」

と答えました。

私たちは、聖フランシスコの話から始まり、その後は地球的視野に立った宗教について語り合いました。独参を終えた時、弘文は、私がそれまでに接したどんな修道士や修道女よりも、聖フランシスコその人を理解していると感じました。そして、弘文に、キリスト教や仏教といった宗派を超えた、真の宗教家の清らかな魂を見出したのです。

私が得度したのは、その年です。

ですが、得度後も、いつものように修道院に戻って行きました。なぜなら、自分には聖フランシスコの魂が宿っているからです。特に、慈愛に関してはそうです。聖フランシスコ会の修道女のまま禅的に生きる、そうすることで、私は全地球的に生きることができるのです。

私が、修道院を出てフェルゼンタール禅堂に移ったのは、心臓の大病がきっかけでした。二〇〇一年、私は修道院の許可を得て、一時静養のためにここに住み始めました。三年後に快癒したので約束どおり修道院に戻りましたが、あちらで一年ほど暮らすうちに、自分の終の住処はここではない、フェルゼンタール禅堂だと、素直に、自然に思いいたりました。カトリック、禅、チベット仏教……フェルゼンタール禅堂は、さまざまな宗教を受け入れています。そんな多様性の中で残りの生涯を全うしたいと、私は願ったのです。

それで、二〇〇五年からここに永住しているわけです。はい、修道院とのよい関係は続いていますし、私は今でもカトリック聖フランシスコ会の修道女です。

フェルゼンタール禅堂では、弘文も生前に坐禅指導をしてくれました。フェルゼンタールの基盤は、まちがいなく禅です。しかし、私たちの禅堂には、仏陀だけでなく「黒いマリア像」も置かれています。黒い肌のマリアが、やはり黒い肌のキリストを抱く小さな木彫りの黒いマリア像は、多様性を肯定するフェルゼンタール禅堂の汎宗教性の象徴なのです。

今の禅堂が完成した時、弘文はもうこの世にいなかったけれど、彼も黒いマリア像を受け入れたことでしょう。

私の禅が曹洞宗なのか？　臨済宗なのか？　私にはわからない。そうですね、あえて申せば、

〃弘文禅〃といったところでしょうか。

エンジョイ禅！

オーストリア・ブレゲンツ坐禅会主宰者、マンフレッド・ヘルリーゲルの話

オーストリアは初めてですか？　首都のウィーンはともかく、国としては、確かにお隣のスイスやドイツに比べて知名度が低いですもんね。僕が日本に行った時も、オーストラリアとまちがえられたりして。はい、僕は、短期間ですが、福井県小浜《おばま》市の「佛國寺《ぶっこくじ》」で修行したことがあるんです。あのお寺は、外国人に広く門戸を開いているので、ヨーロッパからの修行者も多いですよ。

僕が坐禅会を主宰しているブレゲンツは、オーストリアの西端にある人口三万人弱の街。この会は、最初は僕の自宅の居間で始め、その後、教会を借りた時期もありましたが、今は心理療法センター内の一室を利用しています。週に一度の坐禅会に集まるのは、毎回五人から一〇人。ヨーロッパには、僕らのような小さな坐禅会がぽつりぽつりと存在します。

日本で坐禅会というと、〈一炷《いっちゅう》〉、つまり、お線香一本が燃えつきるまでのだいたい四〇分が一般的ですよね。でも、こちらでは二〇分とか三〇分の坐禅会が多いです。たとえば、僕らの会では、毎回、三〇分の坐禅を二回。その間に、〈経行《きんひん》〉といって歩く坐禅を一〇分間行います。

残念ながら、僕らの会に弘文が来たことはありません。この近くの養老院に招かれたことは

あったようですが。弘文は、小さな街や村にもまめに出かけて布教していましたね。

オーストリアの宗教でもっとも普及しているのは、キリスト教のカトリック。この国を長年統治したハプスブルク家の影響です。僕も、カトリックの家庭に生まれ育ちました。だけど、カトリックってスキャンダルが多いでしょ。それで、だんだん嫌気がさして二〇代で棄教しました。

ザルツブルク大学で政治学の博士課程にいた時、ある教授が『禅とオートバイ修理技術――価値の探求』という、アメリカの元大学教師、ロバート・M・パーシグが書いた本を推薦してくれまして。この本は、一九七〇年代にアメリカのヒッピーから熱狂的に支持されたから、きっとスティーブ・ジョブズも読んだはずですよ。僕は、一九六一年生まれなのでヒッピー世代よりだいぶん若いのですが、精神性の洞察と日常への反映に言及した本書から大いに影響を受けました。

それで、禅の講座があると聞けば出かけるようになったんです。そうするとますます禅に興味が湧いてきて、一九九二年、初めて摂心に参加しました。場所はプレグ禅堂でした。

ところが、これがまったくよくなかった！

指導者は、曹洞宗の日本人僧侶でしたが、この人が軍隊式の有無を言わせぬやり方で。僕は反感を覚えて、たったの二日で退散しちゃいましたよ。

ただし、禅そのものに魅力は感じていたので、その後も聴講や読書を続けました。禅関連の本では、澤木興道老師に長年師事した内山興正《こうしょう》老師の著作が特に好きです。内山老師の本は、ドイツ語にも翻訳されています。

そうやって禅に接しているうちに、もう一度、摂心に挑戦しようと思い、二年後に再びプレグ禅堂を訪ねました。

ところで、プレグ禅堂には行かれましたか？　ああそう、これからですか。小さいけれど、修行に集中するには絶好の場ですよ。あそこを開いたヴァニア・パルマースは恵まれた家系の人ですが、彼があぁいったかたちでお金を使ってくれることに僕は感謝しています。ええ、彼の一族は大富豪で、オーストリアでもトップ二〇に数えられるんじゃないかな。

摂心再チャレンジの際には、もちろん、指導者が違うことを確認した上で参加しましたよ、ははは。そして、この時の指導者が弘文だったんです。前回の嫌な記憶があったので不安でしたが、いやぁ、驚いたなぁ。なぜって、弘文の指導が正反対だったから。軍隊式どころか、とても柔軟でリベラルで、どこかヒッピーっぽさまであって。

僕には尊敬するカトリックの修道士がいるのですが、その方がこう語ったことがあります。

「カトリック、プロテスタント、禅、チベット仏教――世界にはいろいろな宗教が存在するが、核はすべて同じだ」

僕は弘文から、この修道士と同じ開かれた心を感じ取りました。

弘文は、禅を規定しようとしませんでした。それをもって、「ごちゃ混ぜ」とか「節操がない」と批判する人々もいると思います。でも仮に、そういう人々から、「あなたのは禅ではない」と言われても弘文は否定しなかったでしょう。そんな批判があることは重々承知なので、泰然自若としていたと思います。

弘文は、深いのに広い人。僕は、禅を知ってからずっと、禅の簡潔性や美意識が好きでした。しかし、弘文に出逢わなければ禅信徒にはならなかったと、これだけは断言できます。


弘文の指導で強く記憶に残っているのは、あるひと言です。

自分は、何事もやる以上はきちんとしたい性格で、禅に対しても構えていたというか、禅イコール試練、自分はどこまで耐えられるか、それに挑戦するというような捉え方をしていました。

そんな僕に、弘文はひと言、

「エンジョイ禅！」

と、言ったのです。

それを聞いた途端、心がすっと軽くなって、禅を近しく感じました。そして、頭ではなく身体で禅を楽しもうと考えるようになったのです。

弘文の説法は、長い間《ま》とスローモーで有名でした。間が始まると、いつ話が再開するかわからないのだから聴いているこちらも大変です。僕は、ブレゲンツ市庁の開発課に勤務しているので、しばしば市民や企業を前に説明会を行います。その意味では、話のプロでもあります。そういう僕に言わせれば、弘文の話法は、すべて〝プロの真逆〟をいっていました。

ある法話の時、僕には理解できなかったので、そばにいたアメリカ人に尋ねたことがあります。弘文は英語で話していましたから。そうしたら、そのアメリカ人が「俺にもわからない！」。

しかし、真逆であろうと、意味がわからなかろうと、不思議なことに弘文の話はとてつもなく魅力的だった。

多くのオーストリア人にとって、弘文は初めて知る日本人の禅僧でした。それ以前は、アメリカか日本で修行したオーストリア人かドイツ人が指導していたのです。そのせいもあり、弘文は一種のスターでした。女性たちにも大変評判がよく、わざわざイタリアからやって来る〝追っかけ〟みたいな人たちまでいたくらい。彼自身は、自分が神聖視されることを拒んでいましたが。

はい、弘文の奥さんになった女性のことも少しは知っていますよ。プレグ禅堂で見かけましたから。追っかけとまでは言わないけれど、彼女もファンのひとりという印象を受けました。

実は、弘文が亡くなった翌日、僕は弘文によって得度する予定だったんです。それが、得度式の代わりにお葬式に参列することになってしまった……。

驚いたことに、弘文の死後、ある人を通じて弘文自筆の詩が僕宛てに届きました。得度後の僕が読めるように、前もってしたためてくれていたのです。そこにはこう書いてありました。

悟りを求めて山に登った。山の頂上で、私は本当の自分に出逢った。

それにしても、カナヅチなのにお嬢さんを救うために池に飛び込むなんて、いかにも弘文らしいと思います。

え！　弘文が泳げたですって？

そ、そんな……。そうですか、泳げたのですか……。でも、だったらどうして？

犀の角の如く独り歩め

オーストリア・ウィーン坐禅会指導者、ドリス・ハーダーの話

弘文が泳げたですって！　嘘でしょ。こちらでは、みんなカナヅチだったと思い込んでいますよ。泳げたのに、なぜ溺れたんですか？

この写真を見てください。弘文の生涯最後の一葉ですが、彼の頭だけが切れているんです。亡くなる前日に、坐禅中の弘文を摩耶が撮ったとのことですが、手がぶれてしまったのでしょうか？　何か二人の運命を予兆するような写真です。


弘文は、まるで第二の皮膚のように禅を身につけた僧侶でした。ヨーロッパでは、一九七〇年代以降チベット仏教が一大ブームになって、ものすごい財産を蓄えた仏教者がたくさんいます。そういった人々に較べて、弘文はひとり淡々と雲のように生きた。

ひとつだけ私に合っていなかったのは、まさしく雲だからこその生き方、つまり、弘文が集団を作りたがらないことでした。弘文や弟子たちの僧伽は、私には淡白すぎるきらいがありました。

ドイツでプロテスタントの家庭に生まれ育った私が、禅に目覚めたのは三一歳。弘文にめぐ

り逢ったのは、一九九三年、プレグ禅堂の新年摂心でした。

以降一〇年余り、年に数度プレグ禅堂の摂心に通ったのですが、その後渡米し、サンフランシスコ禅センターやタサハラ禅マウンテンセンターで数年間修行しました。弘文の僧伽より強い集団の結束を求めたからです。ああいった所は、人間関係が濃厚すぎてなじめないという一匹狼的な人が多い弘文の弟子の中で、私は異色の存在だと思います。お釈迦様は、「犀《さい》の角《つの》の如《ごと》く独《ひと》り歩め」と説かれましたが、弘文の門弟たちには、この言葉を想起させる気質があります。

ところで、サンフランシスコ禅センターには、永平寺から若い僧侶が次々と赴任して来ました。みんな、とてもマッチョで軍人っぽくて、禅の解釈もかた苦しくて。と同時に、弘文の柔軟さに改めて感じ入りましたね。同じ永平寺出身なのに、こうも違うのかと。


キャトリンのことを話して欲しいのですか?

いいですよ。

でも、待って。私、彼女の何を知っているのかしら? キャトリンって、とにかく自分の話をしない人だから。

え? 大変な美人で驚いた?

あら、あなた、彼女に逢ったことがあるの?

へぇ、弘文の没後十周年の法要で見かけたんですか。驚いたわ、彼女が参列しただなんて。

いやね、彼女って人見知りする人だから、ああいう大勢が集まる場所に行くなんて意外だなと思って。

私自身は、あの法要には行っていません。だって、みんなが行くっていうから、プレグ禅堂の留守番を買って出たんですよ。

キャトリンか、うーん。

そうね、さっき、私、弘文とは一九九三年にプレグ禅堂で知り合ったと話したけれど、その時、彼女はすでにあそこに住み込んでいた、これはまちがいありません。確か、都合一年くらい暮らしていたんじゃないかしら。

それから、私と同世代だから、今の年齢は五〇歳前後のはず。

彼女、弘文とはいつ結婚したんでしたっけ？

一九九五年の年の瀬か一九九六年の年初？　そうすると、当時は三〇歳くらいだったことになりますね。

そうだ、思い出しました、彼女はこんなことを言っていたわ。

「弘文に逢った瞬間、強烈な磁力を感じた。自分は、いずれこの人と一緒になると直感した」って。

でも、二人の関係にはまったく気づかなかったわね。いえいえ、私が鈍感なわけじゃなくて、誰も気づかなかったんですよ。交際は、完全に二人だけの秘密でした。

だから、キャトリンが妊娠したと聞いた時は心底驚きましたよ。プレグのみんなは、弘文にはアメリカで同棲中の女性がいることも知っていたから、この先どうなるんだろうと心配したものです。

弘文の行動は客観的に見れば不謹慎ですが、私は、それをもって彼を否定しようとは思いません。起きたことは起きたこと。弘文は、僧院に住んでセリバシィ、独身主義を誓っていたわけでもないし問題ないでしょう。

結婚したキャトリンは、弘文がヨーロッパに布教に来る時には時々同行していました。それで、何度か話したのですが、結婚生活はなかなか大変だったみたいです。

第一に、弘文は禅と結婚しているようなもので、家族より弟子に時間や労力を費やしたこと。たとえば、キャトリンの妊娠を知った弘文が渡欧した際、彼はキャトリンより先に弟子に逢いに行ったとか。これって、夫の仕事を尊重する日本人のあなたには理解できても、ヨーロッパの女性には無理ですよ。

その上、キャトリンは社交的でなくとても繊細な人だから、夫にはできるだけ自分を見つめて欲しかったんだと思います。

それから、弘文がお金に無頓着な点も苦労の種だと、キャトリンは話していました。弘文の無欲さは弟子たちには魅力的でも、実際問題、生活となると大変だったことは容易に察せられます。

うーん、キャトリンについて私が知っているのはこれくらいかしら。

考えてみれば、ずいぶん長いこと再会していないし、私って彼女のことをあまり知らないいんだな。

キャトリンって本当にプライベートな人だなって、改めて思いますね。

彼女は精神の危機にあった

シャンバラ・グループ・ウィーン支部長、マティアス・ポングラーツの話

ご縁ですね。ハンガリーに出張していた僕と、これからハンガリーに向かうあなたが、こんなふうにウィーン駅で落ち合うなんて。ハンガリーは観光ですか？　温泉めぐり？　日本人の温泉好きは有名ですが、ハンガリー人だって負けていませんよ。ハンガリーの血が流れる僕も温泉は大好きです。

僕の両親はハンガリー人。しかし、第二次世界大戦後に共産化する祖国を逃れてアフリカに渡りました。僕は、一九五四年コンゴ生まれです。ところが、その後コンゴでも内乱が起きたため、教育は、このウィーンが首都のオーストリアやベルギーで受けました。また、大学時代は、すでに共産圏となっていたハンガリーに留学してもいます。

ウィーンは、東西ヨーロッパが交わる大都市。この駅には、幼い頃からさまざまな思い出があります。

僕の半生は、ヨーロッパ現代史のちょっとした縮図でした。ストレスも多かった。だからでしょうか、大学時代に精神的クライシスを迎えてしまって。それで、治療の一環として、チベット仏教者、チョギャム・トゥルンパのシャンバラ・グループで瞑想を始めました。

僕は、二〇年間、オーストリアのテレビ局で報道の仕事に携わったのですが、フリーランスだったので、精神的に行きづまると、数カ月間、トゥルンパのもとで修行するといった暮らし

を続けました。

今は、ジャーナリストの仕事は抑えて、シャンバラ・グループ・ウィーン支部の部長職に就いています。ハンガリーに行ったのも、あちらにある支部との会合のため。はい、現在、当グループは、ヨーロッパにおよそ七〇の、アメリカやカナダを含む全世界に約一五〇以上の支部やグループを持っています。


弘文とおつき合いを始めたのも、シャンバラの仕事を通じてでした。

一九八九年に、シャンバラ・ヨーロッパでは書道や弓道のデモンストレーションを行ったのですが、弘文は書道家として渡欧していました。そしてそれ以降も、ヨーロッパ各地のシャンバラで書道や坐禅の指導をしてくれました。ウィーンにもフランスのリモージュにも、弘文の足跡がたくさん残っていますよ。

弘文は、存在自体が驚嘆に値する人。一緒にいると、なぜか感動してしまうのです。僕の妻は大変神経過敏で悩みも多いのですが、「弘文のそばにいると必ず精神が安定した」と、常々話しています。なぜなのでしょうね？　弘文には、何か常人にはない力が備わっていました。

弘文の死は電話で知りました。僕は、このウィーン駅から国際列車に飛び乗りましたよ。

その夜は、弟子たちが夜通しで弘文と摩耶の遺体を見守りました。蠟燭《ろうそく》を無数に灯して。遺体のそばで夜を徹して坐禅し続けた弟子たちもいましたが、僕もそのひとりでした。夏だというのに、雨の降りしきる寒い夜でした。

最後に弘文と逢ったのは、亡くなる一年ほど前です。

弘文は、

「最近、眠れないんだ。だから、寝ないことにしたよ」

なんて言っていましたね。

あの時の表情を思い返すと、自らの死期を承知していたように思えてなりません。

葬儀の場で強く印象に残っているのはキャトリンです。一種、トランス状態というか、とにかく沈黙していた姿が目に焼きついています。本当に痛々しくて、僕は声もかけられなかった。弘文とキャトリンは、ドイツ南部のフライブルクで出逢ったのだと思います。あそこに小さな禅のグループがありキャトリンも参加していたのですが、ある年、そのグループが弘文を招いたんです。

当時、キャトリンには、夫とひとり息子がいました。ですが、危機的なほど精神的に追いつめられてしまったために、その後、彼女は、家族を残しひとりプレグ禅堂に住み込んだのです。キャトリンは、そもそも病的ともいえるほど神経質な女性です。人生のさまざまな苦難を乗り越えて、ようやく弘文と結ばれたというのに……。

弘文の死後、キャトリンは弘文の門弟たちと没交渉になったようですね。きっと彼女は、あの悲劇も、そして弘文のことをも忘れて、新しい人生を生き直そうとしているのでしょう。僕自身、何年も彼女と再会していませんが、今はそっとしておいてあげるのがいちばんだと思っているのです。

旅VI

ヨーロッパの地図をじっと眺めると、中央部に山岳を示す茶の色彩が集中しているのがわかる。アルプスの大山脈が、東西に横たわっているのだ。アルプス山脈は諸国を貫くが、スイス、オーストリア、ドイツの一部では茶色がひときわ濃い。

ヨーロッパ大陸で弘文が現れたのは、主にこの濃茶色の地域だった。急逝したのも、やはり圏内のエンゲルベルクである。ドイツ語で「天使の山」を意味するエンゲルベルクは、スイス最大の都市、チューリヒから特急列車と登山列車を乗り継いでおよそ二時間ほどの山村だ。中世より、カトリックのベネディクト派修道院を中心に発展したという。

私のヨーロッパの旅は、エンゲルベルクに始まり、濃茶色の山岳地帯を東へ東へと列車で移動するものだった。これらの山中には、アメリカ大陸同様、ぽつりぽつりと弘文ゆかりの寺や禅堂があり、弟子たちが禅的暮らしを営んでいる。

幾度となくカーブを描いて進む晩秋の車窓には、雪を被《かぶ》った切り立った山々が流れ、時に不意を突くように、深い森の色を映した緑の谷川が現れる。険しくも美しい眺めの中で、私は、その一カ月ほど前に、弘文の弟子のひとりが送ってくれた小冊子を読んでいた。それは、弘文の俳句禅堂時代の法話記録で、弟子たちが少部数だけ印刷する予定のものだった。

冊子名は、「弘文が語る『般若心経』」。

『般若心経』になじみがない上に、弘文の哲学的で詩的な表現は手強《てごわ》いものの、ヨーロッパの地にいることが手伝ってか、ある一節が強く印象に残った。弘文は、『般若心経』に出てくる〈是《ぜ》故《こ》空中《くうちゅう》　無《む》色《しき》無《む》受《じゅ》想《そう》行《ぎょう》識《しき》（是《こ》の故《ゆえ》に空《くう》の中には、色《しき》も無く、受《じゅ》も想《そう》も行《ぎょう》も識《しき》も無く）〉の部分を解説しているのだが、そうした過程で、古代ギリシャの哲学者、プラトンによる「洞窟の比喩」を引用していた。

プラトンは、「洞窟に住み、洞窟の奥の方角だけを見ることを課せられた人々は、遥か後方に灯る松明《たいまつ》が作り出す『影』を『実体』と考えて生きている。同様に、人間が見ている現実は、往々にして現実ではない」と説いた。

弘文は語る。


私たちには、普段は気づかない心、潜在的に横たわる深く広い心があります。ですが、知識や理解、許容範囲をすべて自分の尺度で築いている限り、盲目なまま、その心に出逢うことはできません。それは、プラトンの「洞窟の比喩」と同じことなのです。


私には、『般若心経』をギリシャ哲学と比較しながら、しかも英語で提唱する日本の僧侶が多くいるとはとても思えない。そして、まさにこれこそが、弘文がヨーロッパで広く受け入れられた理由のひとつだった。

建国以来、キリスト教、なかでもプロテスタント的宗教観によって統治されてきたアメリカと違い、ヨーロッパ諸国は、古今さまざまな宗教が交差し、悲惨な宗教対立や戦争を繰り返してきた。そんなかの地では、布教に際し、アメリカ以上に広範な知識と柔軟な包容力が求められる。

その点、京大大学院時代に神経衰弱ともいえるほど懊悩《おうのう》し、西洋哲学と比較する中で仏教研究に没頭した弘文には、充分な素地が備わっていた。さらに、渡米後の弘文は、チョギャム・トゥルンパとの交流を通じてチベット仏教にも深く接している。ヨーロッパにおけるチベット仏教の影響は想像以上に大きい。

ヨーロッパの人々にとって、開かれた心と全世界的宗教観をもって禅や仏教を語り、人々とともに修行する日本人の禅僧、乙川弘文は、心底新鮮で共鳴できる存在だった。

私はこの旅でまた、ヨーロッパ各地の弟子たちが、慈光寺で行われた弘文の没後十周年の法要に、遠く大西洋を渡り参列したことを知った。

あの法事には、一〇〇名以上の参列者があった。慈光寺の宿坊は二五名しか収容できないから、多くの人が、森の中にテントを張って法事前後の日々を過ごした。かくいう私もあの夜、満天の星と、時折光る野生鹿の瞳に包まれてテントで一夜を送ったひとりだった。

「あなたはなぜ、わざわざカリフォルニアまで行ったのですか？」

私がこう問うと、ヨーロッパの人々は口々に、「弘文に救われたから」とか、「慈悲をいただいたので」「お礼を伝えたかったから」と、「法事に行くのはあたりまえ」といった顔で答えた。

〈慈悲〉はキリスト教だけでなく、仏教でも頻繁に登場する概念だ。釈迦は、この世を〈苦〉

と捉えたが、人々からその苦を取り除くために、見返りを一切期待せず無条件の愛情を持って接する心、それが慈悲だという。

弘文は、二度目の妻を含めたヨーロッパの人々を確かに救った。きっと弘文は、法話ビデオで見せたあの無垢と天真で、包み込むように人々に慈悲を見せたにちがいない。だからこそ、アメリカからヨーロッパに突然現れて、わずか一〇年ほどで次々と門人を増やしていったのだ。あのような形で亡くならなければ、僧伽はますますの広がりを見せたことだろう。


だが、と私の片隅で声がする。

ヨーロッパ布教は、弘文が意図したことでも計画したことでもなかった。慈光寺や鳳光寺の時と同じく、すべては流れるままに起きたことだ。私は、最初の妻、ハリエット・バッフィントン・チノの言葉を思い出す。

「弘文には道を拓く実行力がなく、常に受け身だった」

ヨーロッパで弘文の背中をひたすら追った私が、その果てに抱いた感情は、この世に身をまかせ、流されるままに生きる弘文の弱々しさに対するもどかしさだった。いくら追いかけても、背中ばかりで真正面から生身の弘文と出逢うことができない……。


弘文は、エンゲルベルクの池で客死した。それは、成人が溺死するとはとてもではないが考えられない小さな、ちいさな池だった。

弘文が新しい家庭を持ち、大学教授となり、あの池で客死するまでの最後の日々を辿れば、

AN INVITATION TO THE

KOBUN CHINO ROSHI MEMORIAL CELEBRATION

AT JIKOJI ZEN CENTER

ON THE ANNIVERSARY OF THE TENTH YEAR OF HIS PARINIRVANA

MEMORIAL SESSHIN

Wednesday, July 25th - Saturday, July 28th

Lead by Eso Vanja Palmers
"Remembering the Teachings of Kobun"

Begins Wednesday evening, 4 pm arrival, 6 pm dinner, sesshin schedule Thursday thru Saturday, finishing Saturday afternoon with the priest ordination of Katharine Kaufman, followed by a social dinner. Optional evening walk up to the ridge hill for the sunset.

MEMORIAL CELEBRATION

Sunday, July 29th

- 7:30 am to 9 am: Buffet Breakfast
- 9 am to 11 am: Welcoming arrivals, Open practice, Tea ceremony, Socializing
- 11 am: The Opening Ceremony: Kyudo ceremony, a sutra and bowing service in the Zendo and Incense offering at the Memorial Stone
- 1 pm: Buffet Lunch
- 2:30 pm: Sangha gathering - Video of Kobun, Remembering, sharing, and thanking Kobun
- 5 pm: Closing ceremony, Lineage chant
- 6 pm: Social dinner
- Sunday evening: optional audios and video of Kobun, socializing, tea, walks, swimming, etc.

There are indoor guest accommodations, many camping sites and also nearby motels. **Please RSVP to the Jikoji shika (guest manager) by June 22** whether attending the sesshin, staying over part of the weekend, or just coming for the memorial day. Everyone is welcome. Please include family and friends, bring your stories and memories of Kobun, join us at Jikoji in remembering and honoring Kobun Chino Otokawa Roshi - **Please email, call or write to Jikoji by June 22. You can email via the website. * Jikoji Zen Center, 12100 Skyline Blvd. Los Gatos, CA 95033 * 408-741-9562 * jikoji.org**

没後十周年の法要を告知するポスター。背負っているのは末子のアリョーシャ私の中の弘文は背中を回してくれるだろうか。

弘文が教授したのは、コロラド州ボルダーのナーローパ大学。一九九八年に創立された、大学院も付属する全米初の仏教大学である。ナーローパ大では、チベット、中国、日本などさまざまな国の仏教の精髄を教えるが、学業の核にメディテーション、瞑想を据えているのも特徴だ。

学部は、宗教学部、文学部、人類学部、環境学部、芸術学部、東洋美術学部ほか。授業には、禅、書道、弓道、ヨガ、いけばななどもあり、これらも瞑想のひとつとして捉えている。もちろん、学生が以上のクラスを履修すれば単位を取得できるし、過去には、小説家のウィリアム・バロウズや詩人のアレン・ギンズバーグが講師だったこともあり、その前衛的教育姿勢には定評がある。

弘文は最後の日々に、ナーローパ大学の宗教学部と芸術学部で教鞭を執った。

二〇一六年九月一四日
午後四時　自家用車にてロングビーチ発
午後八時　サンルイスオビスポ着
九月一五日
午前八時　サンルイスオビスポ発
午後一時　サンタクルーズ着

私は、大学関係者に手紙をしたためるとともに、二度目の家族を探した。しかし、大学側が訪問を歓迎してくれる一方、遺族との接触は当然のように難航した。

ようやく、インターネットを通じて再婚時の長女、タツコの消息をつかんだのは二〇一六年一月。ヨーロッパを訪れてから、すでに一年以上が経っていた。タツコは、覚悟していたとおり、私からの「逢いたい」という申し出を拒絶した。

それでも幸いなことに、私がフェイスブックのメッセージ欄を通じて送る思いには、毎回とはいかないまでも応えてくれた。タツコの返信は、いつも張りつめた緊迫感に満ち、父と同じように哲学的で詩的な長文で綴られていた。いつ面会が実現するかわからないまま、私たちは、長い間、間断を挟んだやり取りを続けた。

八カ月を経たそんなある日、突然、タツコから「お逢いしましょうか」のメッセージが入る。この機を逃したら、彼女の気が変わってしまうかもしれない。私は、太平洋岸を一路北へ、タツコがいるという海沿いの街へと車を走らせた。

第六章　最後の日々

シャンバラ・マウンテンセンター
カルフォルニア州
ボルダー（白梅寺、ナーローパ大学）
デンバー
コロラド州
サンフランシスコ
サンタクルーズ（タツコの居住地）
タオス（鳳光寺）
ラスベガス
サンタフェ
セドナ
ロサンゼルス
ニューメキシコ州
フェニックス

茶室の出来事、走るばかりが人生じゃない

コロラド州ナーローパ大学元学長、ジョン・コブの話

弘文とジョブズ、二人の交流を描いたイラストブック、『ゼン・オブ・スティーブ・ジョブズ』はもちろん読みましたよ。アメリカの老舗出版社、フォーブスが、斬新な本を出したものだと感心していたのです。でも、日本語版も刊行されているとは知らなかった。それも、あなたが訳されたとは。そうですか、この本は、世界十数カ国で翻訳出版されているんですか。では、弘文は世界的な存在になったのですね。

弘文は、私が学長を務めたナーローパ大学にとってかけがえのない人でした。ですから、彼の急逝は大きな打撃だった。大学ではすぐに葬儀を営みましたし、一周忌も執り行いました。現在、当大学のメディテーション・ホールには、「龍」と「求道心」と書かれた弘文の書が飾られています。

ナーローパ大学の前身は、チベット仏教者のチョギャム・トゥルンパが、一九七四年に当地、ボルダーに設立したナーローパ協会です。はい、当大学は、シャンバラ・グループの傘下にあります。

トゥルンパは一九八七年に逝去しましたが、死を目前にして「後見を頼む」と、親友の弘文

に頼みました。弘文はそれに誠実に応えて、トゥルンパの死後も講師として大学を助けてくれました。常勤ではありませんでしたが、毎年のようにクラスやワークショップを受け持ってくださった。彼のクラスは人気が高く、志望者が定員を超えることも珍しくなかったですね。

ほかにも弘文は、学内外に向けて書道のデモンストレーションを幾度か行ってくれました。小さな身体の弘文が、太筆の入った大きなケースを会場まで運ぶ少々コミカルな姿が思い出されます。ところが、デモンストレーションを始めると、そんな小さな弘文が、まるで魔術師のように大きな筆を巧みに操って見事な書を物《もの》した。会場全体が、シーンと静まり返ったことも忘れられません。

大学でも教授した弘文の書
Photo/Courtesy of the Abbott family

そういうわけで、私はずっと以前から弘文を存じ上げていたのですが、深く親交したのは亡くなった年、二〇〇二年の数カ月です。あれほど短い期間だったのに、自分にとって弘文がこれほど大切な人になるとは。

あれは、二〇〇一年のことでした。

ある日、弘文のお弟子さんでボルダー白梅寺住職のマーティン・モスコーさんが、学長室に私を訪問されました。はい、私と住職は旧知の仲です。私を訪ねたご住職は、「弘文を正式に大学に迎えてはどうか」と、強く推薦しました。師の話では、当時の弘文には三人の幼子がいたものの、経済的に厳しい状況で安定した収入が必要とのことでした。

弘文がそんなことになっていたとは、まったく知らなかった。というのも、弘文はいつも泰然としていたし、ご自分を売り込むようなことを一切されない方でしたから。それに、全米やヨーロッパを飛び回っていたので、満ち足りた生活を送っているのだとばかり思い込んでいたのです。

私は、諸手《もろて》を挙げてモスコーさんの推薦を受け入れましたよ。しかし、それは金銭的援助の側面からというより、まさに弘文のような人材を求めていたからです。

ナーロ―パ大学には、「ワールド・ウイズダム・チェア」といって特別な地位にある教授職があります。学部には属さず、全学部、全教授を統括するリーダー的存在の教授です。大変重要な役割のため、開校以来この地位に就任した方は数名しかいません。

モスコーさんから推薦を受けた当時、ワールド・ウイズダム・チェアには、チベット仏教僧とユダヤ教ラビの二名が就いていらしたのですが、私たちはもうひとりを求めていました。禅のエキスパートである弘文は、力量的にもバランス的にもそれ以上ない人材だったのです。

話は首尾よく運んで、二〇〇二年一月から始まる春学期から――当大は、アメリカの大半の大学同様、春秋の二学期制です――弘文は、ワールド・ウイズダム・チェアに就任し、宗教学部で禅のクラスを、芸術学部で書道のクラスを担当してくれました。

そうそう、弘文が四輪駆動で大学に通っていたことを思い出しましたよ。というのも、彼は、大学から一四〇キロ北にあるシャンバラ・マウンテンセンターに住んでいたからです。センターは、ロッキーマウンテン国立公園にも近く、大自然に囲まれているので四駆は最適な通勤手段でした。

弘文があそこに居住した理由には、家賃がないので経済的に楽ということもあったでしょうが、プライベートを守りたかったのだと思います。ボルダーにいたのでは、いつ大学や私から呼び出されるかわかりませんからね、ははは。

私自身は、弘文に講義数を増やして欲しいとは思わなかったけれど、大学の近くに住んで、もっと頻繁に助言をいただきたいとは願っていました。それで、ボルダー市内に、弘文とご家族用の一軒家を探して、大学から無償提供しようと本気で考えていたところでした。

弘文の年収ですか？

確か、五万ドルくらいだったと思います。日本円にするといくらになりますか？「六〇〇万円以下だから安すぎる」ですって？ おっしゃるとおりです。

弘文の就任は急遽取り決めたことだったので、実際問題、学長の私としても予備費から捻り出すしかなかったんですよ。ですから、翌年度からは正式に予算に組み入れて大幅に上げる予定でいました。我が校の教師陣の年収は、人によって四万ドルから八万ドル。弘文はワールド・ウイズダム・チェアでしたから、最高額をお渡しするつもりでした。

弘文との思い出で、もっとも心に残っているのは〝茶室の出来事〟です。

何を隠そう、私は癌のサバイバーなのです。

もともと、私は弁護士でした。その私がシャンバラの教えに帰依《きえ》して、四八歳でナーローパ協会の最高責任者に、一九九八年には五三歳で大学開校と同時に学長に任命された。やりがいのある仕事でしたし、私は猛烈に働いて、大学も一本調子で拡張、発展を遂げました。

癌を告知されたのは、学長になって二年目。がむしゃらすぎる働き方とストレスが一因だとはわかっていました。でも、仕事に取り憑《つ》かれた私には、働く速度を落とすことなどできなかった。

そんな時でした。弘文が、突然ひょこっと私のオフィスに顔を見せたのは。

「茶室で一服、どうですか?」

と、弘文は私を誘いました。ええ、我が校には数寄屋造《すきやづくり》の茶室もありますから。

率直なところ私は、「なんて呑気《のんき》なことを!」と、迷惑に思いました。この忙しいのにあんな所に行けば、また仕事が滞ってしまうと。しかし、柔和な顔の弘文を前に断りきれなかった私は、やれやれと思いながら弘文について茶室に向かいました。

茶室に入ると、別世界のような静寂が私を包みました。弘文は何も言わず、お茶を立ててくれました。

ただそれだけのことです。

それだけのことだったのですが、しかし、お茶を服して茶室を出た私の頭からは、それまで覆っていた重苦しいものがすっかり消え去っていた! 学長室に戻る道が、先ほどまでとはまったく違う景色に映りました。

弘文は、私が癌を患っていることを誰かから聞いて、わざわざ足を運んでくれたのでしょうか？　思い返せば、生前の弘文に尋ねたことがなかったので真相はわかりません。ですが、あの茶室で、私の人生観が大転換したのはまぎれもない事実です。

「走るばかりが人生じゃない、別の生き方がある」

と、弘文は茶道をもって伝えてくれた。千の言葉にも勝る教えでした。

その後、私は生き方を変えて、五七歳でアーリー・リタイアメントを果たしました。おかげで、今は癌も克服して健康な毎日を送っています。

『ゼン・オブ・スティーブ・ジョブズ』を読んでふと思ったのは、ジョブズ氏にも、私にとっての〝茶室の出来事〟のようなことがあったのではないかということです。

私は無論、氏のような大物ビジネスマンではありません。が、大学経営も事業であることに変わりはありません。ビジネスの荒波や興奮は、往々にして人に何かを見失わせてしまいます。ジョブズ氏がそんな局面にあったその時々に、弘文は、私にしてくれたように、思いもかけないアプローチで大事なことをさりげなく教示したのではないでしょうか。

私たちの大学で初めての学期を修めた弘文は、夏休みを利用してヨーロッパに旅立っていきました。

その直前に壮行会があったので、私も出席しました。大勢が集ったパーティでしたが、弘文は私だけを別室に誘って、身体に〝気〟を送ってくれました。それから、自ら描いた絵画もプレゼントしてくださった。目の前に飾ってある、あの絵がそうです。師はよく水墨画を描いていましたが、初めて見るモダンアート風の作品なので不思議に感じたものです。

弘文が、スイスで急死したとの知らせが届いたのは、それから数週間後。愕然としましたが、時とともにだんだんと壮行会のことが腑《ふ》に落ちてきたのです。私には、師が死期を悟っていたという気がしてなりません。

けれどもその一方で、弘文のような高僧は「一期一会《いちごいちえ》」を大切にするから、壮行会での行動はそのひとつの表れであり、死期を悟っていたなどという考えは、凡夫《ぼんぷ》である私の深読みにすぎないと思ったりもするのです。

禅の老師はいつだってミステリー

コロラド州ナーローパ大学元聴講生、ポンペ・ヴィダルの話

お待たせしちゃった？　あら、いやだ、私ったら、約束の時間を一時間もまちがえちゃったの？　ごめんなさいね！　このところバタバタしちゃってて。さあ、家《うち》に入って、入って。

まず、応接間に飾ってある弘文の書をお見せするわ。「ブッダダルマ・マガジン」って雑誌に掲載されたものなんだけど、気に入ったから本人から直接買い取らせてもらったの。「仏陀の教え、法《ダルマ》を見るとは、我が身を見ることである」って意味らしいんだけど、素敵でしょ。

私、お腹がペコペコなんだけど、クラッカーを食べながら話してもいいかしら？

何から話しましょうか。私のプロフィールから始める？

私は一九五二年、アメリカ東部のメイン州生まれ。職業は心理セラピスト。夫と子どもあり。それから教育は、サンフランシスコやデンバーで心理学、芸術、文学……いろいろ学んだわ。

父は芸術家で、私はアートに囲まれて育った。そして、いつもいつかは書道を習いたいと思っていたの。それで、近所のナーロー パ大学で社会人用の書道クラスに申し込んだら、先生が弘文だったってわけ。一九九九年のことでした。

私にとって、書道はメディテーションの一種なんだけど、弘文も同じ考えだった。弘文の書をよく見てご覧なさい。〝気〟が通っているのがわかるから。

書道のコースですっかり弘文を気に入った私は、二〇〇二年の春学期に、彼がワールド・ウイズダム・チェアに就任して大学に常勤すると聞いて、すぐに、今度は禅のクラスを聴講すると決めたの。あのクラスは坐禅が中心で、摂心もあったし、希望者は、構内の茶室で独参を受けることもできたわ。

私は、あちこちで勉強もしたけれど、宗教もいろいろやったのね。だけど、神父も牧師もお坊さんも頭がかたい人が多くて。それに較べて、弘文はとっても柔軟。それに、独立したインディ系で徒党を組まないところや、人にレッテルを貼らないところも大好きだった。

ナーローパ大学があるコロラド州って、自由奔放な気質なんです。マリファナを全米で初めて解禁したのもこの州――あれに関しては、私個人は反対だけどね。だから、ナーローパ大の学生たちにはヒッピー・タイプが多いんです。弘文は、あんなに歳が離れていたのに、彼らとなんの障害もなく通じ合っていた。坐禅の授業中に寝転がっちゃう生徒もいたけど、叱ることもなく辛抱強く指導していたし、学生からの質問にも丁寧に真摯に答えていたわ。

弘文は、生徒の好奇心を自らの喜びと思える人。当然、生徒たちからはめっぽう好かれていましたよ。書道のクラスでは、弘文のワールド・ウイズダム・チェア就任を祝ってやんやの喝采だったとか。

弘文は、

「一緒に坐禅しない限り、その人のことはわからない。坐禅すれば、人となりがすぐにわかる」

と、言っていましたね。

私は、弘文のクラスを受ける前の二〇年間、たくさんの先生からメディテーションを教わったので、先生の能力はけっこうわかるんです。弘文は、経験を積んだ超優秀な先生。弘文と坐禅をすると、クリーンな気をいっぱいもらえたわ。

弘文とは、よく食事もしました。弘文のアシスタントと友人関係だったので、みんなと一緒にね。

その時、弘文は、「自分には生計を立てる能力がない」みたいなことを話していました。

「アメリカには、日本のような檀家システムがないから、僧侶として生きていくには、ビジネスやマネジメントの素養が不可欠。だけど、自分にはそういう力がないから苦しい」って。

それから、

「子どもがうるさくて眠れない。摩耶がよく悪夢にうなされるんだ」

摩耶ちゃんって、弘文と一緒に亡くなった子ですよね？　どんな夢を見ていたのでしょう？

とにかく、不眠症は相当深刻だったみたい。

友人たちは、弘文のお酒についてとても心配していました。飲みすぎだって。でも、私の前で問題飲酒はなかったですよ。クラスに遅刻、欠勤することもなかったし。

友人たちはほかに、「結婚生活に問題がある。奥さんのキャトリンは孤立している」なんて話していたけれど、それについてはよくわかりません。

金銭的に困窮していたのは事実でしょう。ワールド・ウイズダム・チェアになっても、山奥のシャンバラ・マウンテンセンターでトレーラーハウス暮らしをしていたんだもの。

弘文は、

「キャトリンが車の免許を持っていないので、ボルダーに越したい」

とも言っていたけど、二頭の馬を飼っていたのでムリだった。それで、ずっと馬の引き取り手を探していて、「ようやく見つかりそうだ」と話していた矢先に亡くなってしまった……。

キャトリンとは、弘文の死後初めて逢いました。友人たちと一緒にトレーラーを訪ねたんです。

キャトリンは、

「ドイツでは働いていたが、弘文が働くなと言ったのでアメリカでは職業経験がない。この先、どうやって生きていけばいいのか」

とか、

「馬といる時がいちばん落ち着く」

なんて話していましたね。

彼女に再会したのは、ナーローパ大学で行われた弘文の一周忌。だけど、あの時の彼女は精神的に尋常じゃなかった。参列者の中には、彼女の態度が悪いと小言をいう人もいたとか。私、心理セラピストなのでわかるんだけど、あれは完全に心の病でした。だから、参列者に気を配るどころじゃなかったんですよ。しようがないじゃない、病気だったんだから。

そもそも彼女は、母国のドイツで精神的に追いつめられて禅堂に籠もった。そんな時に、弘文に救いを求めて結婚した。その人がいなくなっちゃったんだもの、おかしくもなるわよ。それに、人は忘れがちだけど、夫だけじゃなく娘も一度に失ったんですからね。

彼女は言っていました。

「私には、ドイツに残してきた息子がひとりいる。そのことで自分を大変責めている。私は、息子を捨ててしまった」

そこにもってきて、今度は、まぁ、いってみれば自分の不注意で娘を溺死させてしまったわけでしょ。自責の念がますます深まって、鬱病になったんじゃないかと、私は診ているんです。弘文の死後、キャトリンが弟子たちとの交際を絶ったと聞きましたが、それって鬱によく見られる反応ですよ。

弘文の死は本当に残念。ようやくよい仕事を見つけて、これからって時だったのに。マネジメントやビジネスが苦手だった弘文にとって、大学教授は願ってもない仕事だったでしょう。定期収入がある上に、自分の専門分野を追究できるんだもの。

死因は溺死でしたよね？

キャトリンが、

「水が冷たかったので心臓麻痺」

と、説明していたと人づてに聞いて、私はそれなりに納得しましたよ。

だって、弘文は池に飛び込むまで寝ていたんでしょ？　六四歳で、急に起きて泳ぐなんて危険ですよ。それに、お酒が残っていたかもしれないし、その前には飛行機の国際線に長時間乗ったわけだし。第一、スイスの山中でしょ、気圧条件だって悪い。私は若い頃、ライフガードの仕事をしたことがあるのですが、弘文のように泳げる人でも、心臓麻痺や脳梗塞が原因で溺死することって珍しくないんです。

結局、本当の死因は、解剖記録か死亡診断書を調べないとわからないでしょうね。

心理セラピストとして言わせてもらうと、キャトリンに話を聞いたところで、精神的ショックで正確な事実を記憶していない可能性大です。「事実の否認」と「不確かな記憶」は、心的外傷を受けた場合の典型的な症状ですから。たぶん彼女はあの時、ショックで解剖記録や死亡診断書をちゃんと見ていないんじゃないかな。そして、今でもまだ見ていない気がします。

それにしてもミステリーよね、弘文の死は。でも、あれこそ禅の老師にふさわしい亡くなり方じゃないかしら。だって、禅の老師っていうのは、いつだって謎、ミステリーな存在だもの。

できることなら父とも呼びたくない

弘文再婚時の長女、タツコ・オトガワの話

お逢いするのはお断りするつもりでした。

あなたは、筆で人を描けるなどと思っているのですか？　そんなものを書いたり読んだりしたところで、ひとりの人間を理解できるものですか！

それに、父とは悪い思い出ばかりでしたから。将来私に子どもが生まれたら、私はその子に、私が父に抱いたような思いを絶対にさせたくない。父のことは、できることなら父とも呼びたくないくらいです。

確かに、父の知識や智慧は人々を救ったかもしれません。しかし、あれほど多くの弟子から慕われた人は、私の人生の痛みでしかなかった。私はこの痛みに苦しめられてきたし、おそらくは生涯苦しみ続けるのでしょう。父が残した業績や、父の弟子たちを否定するつもりはありませんが、これが嘘偽りのない気持ちです。だから、お逢いしないつもりでいたのです。

でも、最近になって、こんなかたちで父への憎悪を引きずっていたのでは、自分が変われないと思うようになりました。乙川弘文は悪い父親だった。しかし、あの父親の娘だからといって自分を否定する必要もない。父や過去を語るのはつらいことですが、何も隠すべきものはない、話してみよう――そう考えて、お逢いすることにしたのです。

私の人生の記憶は、この街、北カリフォルニアのサンタクルーズから始まります。その時、私たち家族は、この街のどこかで日本家屋に住んでいました。住所は憶えていません。改めて訪ねてみたいとも思いません。

あの家は、父の弟子が所有していたのですが、その人に再会したいとも思いません。実際、数年前にウエイトレスのアルバイトをしていた時、偶然にもその人がお客様として来たことがありました。でも、相手が気づかなかったのでそのままにしておきました。父の弟子たちには、できるだけ関わらないことにしているので。

サンタクルーズ時代の父は、ごくたまに摂心や法話に出かける以外働いていませんでした。父はたいてい家にいて、坐禅をしたり、揮毫《きごう》をしたり、読書をしたり。そうでなければ酔っていたか……。

生計をどう立てていたのか、私にはわからないし、母に訊いたこともありません。お金のやりくりは父がしていました。父は、母が金銭を扱うことを嫌《きら》った。そればかりか、妻、母、家事以外のことをさせたがらなかったのです。

私たちは、とても貧しかった。食べる物さえ足りなくて、家庭菜園の作物や庭の野草を摘んでしのいだこともあります。

父は、アルコール依存症でした。

母は渡米して結婚するまで、この事実を知らなかったそうです。アルコール依存症でほぼ無職の夫、乳飲み子の私、知らない外国、不慣れな言語……母は、完全に行きづまっていました。その上、妹の摩耶と弟のアリョーシャも生まれて、生活はいよいよ困窮しました。

その時、父にナーローパ大学教授の仕事が見つかり、私たち一家はコロラド州に移りました。シャンバラ・マウンテンセンターという、チベット仏教修行場の敷地内にある古くて狭いトレーラーハウスで暮らし始めたのです。

山奥でした。

よく雪が降っていたのを憶えています。

そのほかに憶えているのは、あいかわらず貧しかったということ。

私たちは、「太陽」と「青」という名の馬を二頭飼っていました。父がつけた名前です。父は大変かわいがっていましたが、乗馬するのを見たことはありません。母は乗っていましたが。

父と摩耶が亡くなった後も、私たちは同じトレーラーハウスに戻って行きました。そこよりほかに行き場がなかったからです。

その後、ニューメキシコ州タオスに引っ越したのは一年後くらいだったかしら。シャンバラ・マウンテンセンターは、宗教的共同体なので衣食住に困ることはなかったのですが、一生いるわけにもいきませんし。

タオスを選んだ理由は、母が、シャンバラ・マウンテンセンターとサンタクルーズ以外に、あそこしか知らなかったからだと思います。母はドイツから渡米後、短期間ですが父とタオスに住み、私を産んだのです。私の誕生日は、一九九五年一二月九日です。

それに、タオスには父の家もありましたし。ですが、その家は長い間放置されていたのでとても住める状態ではなく、私たちは、庭でキャンプ生活をした時期もありました。

その後、母がベビーシッターや保育園のアルバイトをするようになり、借家に移りました。

あの街には父の僧伽もありますが、私たちが越した理由とは関係ありません。逆に、私たちは、彼らと関わらないようにして生きていました。

母は、父の弟子たちに対してよい感情を持っていません。父が、門弟を家族よりも大事にしたことや、彼らが父を神聖視したことに反感を抱いているようです。いくら弟子たちが崇め奉ろうと、家にいるのは酒浸りの人なのですから、母の気持ちもわかろうというものです。父の前妻のハリエットさんも、同じようなことを言っていましたね。

タオスにしばらくいた後、私たちは隣街、サンタフェのアパートに越しました。母に恋人ができて、その人がサンタフェに住んでいたからです。

私は中学生になっていましたが、あの頃、私と母の関係は最悪でした。

母は鬱状態に陥り、人と話さなくなり、心を閉ざして自分だけの世界に生きていました。悲しみに打ちひしがれているか、怒っているかのどちらかで、私を責め続けました。今から思えば、それは心の傷からくるもので、母は、傷と向き合うよりも私を叱ることでバランスを取っていたのかもしれません。

私は、そんな弱い母が許せなかった。けれども本当のところは、私も母同様、悲嘆と憤怒の中に生きていたのです。

とうとう母は私に、

「養女に出るか、寄宿学校《ボーディングスクール》に入るか、どちらかにしなさい」

とまで告げました。

そして、私は、アリゾナ州セドナにある寄宿学校に送られました。

その高校生活を通じて、私はずっと過食症でした。悲しみと怒り、自分への憎しみ。すべてが、自分のコントロール外にありました。

父と妹の死後、私たち家族は、このように苦しい歳月を生きてきたのです。


私が入学した学校は、私立のインターナショナル・ボーディングスクールでした。ドイツやロシア、中国や日本など、世界中から生徒が集うこと、寄宿費を含めた授業料が日本円にして年間約五〇〇万円と高額なこと、そして、少数精鋭の質の高い教育で有名な学校です。

母は、私や弟が、最高の教育を受けることを切望していました。というのも、自分自身に学問が足りなかったからです。母の両親は、母に充分な教育を与えようとしなかった……。

私が、あんな高額な学校を卒業できたのは、父の弟子のひとりが私たちに仕送りをしてくれていたからです。母は、弟子の中でもその人とだけは交流していました。それに、田舎のあばら家とはいえ、父がタオスに残した家を売却したお金も多少は入ったのだと思います。

私は、高校卒業後、大学には進学せずサンタクルーズに出て来て、ウエイトレスやバーテンダーをして生活しています。私の選択に、母は大変憤っていましたがしかたありません。私が決めた道ですから。私はまだ、人生で何をしたいのかを見つけていません。自然破壊を止めたり、人々を繋いだりすることに携わりたいのですが。

私は無宗教です。仏教徒でもありません。どの宗教も、本来は優れた哲学や道徳を説いているのに、人間の欲に翻弄されて世界は宗教対立で血みどろです。

ただ、釈迦がいかに生きたかを知ることは大事だとは思います。王子として恵まれた環境に生まれ育った釈迦は、ある時、貧しく病んだ人々を目のあたりにして、彼らの苦しみとともに生き、ひとりでも多くの人を救済しようと、身分も家族も捨てて修行の旅に出た。そうした釈迦の歩みから学ぶことがあるとは思います。


記憶の中の父は、いつだって酔っていました。

今でも身震いする思い出があります。

あれは、シャンバラ・マウンテンセンターにいた頃のことです。父は、トレーラーハウスの中で、シャーマンと自称する人々と飲んでいました。全員がへべれけに泥酔していました。その時、突然、父が窒息しそうになって苦しみ始めたのです。私は、慌てて父を助けようとしました。死んだら大変と必死でした。と、次の瞬間、父はけろっとして、ほかの人たちと一緒に私を笑ったのでした。父は、私をからかって窒息した演技をしたのです。青黒い顔をして苦しむ父、一転して笑い転げる泥酔した男たち――不気味な映像が脳裏にこびりついて離れません。

ただし、父が、私たちに暴力を振るったことはありません。でも、素面《しらふ》でない人と常に一緒にいるのは苦しいものです。父親とは本来、子を守り支えるべき存在なのに。

トレーラーハウスで暮らしていた頃、父が一日だけまったく飲まなかったことがあります。

その日は一日中、私は幸せだった。いつもこうならいいなと、私は心から願った。

それである日、トレーラーの中にあるお酒を全部隠したんです。でも、お酒は別の所にもあって、それを飲み始めた父はまた泥酔してしまった。

母は、ぼそりとつぶやきました。

「あれも隠してくれればよかったのに」


あの日、父と摩耶が死んだ二〇〇二年七月二六日……というか、あの夏のスイスの日々……いいえ、その前に寄ったイタリアを含めたあのヨーロッパ旅行のすべてが、真っ暗な闇の向こう側の出来事として記憶に残っています。

あの日以前の三日間、私たち家族は誰もお腹がすかなかった。何かを食べた記憶がまるでないのです。私は六歳、摩耶は五歳、アリョーシャは三歳。みんな食べ盛りだったというのに。

それで、母が心配をして、私たちにムリやり食事を摂《と》らせました。母がこさえたパスタと、アイスクリームを食べたことは憶えています。父はソファで寝ていました。ヨーロッパでも飲み続けていたし、亡くなったあの日もひどく酔っていましたから。

それから——。

夜だったと思います。いや、夕方だったか。そうだ、夕方だ。確かに、まだ光が残っていたから。

夕飯後、摩耶が見えなかったので、カエルかカタツムリでも捕りに行ったのだろうと、私は庭に出ました。

摩耶を探したら、摩耶は……摩耶は、プールの底にいた。うつ伏せで……オレンジ色のTシャツを着て、ジーンズをはいて……摩耶の髪が、水の中でゆらゆらと揺れていた……。

私は、母を呼びに狂ったように家の中まで走りました。プールの底の摩耶を見た母は、近所の人に助けを求めて飛び出していきました。母が戻るまでの間、私は長い竿、そう、いつもプールのゴミをさらっていた長い竿の付いた網で妹を掬《すく》おうとしました。でも、どうやっても竿は妹まで届かなかった。

私は、父を起こしに家の中へと再び走りました。父は飛び起きると、全速力で走りプールの中に飛び込みました。でも、泳ぎ始めた父の動きは、だんだんゆっくりゆっくりとなって、最後には止まってしまった。

私は、さっき摩耶を掬おうとした同じ網で父を掬おうとしたのだけれど、今度も竿が届かない。いくら必死に掬おうとしても、プールは、摩耶と父をのみ込んだままだった。

そのうちに、母が近所のおばさんを連れて戻って来ました。おばさんは、プールに入ろうとしたのだけれど、水が冷たすぎてあきらめてしまった。あれは確かに、夏だというのに肌寒い宵だった……。

は？　今まであなたが聞いた話とは微妙に違う？

そうですか。母も私も、あの日のことをごく一部の人にしか話さなかったので、伝言ゲームのように内容がずれて伝わったのでしょう。

ところで、母が取った行動について、「娘を救おうとせず、他人に助けを求めた薄情な女」

と批判する人もいますが、私はそうは思いません。あんな状況を目にして、誰に冷静な判断などできるものですか！

妹は、まだ泳げませんでした。本当に純粋でかわいい子でした。戸外が大好きで、いつも外で遊んでいた。

私の家族は特殊でした。父は酒浸りで、母は外国人で、お金もない。ガラスのような危うさの中で、私はいつも、姉として妹と弟を守らなければと思っていました。死後、私はよく摩耶の夢を見ました。

父の死因ですか？　心臓麻痺だと母が言っていたように思いますが、正確にはわかりません。あの日の思い出はつらすぎて、残った家族は誰も口にしないから。

死亡診断書？

母が持っているんでしょうね、たぶん。尋ねたこともないけれど。

ああいう亡くなり方だったので二人とも解剖されたのですが、その結果、父は心臓だけでなく、内臓という内臓がすべてめちゃくちゃになっていたということは聞きました。原因はお酒でしょ。肝硬変も患っていたし、手だって震えていましたから。

要するに、父は亡くなる時節だったのではないですか。

父には、「ヨーロッパで亡くなることがわかっていた」と言う人々がいます。そして、「予知能力があったからだ」などと、父を神格化する人もいます。しかし、仮にわかっていたとしても、それは、病み朽ちていく自分の健康状態を実感していたからにすぎないと思います。

その証拠に、私は、最晩年の父が母に、「自分が死んだら、新たによい伴侶を見つけてともに歩め」と言っているのを何度か聞いています。

父と摩耶が突然死んでしまい、あれよあれよという間にお通夜やお葬式が始まりました。

あの時の思い出は、遺体に残された解剖の縫い痕……。

父だけでなく、あんなに幼く柔らかかった摩耶の身体にも、ギザギザと縫い目が刻み込まれていた。それを見たあの瞬間が、私の記憶の中でもいちばんの闇……。

お葬式の後で、炎の中に二人の遺体が入っていって……私は息ができないほど苦しかった。

それなのに、「炎の形が特別だ」とか、「弘文が高僧の証拠だ」などと賞賛する弟子の声が聞こえてきて。私は、その声に悲しみを共有する心を一切感じなくて、ひどく腹を立てていた――。

二人が死んだあの日から、残された私たち家族は崩壊し始めました。

それまでの私たちは、ある種シェルターの中にいるような特異な五人家族でした。世間との交わりはほとんどなく、弟子たちを通じてかすかに社会と繋がっていたのは父のみ。

事実、私は小学校に行くのが怖くて、一年生時はホームスクールでしのぎました。ホームスクールというのは、学校に通わず、家庭で保護者から学習を受けるシステムです。日本にはないのかしら?

唯一世間と繋がっていた父が抜けて、無力な母子が残されたのだから崩壊は当然の帰結でした。私たちは、欠けたものを補おうと試みては失敗し続けました。悪いことがさらに悪いことを呼び、その記憶がまた悪いことを引き起こす。そんな負の連鎖が、何年も何年も続きました。

父が亡くなってから最初の数年間、私は父の亡霊に怯《おび》え続けました。夢の中に父が出てくるのです。それで目を覚ますと、白い着物を着た青白い顔の男がベッドの横に座っているのです。

いったい、あれはなんだったのか？

家族が、わずかとはいえ負の連鎖から抜け出し始めたのは、父の死後一〇年が経った頃からです。確かに悪いことは起きた。過去はひどかった。しかし、だからといって、世界すべてを悪と捉える必要もないだろうと考えられるようになったのです。

父の没後十周年の法要が慈光寺で行われたのは、そんな時でした。私は乗り気でなかったけれど、母が強く主張したので家族三人で参加しました。母は、法事に出ることで一歩を踏み出したかったのかもしれません。

今の私たちは、ようやく、世界を別の角度から見ることができるようになってきたところです。そうして、長い間自分を恥じて生きてきた私は、自分を好きになることを学びました、ほんのちょっとですが。

それにしても、こうして改めて振り返ってみると、悲しいファミリー・ヒストリーですよね……。


いろいろと父を批判しましたが、悪い人ではなかったとは思います。しかし、人生を上手に処理できない人でした。

私は、自分に日本の血が流れていることを意識したこともないし、日本のことも知りません。

ただ、父の転落についてこう考えたりするのです。

父は古い日本の文化、それも代々続く禅の家系に育った。翻って、父の弟子の多くはアメリカの物質文明、金権主義の中で育った。双方は、文化も年齢も異なりすぎていました。父は、いくら懸命になっても、彼らに本当の禅は伝わらないというジレンマを抱えていたのではないでしょうか。

けれどもやはり、私にはわからないこと。私は、禅に興味などありませんから。ええ、この街に、父が創設に関わった「サンタクルーズ禅センター」があることは知っています。でも、訪ねたことはないし、今後もそうでしょう。いったいあれは、どの辺りにあるのですか？

『ゼン・オブ・スティーブ・ジョブズ』？

© Nicolas Schossleitner

ええ、そんな本が出たとは聞きました。でも、読んでいませんし、読むつもりもありません。私は、ジョブズ氏と父の関係にも興味がないのです。父が彼に慕われていたことを自慢にも思いませんし、父の教えがアップル製品に反映されているとも思いません。コンピュータなんて、あんな物質主義の権化と禅に関連性などあるものですか！
ジョブズ氏には、父の生前に逢ったこと

があります。うろ覚えですが、私たち家族にはとても感じがよかったですよ。父の死後のつき合いは、少なくとも私はありません。母はどうでしょう？　尋ねたこともないですね。

母は今、弟と二人でニューヨークで暮らしています。母は、ホリスティック・マッサージの学校に、弟は高校に通っているんです。母は大変直感が強いので、マッサージのようなヒーリング施術の才能があると思います。弟はとても勤勉で、成績もストレートA。私の自慢の弟。私は去年、母と弟をニューヨークに訪ね、半年間一緒に暮らしました。あれは、父と妹の死後、はじめて二人を家族と感じた時でした。私には、ああした時間が絶対的に必要だった。本当に慰められた半年間でした。私たちは、やっとのことでここまできたのです。

母の半生は、私以上に苦しみの連続でした。その母も五〇の坂を越えました。痛みや苦しみを抱えながらも、母なりに強く生きようとしています。

私は、母の過去について詳しくありません――母は、私たち子どもにさえ過去を話したがらないのです。また、知っていることでもできれば話したくはありません。ですが、母が語るとは思えないので代わって私がお話しします。

母は、ドイツ語でシュヴァルツヴァルト、黒い森と呼ばれる、スイスとフランス両国との国境に近いドイツの小さな村の出身です。さっきも言ったように、母の両親は、母に相応の教育を与えようとしなかった。

その理由は、うーん、第二次世界大戦の影響かもと答えるにとどめておきます。とにかく母は、両親に盲目的に従うしかなくて、自己を主張できない家庭に育ちました。母が社交性や、自ら道を拓く力に欠けているとしたら、それは生まれ育った環境に問題があったからです。父との関係にしても完全に服従でした。

父が亡くなった後、母には私と弟を連れてドイツに戻る選択もありましたが、そうしなかったのは、あの国によい思い出もなければ、よい縁のある人もいなかったからではないでしょうか。


これもまたできれば話したくないことですが、母は若い頃、未婚で出産したようです。男の子が生まれましたが、相手が養育を主張したため裁判になり、結果、母は負けてしまいました。え？　母はドイツで結婚していたと伝わっている？

いいえ、違うと思いますが……。なんにせよ、母が子どもの父親と別れ、その子さえも手放さざるを得なくなったのは事実です。

母が父と出逢ったのは、その頃だったはずです。〝はず〟というのは、私たち母娘は父について語ることを避けているので、正確なところはわからないのです。ただ、失意の母が禅に興味を持っていた時期に——念のためですが、今の母はもう禅から完全に離れています——二人は、ヨーロッパのどこかで出逢ったのだと私は理解しています。

母は父を尊敬し、好きになったのでしょう。何せ、母には禅以外頼るものがなく、父はその師匠だったのですから。しかし、師弟が肉体関係になるなんてあきれた話だと思いますけどね。まぁ、そのおかげで私がこうしてここにいるわけですが。

ともかく、母は父との間に私を身籠もった。そうして渡米した。その後のことは、今まで話したとおりです。

母は長い旅路の果てに、現在の地点に辿り着きました。それがいかに過酷だったか、同じような道を歩んできた私には痛いほどわかります。母もまた私のように、ようよう、本当にようようよちよち歩きを始めたところなのです。だから、どうぞ母のことはそっとしておいてください。

旅Ⅶ

タツコが幼い日々を過ごし、今また暮らすサンタクルーズは、IT産業の中心地、シリコンバレーから車で小一時間、南にひと山越えた太平洋に面した瀟洒《しょうしゃ》な街である。かつての俳句禅堂はシリコンバレーの街中に、弘文が開いた慈光寺は、その〝ひと山〟の山中にある。

シリコンバレー周辺の街々は近年土地が高騰し続け、一軒家の平均価格は日本円にしておよそ一億円。タツコはそういう街の、安全だが庶民的な界隈《かいわい》の一軒家で、数名のルームメイトとともに生活していた。ルームメイトというのは、一般に、知人でも友人でもない者同士が、家やアパートを借りて一緒に住むアメリカ独特の居住スタイルで、学生や、社会人でもひとり立ちするには手元不如意《ふにょい》な人々が主に利用する。

私とタツコは、そういう家の居間や台所で二日にわたり話し続けた。タツコは眩《まぶ》しいほど美しい娘に育っていたが、心が映し出す陰影は隠しようもなかった。

彼女はしばしば、

「どうして、そんなことを訊くのですか？」

と、キッとした表情で神経質に私の問いを制止した。攻撃されまい、傷つけられまいと、ひと時も休まることなく怯え、身構える小動物のようだった。私は、幾度も次の言葉を探しあぐね、長い沈黙の中で、「宗教家と家族」という命題を突きつけられた思いだった。

だが、タツコがそのように痛む心を見せるたびに、私の中の弘文は、ゆっくりと背中をこちらに向けて回し始めた。そうして、最後に正面を向きかけた弘文は血みどろの姿で佇んでいた。

二〇一七年九月一六日
シンガポール航空#〇一一便
午前一〇時　ロサンゼルス国際空港発
九月一七日
午後一時三〇分（日本時間）　成田国際空港着

あれほど天真で無垢な「赤ん坊のような大人」が、傷だらけで立ちつくしている。このひりひりとした事柄を自分ひとりで抱えることに耐えかねて、私は、タツコに逢った翌年、日本に帰国するにあたりひとりの高僧に面会を乞うた。

曹洞宗宗立専門僧堂、福井県「寶慶寺《ほうきょうじ》」住職、田中真海《しんかい》老師――。

寶慶寺は、中国の禅僧、寂円《じゃくえん》が一三世紀中頃、鎌倉時代に開いた修行の寺である。寂円は、宋代に曹洞禅を大成させた如浄《にょじょう》のもとで道元とともに学び、如浄が亡くなると、すでに日本に戻っていた道元を慕って来日した。

一方、帰国後の道元は、日本の仏教界の退廃に落胆し、また如浄の教えに従い深山幽谷《しんざんゆうこく》での修行を志したため、京都の建仁寺《けんにんじ》から深草《ふかくさ》での仮寓《かぐう》、やはり深草の興聖寺《こうしょうじ》、越前の永平寺（初めは大仏寺《だいぶつじ》と呼ばれた）へと転居を繰り返した。そんな苦難の道元に寂円は常に随行し、道元の入滅《にゅうめつ》後は永平寺を去り、同寺から南におよそ四〇キロ、標高五〇〇メートルの地に修行道場を開いた。

それが寶慶寺で、この寺に集った求道僧《ぐどう》には、道元と並び曹洞宗の両祖と称される瑩山《けいざん》の名も見られる。

寶慶寺の住職は、江戸時代になるまでその大半が、永平寺貫首《かんしゅ》になったほどの重職である。

実は私は、弘文をめぐる旅を始めた当初、田中真海住職にお逢いしている。

新潟の乙川家を訪問した際に、ご当主から、

「弘文が亡くなった後、田中真海老師がおみえになり、叔父の位牌の前で坐禅をされた」

と聞き、その足で訪ねたのだ。

師と弘文は、同時期に永平寺の特別僧堂生に選ばれている。特別僧堂生とは、将来、修行道場の指導者となるべく特別に養成される雲水のことである。

福井県を東西に走るローカル線、越美北線《えつみほくせん》は、清らかな渓流と鬱蒼《うっそう》とした竹山に沿って進む。これらの自然が名水を育むのだろう。福井駅から一五番目の駅、越前大野《えちぜんおおの》は名水の里として知られる。その越前大野の市街地から、さらに清滝川《きよたきがわ》を上流に一〇キロ。銀杏峰《げなんぽ》（標高一四四一メートル）の谷懐《たにふところ》に、巨木に囲まれた寶慶寺は立っている。

葬式寺でも祈禱寺でも観光寺でもなく、修行のみをもって立つ寶慶寺。峻烈で清明な宗風を今に残す浄域《じょういき》に足を踏み入れ、初めて田中老師に面会した時のことはよくよく憶えている。私は、どっしりした構えで、魂を射抜くような眼差しを向ける老師に畏怖の念を抱き、惚《ほう》けたよ

うにひたすら師の話を聞いていた。

五年ぶりに再会した師は、私がその五年間に見聞きした弘文の生涯を黙って聞き終えると、

「あぁ……あぁ」

と静かに、だが深く唸って続けた。

「地獄に堕《お》ちたんだ。弘文さんは、自ら〝願って〟地獄に堕ちたんだ」

二〇一八年二月一〇日
シンガポール航空#〇一一便
午前九時　ロサンゼルス国際空港発
二月一一日
午後一時四五分（日本時間）　成田国際空港着

あれは、オーストリアのプレグ禅堂を訪ねた時のことだった。移動列車の中で、小冊子「弘文が語る『般若心経』」を読んでいた私は、突然、無性に坐禅というものをしてみたくなった。私は以前、慈光寺の宿坊で弘文の法話記録を読み、弘文が教える「円を描くような呼吸」を試したことがある。その時、自分の身体と大気の関係のようなものに興味を持ったのだが、小冊子の中にそれに繋がる言葉を見つけたのだ。

空気は、世界のあらゆるところにあります。ですが、あなたはそのほんの、実にほんの

一部しか呼吸していないのです。

私たちを取り巻く感覚は、私たちの肉体の一部です。月、星、太陽、風、雨、すべては、あなたの肉体の一部なのです。

これらの文章を読んでいたら、もしかしたら、坐禅とは、ひたすら個人的で孤独な作業に見えて、その実、世界や宇宙と一体化する行為なのではないかと思われてきた。それで、プレグ禅堂に到着すると、その夜、修行者に交じって初めての坐禅を体験したのだった。

でも、なんにも起こらなかった。無論、ジョブズのように「直感が花開く」こともなかった。ただし、坐っている時空間の静寂《しじま》が忘れがたく、以来私は、坐禅を続けている。私が住むロングビーチ周辺には、明治期から日系社会が広く深く育まれているため、禅寺が何カ寺もあるのだ。

坐禅——要するになんにも起こらないこと。それでよいのだとも思うし、なんにもならない徒労に首を捻ることもある。それでも、「円を描くように」と言い聞かせながら、私はただ坐る。

異国の禅寺で、そんなふうに月に数度の坐禅を繰り返すうちに、田中真海老師と再会した半年後、また日本に帰国することになった私は、永平寺を訪ねようと思い立った。弘文の出発点となったあの寺で坐禅をしたいと、強く願ったのだ。

実のところ、永平寺を訪ねるのも二度目だった。最初はやはり、新潟の乙川家を訪ねた足で向かった。振り返ればあの時の私は、永平寺の張りつめた厳粛に圧倒されて、弘文のことを考える余裕もなかった。

だが、今回は違った。

永平寺では毎朝、〈朝課《ちょうか》〉といって、夜明け前から全員総出で朝のお勤めをする。朝課の間、何十人もの雲水たちは、諷経《ふぎん》しながらある法則に則って法堂内を早足で廻《めぐ》る。

このたびの私は、雲水の群れの中に若き日の弘文をしかと見た。それは、瞳を澄明《ちょうめい》に輝かせてくるくると早足に行く、「地獄に堕ちる」ずっと以前の青年弘文の姿だった。

この、なんでもスマートフォンで即決の超高速時代に（これは、ジョブズがもたらした世界だが）、六年もかけてひとりの人物を追う自分の器量のなさにあきれつつも、私は、私なりの納得をもって朝課の様子を見つめていた。

ところが――。

一泊二日の参禅を終えて永平寺を発つ直前、私は偶然にも、アメリカ時代の弘文を知る国際部部長の横山泰賢《たいけん》老師にめぐり逢った。横山師のほうも、私の口から弘文の名が出たことに驚かれながらも思い出を語ってくれた。

師との〝幸福な偶然〟に感謝して永平寺を後にした私は、聞いたばかりの話を反芻《はんすう》しながらバスの停留所に向かった。大本山の門前町には、真冬の雪が降りしきっていた。

あっ！

ドンと心臓を叩かれたような衝撃を受けたのは、その時だった。

見誤っていた！　私は、六年もの間、乙川弘文を見誤っていた。弘文は逃げも隠れもせず、とうの昔に、背中だけでなくありのままの全身を晒《さら》していたのだ──。

第七章 乙川弘文の地獄と手放しの禅

願って地獄に堕ちる

曹洞宗宗立専門僧堂 寶慶寺住職、田中真海の話

惜しい人物を亡くしました。二〇〇二年に行われた道元禅師の七五〇回大遠忌《だいおんき》の際に、あの頃まだご存命だった永平寺第七八世貫首、宮崎奕保《えきほ》禅師が、弘文さんを日本に招こうとされました。私も再会を楽しみにしていたのですが、彼はその年に逝ってしまった。

それからしばらく経ってスティーブ・ジョブズが亡くなると、弘文さんとの関係が話題になって、私は、なんとはなしにうれしい気持ちになったことを憶えています。

私が、永平寺に上山《じょうざん》したのは一九六三年。弘文さんの上山は二年後でしたか。その翌年の一九六六年に、弘文さんと私、その他二名が、第三期の特別僧堂生に推挙されました。そんな私たち特僧生を、当時指導していたのが宮崎奕保禅師でした。

あなた、そんなにかたくならないでいいのですよ。さあ、侍者がお茶を立てましたから、どうぞ。正式な飲み方がわからない？　いいんです、あなた流に好きなように味わえばそれでいいのです。

越前大野駅までは、越美北線で来たのですか？　あの路線は、鉄道マニアに評判がよろしい。カメラ小僧がたくさん乗っていたでしょう？　越前大野は、名水や越前大野城で知られる落ち

着いた美しい街です。

ですが、ここまで来ますと、まるきり様相が変わります。寶慶寺の周辺はかつて門前町でしたが、数十年前からひとりまたひとりと村人が去って、今では無人村になりました。ここの冬は冷凍庫のような冷たさですし、雪だって、雪深いことで有名な永平寺の倍も降りますから。

私が、今の立場に推されたのは一九九七年、五七歳の時でした。寶慶寺は、永平寺と總持寺《そうじじ》の両本山に次ぐ曹洞宗の僧堂ですから、住職は、普通なら七〇歳以上で就く重責です。もちろん、私はご遠慮申し上げましたよ。ですが、その時、すでに永平寺の貫首になっておられた宮崎禅師がこうおっしゃったのです。

「道元禅師様は、五四歳で亡くなられた。宗門の者は、五四歳以上になったらおだてにも乗ってみるものだ」

そういうことで、おだてに乗った次第で、ははは。

さて、あなた、少しは落ち着かれましたか。

私の永平寺上山は弘文さんより二年早かったのですが、年齢は二歳下です。私が、今年喜寿《きじゅ》ですから、弘文さんが生きていればまもなく八〇歳になるんですね。

弘文さんと私が推挙された特別僧堂生という、いわゆる指導者養成コースを私が終えたのは三年後。弘文さんは特別僧堂生になった翌年に渡米したので、彼とは一年間一緒に過ごしたことになります。

弘文さんは、生《き》まじめで優秀でした。生涯不犯《ふぼん》を通された宮崎禅師に、自分も同じ道を歩くと誓っていたほどです。そんな弘文さんが、渡米後すぐに結婚したと伝わり、永平寺で噂になったことがありましたな。渡米後の彼とは一度再会したきりでしたが、女の方々のことは風の便りに聞いていたので、晩年の彼を、私がちょっと冷《さ》めた目で見ていたことは確かです。

は？　なぜ、弘文さんは、女人に関して二度、三度と失敗を繰り返したのか？

それは、本人に訊いてみるしかないですけれど――。

だいぶん昔のことになりますが、昭和三二年に売春防止法が施行された後、婦人補導院ができました。私の師匠はそこに通い、売春に関わった女性たちの更生のために尽くしていました。補導所では、女性たちが六カ月間過ごした後に社会復帰するシステムだったのですが、退所後も、再び売春に手を染めて補導所に戻って来る者が後を絶たなかった。あなた、その割合はどのくらいだったと思いますか？

三割くらい？　ほほお。

師匠はおっしゃっていました。

「更生できるのは、百人にひとりいるかいないか。それでも、わしは続けにゃあかんのや。それが坊主の務めや」

弘文さんだけでなく、人は過ちを繰り返すものです。なにせ、九分九厘が戻ってしまうのが人間世界なのですから。

ときに、弘文さんの生家、新潟の定光寺は、なかなか興味深い人物を輩出していると、總持寺の貫首でおられた故大道晃仙《おおみちこうせん》禅師からうかがったことがあります。

昔、定光寺の修行僧が、女で失敗して北海道の寺に流れたという。彼は、その寺でも同じ過ちで追い出されて、流れ流れて、遂には釧路に辿り着いた。釧路には、やん衆《しゅう》相手の女郎屋《じょろうや》があり、行き場のなくなった彼はその辺りをうろうろしていた。そのうちに、やん衆や女郎に求められてお経や法話を施すと、それが寺に発展。最終的には、檀信徒二〇〇〇軒もの専門僧堂になったとのことです。

あなたは、『婆子焼庵《ばすしょうあん》』という公案をご存じですか？

これは、老婆が草庵《そうあん》を建ててまで面倒を見てきた修行僧に、若い娘を送り込む。ところが、僧は、

〈枯木寒巌《こぼくかんがん》に倚《よ》って、三冬暖気《さんとうだんき》なし〉

つまり、

「自分は女になど興味がなく、冬の巌《いわお》に立つ枯れ木のように少しも心が動じない」

と言って、娘を拒否してしまう。

そう聞いた老婆は怒って僧を追い出し、草庵まで焼き払ってしまったという話です。

要するに、女人を抱けば破戒《はかい》してしまう。しかし、枯れ木のように水の通わぬひとりよがりの修行は真の悟りではない。それは、執着しないことに執着している段階である。娑婆《しゃば》世間に下りて、人の心に寄り添い、ともに悩み、苦しみ、悲しまなければ、生きとし生けるものを救う僧の務めは果たせないということです。

永平寺時代、弘文さんに、

「自分は、この問題が頭から離れない」

と、話したところ、

「これは大変な問題だね」

と、応えたのを思い出します。


「歌舞伎の十八番に禅のすべてが書いてある」

とは、ある老師がおっしゃった言葉。

「人間は何が悪いかはわかっている。わかっているが、そこらへんでみんな悩んでいる。そういうどうにもできないものをやっていくのが禅なんだ」

人の三大煩悩は、食、寝、性。これらにブレーキをかけるのが〈行《ぎょう》〉で、確かに弘文さんは行をしっかりと見つめていません。ですが、反対に本能に正直に生き、本質をつかもうとしたともいえるのではないでしょうか？

＊

ところで、私は渡米後の弘文さんの足跡を詳しく存じません。少し聞かせてくれますか？

あぁ……あぁ、ともに地獄に堕ちたんだね……弘文さんは、女性たちとともに自ら〝願って〟地獄に堕ちたんだ……。

私は今あなたから、弘文さんが「結婚は修行だ」と言っていたと聞いて、合点がいった気持ちですよ。弘文さんは、自分だけ悟りすますのではなく、自分の本能のままに相手の女性を救い、ともに地獄に堕ちる道を選んだのです。

ある老師が、門前の婆《ばあ》さんに、

「地獄に堕ちたらどうしましょう?」

と、訊かれた時、

「願って地獄に堕ちろ。わしも堕ちていく」

と、答えたそうです。

永平寺時代には独身を貫くと誓っていた弘文さんが、渡米後、極端な生き方をした。弘文さんはきっと、ある段階であらゆる物事から弾《はじ》けたのでしょう。

永平寺での弘文さんは、きわめてきちんと暮らしていました。というのも、あそこには厳しい規律があるので、それに従っていればよかったわけです。しかし、アメリカでは自分でルールを作り、自分を律していくしかない。弘文さんは弾けると同時に混乱し、酒に逃げ、逃げることによってさらに混乱してしまった。

こう言うと意外に思われるかもしれませんが、そんな弘文さんを見て、ジョブズをはじめとする欧米の人々の心は、逆に安らいだのではないでしょうか。これこそ、〈泥中《でいちゅう》の蓮《はちす》〉です。蓮華は、汚れた泥の池からすっくと茎を伸ばし大輪の花を咲かせます。泥もまた大切な命の源なのです。

とはいえ、弘文さんは家族を犠牲にしてしまったようですね。しかし、家庭と宗教の両立は、多くの宗教家が抱えている問題なのですよ。お釈迦様だって、家庭も国をも放って根本的解決の旅に出ています。欧米の人々を救う反面、家族を苦しめたとはいえ、弘文さんは仏教に対してどこまでも真摯だったと、私は思います。ただのぐうたらとは、まったく次元が異なるのです。そういうことは、人々はバカじゃないからやっぱりわかるわけです。

それから、タツコさんね。タツコさんは大丈夫ですよ。人間が心を癒《いや》すには時間が必要です。タツコさんは、結婚して子を持つようになれば必ず大丈夫です。

アメリカの禅文化は、道元禅師が説いたように戒律をバシッと守るのではなく、明治の改革で妻帯が許されて以降の、ある程度解放されたかたちの禅を礎《いしずえ》にしています。これに対して、そんないいかげんな教えはいけないという立場もあれば、開かれた思想として肯定し、世間の泥にまみれた暮らしの中で、人々と〝苦しみをともに苦しむ〟という道もある。

この世を救うのは〝聖と愚〟とも申しますが、宗教には、戒律を守り社会の平安を保つ側面と、名誉も何もかも捨てて泥をかぶって衆と一緒に生きていく側面、この両面があるのです。弘文さんは後者を生きた。そして、スティーブ・ジョブズという人は、それを見抜いていた。

弘文さんが日本にとどまっていたら、独身を通していたように思います。新潟や永平寺にいたら、生まじめでかたいお坊さんで終わっていたことでしょう。しかし、彼はアメリカに行き、日本の縛りから解放されて、弾けた。弾けて、撒いて、花を咲かせた。彼が本来的に持っていた奔放さが、アメリカという自由な土壌で開花したのです。

弘文さん自身の生活はどうあれ、彼はジョブズを救い、ジョブズにある方向性を示しました。

若い頃、禅僧になることを希望したジョブズに対し、

「僧侶になるより、起業家として生きるほうが自身の命を活《い》かせる」

と、指導したのは弘文さんです。そのことにより、人類には大きな足跡が残りました。これは認めざるを得ない偉大なことです。ジョブズの只管打坐の種は、生々世々《しょうしょうせせ》、生まれかわり死にかわり後の世に花開くことでしょう。

鄧小平《とうしょうへい》は言いました。

「毛沢東の七割は素晴らしいが、後の三割は文革に代表されるようにひどかった。だが、この世に完璧はありえない。だからやっぱり、毛沢東はすごいんだ」

弘文さんに関しても、同じことが言えるのではないでしょうか。

手放しの禅

曹洞宗大本山永平寺 国際部部長、横山泰賢の話

驚きましたね、ここで知野さんの話が出るとは。そうですか、あなた、この六年間、ずっと知野さんを追ってらしたんですか。ええ、私も何度も知野さんとはご一緒していますよ。一九九三年から一二年間、アメリカで布教しておりましたから。

知野さんは、こだわりや捉われのまったくない、流れるままに生きた人でした。枠の中で生きていくことを、とうの昔にやめた人です。私などはどうしても、曹洞宗とか永平寺などと枠みたいなものを背負ってしまうのですが、知野さんは違う。背負うもの一切を手放して、〝仏《ぶっ》

法《ぼう》の塊《かたまり》〟みたいに生きた人だったなと思うことがあります。

知野さんとはね、何時間一緒にいてもほとんど会話がないんですよ。知野さんが黙っているから、こちらも黙る。そうすると、普通は気まずい空気に包まれるものですよね。沈黙に圧せられてしまったり、難儀に感じたり。ところが知野さんといると、黙っていることに違和感がないのですよ。

「ああ、こんな時間はいいものだなあ」

とか、

「今日はいい一日だなあ」

と、心から素直に思える。

知野さんに関しては、世俗を超越して大宇宙と一体化していたという表現が、もっともふさわしいように思います。

知野さんの生家、新潟の乙川家は曹洞宗でも名門です。また、ご本人は、京都大学大学院を出て永平寺でも特別僧堂生でした。ですから、永平寺から渡米した時には、道元禅師の教えを伝えんと意気揚々だったにちがいない。

ところが、知野さんが赴いた先は、一九七〇年代直前のなんでもありのアメリカだった。名家、京大、永平寺特僧生ときて、いきなりそこにポーンと飛び込んでしまった知野さんには、想像を遥かに超えた世界だったでしょう。

「仏法の塊のように生きた」弘文。晩年、オーストリアにて書にいそしむ
© Nicolas Schossleitner

当時のアメリカでは、ヒッピーやジャンキーなどが禅に流れてきていて、男女関係はぐちゃぐちゃ、お金やお酒、マリファナなど、いろいろなことがめちゃくちゃな状態でした。正直、日本から派遣された僧侶の中には、それにまみれてしまった者も少なくないんです。そのため、私のように遅れて渡米した世代は、そういった混沌を清算し、アメリカの曹洞禅を立て直すことに努めたものです。

日本でぴかぴかの優等生だった知野さんは、きれいごとではすまされないアメリカの実態を見たはずです。そこで相当に苦しんだ。

長年、頭の中で描いてきた日本の曹洞宗をやっていたのでは、アメリカ人に通じないし、それに何より自分が苦しい。知野さんは、苦悩の果てに、それまで抱えていたものを捨てて、知野さん独自の天真にまかすようなスタイルを創ったのだと思います。

そして、それが有効だった。知野さんの人為的なところや造作のない、天然であるがままのあのスタイルだったからこそ、欧米の人々を救えたところがあると、私は考えます。

男女関係や過度の飲酒など、知野さんがやったことは悪いことではあります。過ちは、過ちです。ただし、知野さんは、それを隠そうとはしなかった。計《はか》ろうともしなかった。そこが、知野さんの純粋なところです。

男女間のことにしてもね、知野さんには計らいがないから、相手から恨まれていないはずですよ。

知野さんが、僧侶として世界に種を蒔いたことはまぎれもない事実です。

知野さんのお弟子さんたちは永平寺にも来られますが、あぁ、やはり知野さんの流れだと胸を打たれるのは、彼らが自然体で、混ざり物や汚れのない純粋な仏道を修行している姿です。

私は、お弟子さんのひとりだったスティーブ・ジョブズとも一緒に坐禅を組みましたよ。グリーンガルチというサンフランシスコ郊外の禅センターでした。ジョブズはジーンズ姿で、えらぶらずにふらっと現れて、自然体でさっと坐禅の輪に加わった。私たち僧侶もほかの参禅者も、彼を特別扱いはせず皆と同じように対応しました。

ジョブズは僧侶ではないし、何か目的を持って坐禅していたように私は思います。しかし、目的があったとはいえ、坐禅中は、目的を握りしめることなく〝手放し〟だったでしょう。道元禅師に〈無所得《むしょとく》、無所悟《むしょご》〉という教えがありますが、まさにこれ、オープンハートだったにから。

ちがいありません。なぜなら、坐禅中に目的を狙っていたのでは、結局、目的を得られません

は？　ジョブズが、「坐禅をしていると、最初は心がざわつくがそのうちに直感が花開く」

と言っているが、それはどういう意味か？

それは、私が考えますに――。

摂心って三日目くらいがいちばんつらいのですよ。けれども、それを超えると気持ちよくなる瞬間がある。すとーんと、自分が宇宙とひとつになったと実感する時がある。ジョブズの言う「直感が花開く」は、これに共通するものではないでしょうか。

「澤木興道老師が、『坐禅をしてもなんにもならん』と語っているけれど、なんにもならないのになぜするのか」ですって？

ははは、あなたと話していると、なんだかアメリカに戻ったみたいだな。あなた、アメリカ人みたいな問いを投げかける。

おっしゃるとおりです、坐禅をしてもなんにもなりません。そして、「なんにもならない」からこそ坐禅をするんです。たとえば、「悟りのためにする」と言う人がいますが、それではすでに目的を握りしめてしまうわけです。人は普段、目的があって生きています。頭で考える知的な自分がいます。それが普通です。だからこそ、「なんにもならない」ことをするのです。そうやって、大宇宙に心身をまかせて、自分が天地自然の一部であることを感じられれば、そこから自分を見つめ直すこともできましょう。

ところで、知野さんは晩年、どんなお暮らしだったのですか？

いえね、知野さんが再婚と新妻の妊娠を発表した北アメリカ布教師の集まりには、私も出ていたのですよ。ですが、あれ以来、知野さんは会合に出席されなくなった。それから数年経って、知野さんが亡くなったとうかがって、私は、もしかしたら、あの後に崩れてしまったのではと思ったりしたものですから。

そうですか、かなり困窮されて、お酒もだいぶん召されたのですね。知野さんには、新しい家族が重荷になってしまったのかな。

「生活が大変だったら、子どもを三人もつくらなくてもいいじゃないか」って？

いやいや、知野さんは天地自然と一体化して生きていたのだから、そんなことには頓着《とんちゃく》しませんよ。いくら困窮していても、ご本人はまったく平気だったはずです。だって、〝仏法の塊〟みたいだったんですから。

ただし、ご家族は大変でしたでしょう。

エピローグ

煩悶の果てに天真にまかせる

真冬の雪が舞う永平寺の門前町を歩きながら、私は、横山泰賢師からたった今聞いた話を思い返していた。

「知野さんは、きれいごとではすまされないアメリカの実態を見た……そこで、相当に苦しんだ……そして、苦悩の果てに抱えていたものを捨てて、天真にまかすような独自のスタイルを創ったのではないか……」

横山師の話を反芻する私の脳裏に、ふいに、もう何年も前に聞いた「引き籠もり事件」が蘇った。一九六七年、渡米直後の弘文が、赴任先のタサハラ禅マウンテンセンターの山小屋に一カ月も籠もり、人々との接触を拒んだという一件である。

あっ！

心臓をドンと叩かれたような衝撃を受けたのは、その時だった。

見誤っていた。

何年もの間、私は、乙川弘文を見誤っていた！

タサハラの引き籠もりについて、人々は、その原因を男女関係と関連づけて語った。私にしても、あの頃は、逢う人ごとに弘文がいかに異性にモテたかを聞かされていたために、この件を男女問題と矮小化《わいしょうか》して捉え、そのままにして放っておいた。

しかし、そうではなかったのだ。

横山師が推察したように、弘文は、引き籠もりの日々に徹底的に挫折し、懊悩しつくし、生き方を〝反転〟させたのである。そうでなければ、曹洞宗の名家から京都大学大学院、永平寺特別僧堂生と一点の曇りもないような仏道を歩み、後には永平寺貫首となる高僧にさえ「一生不犯を通す」とまで誓った前半生と、その後の極端な生き方の説明がつかない。

逆に私は、この〈転依《てんね》〉といえなくもない大転換を見落としていたために、弘文の生き方に整合性のない弱々しさやもどかしさを感じていたのだった。だが、見誤っていたのは自分のほうで、弘文自身はとっくに真正面を向いて全身を晒していたのである。

こう気づいた瞬間から、私の中の弘文像は完全にひっくり返った。

弘文は、狭い山小屋に引き籠もって自分の非力を嘆いただろう。ひとり狂おしく荒れた日もあったろう。「肝の太い禅僧になります」と、京大時代の日記に誓った自分は、どうすればアメリカの人々を救えるのか？

それは、日本の禅にしがみつくことからは生まれない。愛情、道徳、家庭、仕事、仏教観……手に握りしめたことどもも、自我をも捨てて、アメリカの風塵に全身全霊を捧げ、まかせる。これが、弘文が山小屋でひとり、煩悶《はんもん》の果てに導き出した答えだった。弘文は、〝流された〟のではなく、〝流れる〟ことを選んで生きたのだ。そして、この受容の精神こそが、その後の弘文が拠《よ》って立つ地平となった。

真の受容は、どんな環境にも動じない胆力と修行に支えられてこそ成立する。これは多分に東洋的アプローチで、反対に西洋では、環境自体を改善しよりよい生を送ることに心を砕く。

弘文の最初の妻、ハリエットは、そういった傾向がひときわ強い西洋人だった。うまくいかないわけであるともいえるし、だからこそ、弘文は真実「修行のつもり」で結婚したともいえる。

こう考えれば、一見、ごちゃ混ぜで無節操、支離滅裂に見える弘文の生涯に一本すっくと筋が通る。寶慶寺住職、田中真海老師の「弘文さんは、自ら〝願って〟地獄に堕ちた」という言葉にますます血がかよう。

私のこうした考えをさらに強めたのが、つい最近になって対面した弘文の親戚筋の言葉だった。弘文によく似た顔のその年配の人は語った。

「あの子は、成績も優秀で運動も抜群でした。いつも級長だったし、生徒会長まで務めたくらいきびきびとしっかりしていた。それが、のぼーとしてきたのは京大の頃、あるいは、アメリカに行ってからでしょうか」

弘文が「ルーズになり始めたのは京大の頃」ということは、ずっと以前に養母の知野芳江さんからも聞いていた。けれども、芳江さんは同時に、「京都から女が追いかけて来たことがあって、あの頃から、ふらっと出てふらっと帰る側面が見え出した」とも話した。そのため、またしても私は、弘文の変化を異性問題と矮小化して捉えてしまったのだった。

しかし、京大大学院時代といえば、痛々しく思いつめた頌歌『仏陀』まで書き残すほど、弘文が仏道と対峙した時代だ。今の私は、この時期の弘文に〝タサハラ籠もり〟の発芽を見る。

つまり、乙川弘文という人物は、仏道に向き合い、その険しさや自らの非力を覚えれば覚えるほどに、〝のぼー〟としていったと考えられるのである。

天真にまかせ、天地自然と一体化した故の〝のぼー〟。私はそこに、元来は生まじめな人物だからこその、悲しいまでに真剣で嘘のない生き方を見る。そして、煩悶の果ての禅境《ぜんきょう》が、厳しさや激しさとは反対の突き抜けたおおらかさ、多くの人が形容する〝ほわん〟とした佇まいに支えられていたことに、この僧侶のスケールの大きさを感じる。

ジョブズが惹かれた〈泥中の蓮〉と〈慈悲心〉

最後の最後になって、弘文の真価に気づいた私は、それからというもの、弘文の法話記録や、この数年で本棚にたまった仏教関係の本を立て続けに読み直した。そこには、弘文への詫びの気持ちも込められていた。

『華厳経《けごんきょう》』の懺悔文《さんげもん》に〈一切我今皆懺悔《いっさいがこんかいさんげ》〉という一文があり、「私の過ちはすべて、私の愚かさによります。私は今、すべてを悔い改めます」という意味だそうだが、ちょうどそんな気持ちだった。

ごめん、弘文さん、一切我今皆懺悔。

そんなふうに仏教本を読みあさっていた五月、七日未明のことだった。日本の母から国際電話がかかってきた。

「お兄ちゃんが急に倒れて――救急隊が来て――いろいろやったけどダメで――今、救急車で運ばれて――」

母の声には、痛みの叫びがまじっていた。倒れた私の兄を支えようとして、母自身も背骨を骨折してしまったという。

兄とは、二日前にメールでやり取りをしたばかりだった。突然、周囲がふわふわと非現実的に感じられた。私に理解できる確かな現実は、「二日前のメール」だけだった。

それから一時間、再びかかってきた母からの電話は、兄の死を告げていた。

二〇一八年五月七日
全日空#〇〇五便
午後一二時四五分　ロサンゼルス国際空港発
五月八日
午後四時三〇分(日本時間)　成田国際空港着

たったひとりの兄だった。心やさしく大好きな兄だった。

東京に戻った私は、身の置きどころのない悲しみと混乱の中で葬儀をすませ、母を入院させると、毎日、母の病院に通った。快活だった母の顔が、ひとり息子を突然亡くした悲嘆と骨折の激痛に、能面のように無表情になってしまったのを見るのが、つらかった。

私は、毎朝、病院の中庭のベンチに腰を下ろし、泣けるだけ泣いてから母の病室を見舞った。母の前では、せめて明るくありたかった。思い切り泣けば、少しだけ苦しみが減ることを、私はこの時初めて知った。悲しすぎて、苦しすぎて、みじめだった。その気持ちをそのまま誰かに伝えたかったが、そうするにはあまりにみじめすぎた。

そんな私が、「この人にならし」と思ったのが弘文だった。弘文さんに逢いたい、逢って洗いざらいの心を話し、今の苦しみから逃れたい。私は、そう願った。

なぜ、弘文だけなのか？　それは、弘文が泥池の中でもがき、衆生《しゅじょう》とともに生きた僧侶だったからだ。自らの過ちも混迷も人々に晒して生きた弘文にならら、みじめな自分を私は話せる。ひがみ根性かもしれないが、清水の中の聖人が相手では困るのである。

その上、この〝泥池の僧侶〟は慈悲の人であった。

慈悲とは、見返りを求めない与えっぱなしの愛。自分ひとりくらいはどうでもよいと肚に定めて、他者の苦しみをともに苦しみ、他者の幸せを願い苦しみから逃れることに尽くす心。

仏教には、大別すると上座部仏教と大乗仏教、二つの道が存在する。前者は釈迦の入滅後、主に東南アジアに伝来し、後者は何世紀も後の紀元前後に興り、シルクロードを経て中国、日本へと伝わった。上座部仏教は、厳しい修行を積んだ人だけが救われ、大乗仏教は、すべての人が救われると説く。日本に根づいているのは後者のほうで、禅もこちらに属する。

大乗とは簡単にいうと、「みんなで一緒に彼岸《ひがん》に行きましょう」ということ。

これを、弘文が坐禅の師と仰いだ澤木興道は、

「私とあなたとぶっ続きの要領を呑《の》み込むこと」（『禅談』）

と、独特の言葉で表現した。

また、ある僧侶は私に、

「大乗の精神とは、いてもたってもいられない慈悲心」

と語った。
いてもたってもいられない――なんてよい言葉だろう。弘文の弟子、コロラド州白梅寺のマーティン・モスコー住職によれば、弘文は、
「私は、木々を跳び回る猿だ。この猿は、木の上から救いを求める人を見つけると、飛び降りて、抱きしめ、放さない」（第四章参照）
と話したというが、これこそが弘文流の「私とあなたのぶっ続き」であり、「いてもたってもいられない」だったのだろう。

私は、ジョブズが弘文に師事した理由も、〈泥中の蓮〉と〈慈悲心〉に帰すると考える。無論、二人の相性のよさや、弘文の洋の東西に通じた宗教観、世俗の中での修行を尊んだことなど、弘文にはジョブズが慕う要素がいくつもあったが、決め手はこの二点だったのではないか。

もとよりジョブズは、生後まもなく父母から捨てられ養子に出されるという、まさしく泥の池に生を享けた人物である。その事実が長い歳月、彼を苛《さいな》んだ。みじめな私が清水の聖人を避けたように、ジョブズこそ〈泥中の蓮〉を求めたはずだ。

かつ、彼は誰からも好かれる人物ではなかった。ジョブズの言動は、「現実歪曲フィールド」と時に愛情を込めて、多くの場合は憎しみいっぱいに揶揄《やゆ》されるほど毀誉褒貶《きよほうへん》の激しい人だった。すなわち〝偉大なる変わり者〟である。

「仏教にくるアメリカ人は、みんな変わり者です」

と、慈しみを込めて語ったのは、アメリカで半世紀以上も布教を続けている浄土真宗の日本

人僧侶だった。いったい、強固なキリスト教文化に支えられたアメリカにあって、いやいや、世の中キリスト教だけじゃ解けないよと疑問を抱き、仏教や禅に向かうアメリカ人は圧倒的なマイノリティだ。

しかも、弘文のもとに集ったのは、世間常識の延長線上で営まれている一般の仏教寺院や禅センターには満足できない、というか、どうしてもはみ出してしまう人々だった。自由奔放といえば自由奔放。けれども、面倒といえばこれほど面倒な人たちもいないわけで、そういう〝面倒くさい〟人々を、我が身を無防備に投げ出し、慈悲心で受け止めたのが弘文さんというお坊さんだった。

中国、唐代に、南泉普願《なんせんふがん》という禅僧がいて、あえて世間から疎《うと》んじられるような人々と調和して生きたことから、その宗風は〈異類中行《いるいちゅうぎょう》〉と呼ばれたそうだが、弘文にも同じ香りが漂う。反対に〝異類たち〟から見れば、弘文こそがひと筋の蜘蛛の糸だったのであり、〝偉大なる異類〟、ジョブズもその蜘蛛の糸をつかみすがったひとりだった。

ジョブズが、禅と弘文から学んだこと

では、いったいジョブズは、禅や弘文から何を学んだのか？

これまでも触れたように、二人は、ジョブズがアップルから追放されていた不遇時代にもっとも親密な交流をした。

ジョブズの評伝は数多《あまた》あるが、珍しくその不遇時代（一九八五〜九六年）に焦点をあてた書籍がある。『スティーブ・ジョブズ　無謀な男が真のリーダーになるまで』（ブレント・シュレンダー、リック・テッツェリ著）。

著者はこの大部の一冊で、ジョブズにとって不遇の約一〇年は、「のちに成功をもたらした要因の大半を学んだ」時間と位置づける。

さらに、学んだ故の最大の変化を次のように解説する。

「仕事を始めた頃のスティーブにとって、『直感』とは、自分が生み出す発明に対する確固たる自信を意味しており、他人の意見はなにがなんでも拒否するものだった」

しかし、「荒野」の一一年間を経て、

「直感とは、可能性の世界にたゆたううちにいつの間にか次にすべきことが思い浮かぶことを指すようになっていた。（中略）また、自分を取り囲む世界をそのまま認めて進む道を決められるようになっていた」

著者はこのように指摘した上で、これらの変化をもたらした要因として、映画界というジョブズにとっては新規分野での、ピクサー・アニメーション・スタジオ（代表作に『トイ・ストーリー』）ほかの才能溢れるスタッフとの出逢いを挙げている。

私は、変化に関する著者の見解には賛同する。だが、要因についてはそうだろうか？　第一、ジョブズは、アップル追放以前から充分な才能に囲まれていたではないか。それなのになぜ、「他人の意見を拒否」していた彼が、「自分を取り囲む世界を認め」られるようになったのか？

私たちが本当に知りたいのはこの部分である。

私は、そこにジョブズにおける圧倒的な〝禅の力〟を見る。

　こう確信したのは、兄の死後、生きるとか死ぬとか仏教とかを考えて、『般若心経』を貪るように学んでいた時のことだった。

『般若心経』、正式には『般若波羅蜜多心経《はんにゃはらみったしんぎょう》』は、六〇〇巻から成る『大般若経《だいはんにゃきょう》』のエッセンスを集めた本文わずか二六二文字のお経だ。短いながらも、大乗仏教の真髄を表していることから、禅宗はもとより多くの宗派で広く尊ばれている。

　他方、難解なために解釈がさまざまに分かれるのも『般若心経』の特徴で、だから、めったなことは書けないのだが、私自身は現在、『般若心経』を以下のように理解している。

　仏教では、この世〈此岸《しがん》〉を〈苦〉と認識するが、その苦を逃れるための智慧（古代インド語のパーリ語でパンニャー。これに漢字を当てたのが〈般若〉）を教えてくれるのが『般若心経』。この教えを体得すれば、此岸の苦から解放されて、迷いや執着のない悟りの世界〈彼岸《ひがん》〉に行けるから、皆でともにまいりましょう、ということ。

『般若心経』の核が〈空《くう》〉の概念で、かの有名な〈色即是空《しきそくぜくう》（色《しき》は即《すなわ》ち是《こ》れ空《くう》）〉が登場するのもこのお経だ。〈色《しき》〉は、ここではあらゆる物質要素を指す。〈色〉であるところのそれらの物質要素は〈空〉、つまり、（非存在ではないものの）実体がない状態なのですよ、というのが〈色即是空〉が意味するところだという。

　実際問題、私がこれまで何度も『般若心経』に挫折してきたのは、〈色即是空〉のためだった。なぜなら、「すべての物質要素に実体がない」のなら、それじゃあ、今、ここに確固として存在している「私」はどうなる？　となってしまうからだ。

けれども兄が急逝してみると、私には〈色即是空〉が、世の中には絶対で固定的なものなど何ひとつない、人は生まれると同時に変化して、やがて死に向かうのだと言っているように思われ、五臓六腑《ごぞうろっぷ》にごんごんと響いてくるのだった。

さて、では我らが弘文は〈空〉をどう説いたのか？

「弘文が語る『般若心経』」を読んでみよう。

繰り返しになるが、これは、弘文が一九七〇年代、まさにジョブズが通い始めた頃の俳句禅堂で、『般若心経』について提唱した記録をまとめた小冊子である。

坐禅に関してもそうだが、弘文の教えは、釈迦や禅、なかでも特に曹洞宗に立脚したオーソドックスなもので、奇をてらった宗風は少しもない。しかし、詩的で美的、哲学的なためにしばしば晦渋《かいじゅう》ではある。

たとえば、〈空〉について弘文はこのように説明している。

〈空〉とは、深遠な感覚です。とてもとても深い海や、とてもとても静かな湖を思い描いてください。

以上。

おそらく弘文は、〈空〉を、一見泰然と見えるも常にわずかずつ流転《るてん》し、何万光年も後には消えゆく運命にある深海や大湖にたとえているのだろう。弘文ならではの閑雅《かんが》で壮大な言葉選びである。

『般若心経』で、もうひとつ大事な概念が〈因縁《いんねん》（因縁生起《しょうき》や縁起《えんぎ》とも呼ばれる）〉だ。〈因縁〉というと、言いがかりをつけるなどネガティブな意味で使われることが少なくないが、ここでの〈因縁〉は、「物事が生ずること」と、言葉本来の意でおおらかに解釈するとわかりやすい。

すると〈因縁〉とは、この世の万物は〈空〉なのだから、というより、〈空〉であるからこそ、持ちつ持たれつ影響し合っているということ。とはいえ、その〈因縁〉さえひと時も同じ状態にはなく、すべては一期一会であり、だからこそ生きている今がありがたく愛おしいということ。

以下、同じ小冊子から弘文による〈因縁〉に関わる言及を引用する。

葉が落ちる時、かすかな音が響きます。それはたぶん、枝が作り出す音。それとも、茎の声。落葉の響きは、雪のひとひらを呼び起こします。その声は、降りしきる雪の中に乗り移るかもしれないし、あるいは、春の雨に宿《やど》るかもしれません。

これまた誠に詩的な表現で、何年も前に読んだ時にはお手上げだったが、兄のことを経た私には、やはりなんだかとてもよくわかる。

つまり――。

火葬された兄の身体から出た煙は、大気の中に溶け込んで宇宙の塵《ちり》か、（妹の願いとしては）光の一部になった。残った骨は、墓の下で骨としての生を生き、いずれは骨壺と一緒に土になり、微生物と調和して、鳥のさえずりや草木と関わっていく。そして、光や鳥、草木にも、人間の常識とは異なるが同等に尊い命があり、それらもまた流転を繰り返していく――。

今になってわかるのは、弘文による「円を描くような呼吸」や、「私たちは、世界の中のほんの、実にほんの一部しか呼吸していない」の言葉は、〈因縁〉を考える上の大きなヒントだったということだ。

『般若心経』の教えはまだまだ続き、私にとっては、ここからがジョブズに深く関係している箇所となる。

それを要約すれば――。

〈因縁〉から自明なように、この壮大な宇宙、悠久な時間の中で、人が生きている時空間は至《し》極《ご》小さい存在だ。ところが、小さい存在である私たちの自我の殻はとても頑固で硬くて、世の中を支配しようとしてしまう。そうではなく、自分の思いに執着しないで、周囲や全体と繋がり合った関係の中で自分を開き、再生させていこう。

禅とは掃き清めること——弘文。坐禅で直感が花開く——ジョブズ

そのためには、我執をすっかり捨てて、自分をからっぽにすること。なぜなら、からっぽにしなければ、周囲の物事が入ってくる余地がないから。からっぽにしてこそ初めて、物事や自分のありのままが見えてくる。むずかしいけれど大丈夫、できる。だってそもそも私たちは〈空〉なのだから。

と、ここまで書けば、読者には思いいたってもらえるだろう。そう、ジョブズの変化——「『直感』とは、他人の意見をなにがなんでも拒否するものだった」から、「自分を取り囲む世界をそのまま認めて進む道を決められるようになっていた」への変化——が、『般若心経』の教えの実践そのものであるということに。

これをジョブズ自身は、

「坐禅で直感が花開く」（旅Ⅱ参照）

と表現し、弘文は、

「禅とは掃き清めること」（第四章参照）

と語った。

さらに弘文は、

「小さな自分の存在を忘れた瞬間、全世界が現れるのです」(旅Ⅱ参照)

との言葉も残している。

坐禅は、『般若心経』が説く大乗仏教の真髄を体得するためのひとつの修行法だ。修行には他にも苦行、念仏、公案などさまざまな方法があるが、弘文は坐禅にもっとも重きを置いた。

不遇時代のジョブズは、〈空〉や〈因縁〉、「掃き清めること」や「自分をからっぽにして世界と繋がること」を、弘文や坐禅から徹底的に学んだ。だからこそ、全体の中で自分がなすべきことが自然に見えるようになり、その結果、奇跡の復活を遂げ、世界何十億もの人々の生活を変革する製品を世に送り出すことができたのだ。

その意味で、第二章に登場していただいたインド・中国仏教思想史が専門の京都大学名誉教授、荒牧典俊《としのり》氏の推論は、鋭く的を射た指摘だったのである。

「私は、ジョブズという人は、ある種の〈転依〉を体験したのではと想像しているんです。ある時ジョブズには、従来と違うモノの見方をできるようになった瞬間があったのではないかと」

心に血を流し、行かんところへ行くばかり

弘文はしばしば、「私は禅僧ではない、仏教の僧侶だ」と語ったが、それは宗派に縛られず

真の仏道を歩みたいという願いの現れであり、立脚するところはあくまで禅であった。

日本の禅には、一休、良寛、二人のスターがいる。一休は「風狂《ふうきょう》」とも呼ばれる破天荒な人生を、良寛は乞食《こつじき》僧として清貧な生活を送ったが、二人に共通するのは、世間のものさしを突き抜けて自分らしく生ききったことだ。

「知野さんは、日頃は良寛さん、こと女に関しては一休さん」と形容したのは、曹洞宗北アメリカ国際布教総監の秋葉玄吾師だった。師が語るとおり、弘文には禅の二大スターのどちらの要素も見て取れる。よくよく稀有な存在である。

ただし、弘文の宗風は圧倒的に良寛に近い。弘文は良寛と同じ新潟出身で、ましてや寺の子だったから、良寛さんの話を聞いて育ったことだろう。私は、弘文の心のどこかに理想の僧侶としての良寛がいたのではと思う。

良寛にこんな句がある。

盗人に　取り残されし　窓の月

ある夜中、良寛が寝ていると泥棒が忍び込んだが、主は無一物《むいちもつ》だから盗む物がない。泥棒に気づいた良寛は、「蒲団《ふとん》しかないから、これを持って行くのだろう」と思いつつ寝たふりをしていた。すると、案の定、泥棒は良寛から蒲団を剝《は》いで去って行った。泥棒が消えた後、良寛が起き上がると窓の外に月が光っていた。この句は、その時に詠《よ》んだものだという。

物もいらなきゃ、名誉もいらぬ、天地自然に身をまかすといっても、ここまでくると声も出ないが、泥棒も月も自分もみんなぶっ続き、物質的には貧しくとも心に無所有の豊かさを持って、広い宇宙に男一匹恬淡《てんたん》と——良寛と弘文、二人に通底するのはこのような生き方だった。

だが、良寛と違い、弘文には妻がいた、子がいた。

文学者の栗田勇《くりたいさむ》は、『良寛さん』の中で、

「生きて生身の人間が、心に血を流しながらも、なお、騰々《とうとう》として天真に遊び純粋でいられるのか。この矛盾を解こうと数知れぬ人々が闘ってきたのが、日本の精神史」

と書いているが、弘文もまたこれと闘い、なかば敗れた人だった。

弘文の心に流れていた血とは、家族と仏道に帰するものだ。養父母を捨て、一度目の家庭を壊し、二度目の家族も追いつめた。弘文が、師と慕った「宿無《やどな》し興道《こうどう》」よろしく、人々から乞われれば国境を越えてどこへでも赴き、仏道に徹して生きれば生きるほど、家族を犠牲にしてしまった。

されど、禅僧とは畢竟、〝宿無し〟であってしかるべき存在なのだ。

『正法眼蔵随聞記』に道元の言葉が残る。

雲のごとく定マれる住処もなく、
水のごとく流れゆきてよる所もなきを、
僧とは云フなり。

曹洞宗の巨人、澤木興道は、これを力強く豪胆に実践し、興道に学んだ弘文は、悲しいほどの純情で同じ道を歩んだ。一見、人生の落伍者に見えて、その実、強い魂の拠り所があってこその〝禅道無宿〟の生涯。弘文にとってこの道は、タサハラで〈転依〉した瞬間からの必然だった。

仏道と家族、二つのはざまで闘う中で、弘文が、年を追うごとにアルコールに溺れていったことは否定できない。

私は時折、こんなふうに考える。

弘文は、末の息子を、ドストエフスキーの『カラマーゾフの兄弟』からアリョーシャと名づけたが、その背景には、自身のジレンマや悲しみ、償《つぐな》いの気持ちがあったのではないか？『カラマーゾフの兄弟』には、主人公、アリョーシャにとって二人の父が登場する。ひとりは、自分の欲するものを激しく追い求めるアルコール依存症の実父、フョードル。もうひとりは、「俗世界で生き、聖性を獲得せよ」と教示する父的存在のキリスト教高僧、ゾシマ。弘文は己に二人の姿を見ていた故に、愛息をアリョーシャと命名したとするのは考えすぎだろうか？

仏道との葛藤については、アリョーシャの姉、タツコが興味深い推測をしている。

「父は古い日本の文化、それも代々続く禅の家系に育った。翻って、父の弟子の多くはアメリカの物質文明、金権主義の中で育った。父は、いくら懸命になっても、彼らに本当の禅は伝わらないというジレンマを抱えていたのではないでしょうか」（第六章参照）

私には、タツコの話と、遠藤周作の小説『沈黙』のキリスト教宣教師の悲劇が重なって響く。江戸時代、布教のために日本にやって来た宣教師たちは、当初、日本人への布教に成功したと思った。しかし現実は、日本人がキリスト教を独自に解釈し、キリスト教とは別のものを創り上げ信仰したにすぎなかった。それを知った宣教師たちの孤独と絶望。全地球的な宗教観を持っていた弘文とはいえ、心中には、宣教師たちと同じ悲観を抱いていたのかもしれない。

「仏教とは、釈迦が諦《あきら》めた世界を説いたもの」

と、僧侶で仏教学者の高神覚昇《たかがみかくしょう》は言う（『般若心経講義』）。けれども、「あきらめられぬとあきらめた」と謡《うた》う都々逸《どどいつ》があるほどあきらめきれないのが人間だとも、高神は指摘する。

宗教家とは、人間世界のそういうあきらめきれない、どうしようもない苦しみや悲しみを救うことに尽くす人々だ。弘文という宗教家が生きた〝泥の池〟は、険しく激しい池だった。私生活ではあえて〝地獄〟に堕ち、布教活動では〝異類〟ともいえる人々と僧伽を育んだ。むちゃである。無謀である。めちゃくちゃである。すべては、純粋だからこそできたことだ。

弘文が、世にも厳しいこの泥池の中でもがき、酒に溺れ、闘いになかば敗れたことを誰が責められよう。

弘文は、心に血を流しながらも行かんところへ行くばかりと、欧米各地に仏教の種を蒔いて歩いた。良寛さんよろしく、心に手毬《てまり》を携えて欧米の衆生と騰々と手毬遊びを続けた。スティーブ・ジョブズは、弘文と手毬で遊ぶことが大好きで、それによって救われた人々のひとりだった。その尊さを肌身でわかっていたからこそ、弘文の死を知ったジョブズはさめざめと泣き続けたのである。

弘文の魂はジョブズに、ジョブズの魂はアップル製品に乗り移り、今、世界中で〝円を描くように〟息づいている。弘文の弟子たちが営む欧米の禅堂では、人々が弘文の魂を分かち合いあたためている。弘文の息吹は、船が水脈《みお》を引くように、静かに、穏やかに、けれどもいつ途切れるともなく伝わり続けていくことだろう。

人はなぜ生まれ、なぜ生きるのか？　生まれてきた以上、人それぞれにふさわしい使命があるはずだ。弘文と関わる前には考えもしなかったことを、この頃、私は深く思うようになった。自分の使命を見つけ、果たすことで、少しでもいい、自分以外の何かのためになれればと願うようになった。

弘文は、仏道の誓願にしたがい、欧米でたくさんの人々を救うという自らの使命を果たして逝った。唐突にも見えるその死は、咲き誇る花が重さに耐えてぽとんと落ちるのにも似て、天命を全うした証《あかし》であった。そして弘文さんは、死後もまた、私のような逢ったことのない者にまで手を差し伸べて、救いや道を与えてくれている。

やっぱり、乙川弘文は、とてつもないスケールのお坊さんである。

旅　最終章

二〇一九年夏、乙川弘文を探す長い旅をようやく終えようとしていた私の手元に、日本から七年越しの郵便物が届いた。差出人は、新潟県加茂市役所。封書の中には、弘文の戸籍謄本が入っていた。

弘文は本当に国籍を変えたのか、変えたとしたらいったいいつだったのか？

二〇一二年八月、乙川家で、

「弘文の死後、外務省から連絡があり、弘文は日本国籍を喪失しているのでこれ以上は調査できないと伝えられた」

と聞いて以来、私は事実を確認するために手をつくした。こうしたことは戸籍を見ればわかることだが、法律上、弘文の戸籍を入手できるのは、未亡人と子どもたちに限られる。しかし、夫や父に対し複雑な感情を抱く遺族に取得の意思はまったくなかった。

あきらめかけた時に、助けてくれたのは元妻のハリエットだった。彼女は、長い時間をかけて長男を説得した。母には、子どもたちのために父の記録を残したいという強い情熱があった。長男が、母の説得にやっとのことでうなずいたのは一昨年。とはいえ、相手は日本の役所である。「申請書類はすべて本人が日本語で書くこと」、それができない場合は「代理人を立てること」、代理人への「委任状も日本語の自筆であること」など、細かな決まり事の壁が立ちふさがった。長男を含む弘文の子どもたちは皆、日本語を解さず英語の世界に生きている。

結局、私が代理人となり、ローマ字表記を容認してもらう交渉などを行い、手続きをひとつひとつ越えていった。その待望の戸籍謄本が、海を渡って手元に届いたのである。

封書を開ける時間ももどかしく書類を取り出すと、潔いほどすっきりした戸籍謄本が現れた。編製されたのは、弘文が知野家と養子縁組を解消した「昭和四拾七年弐月弐拾八日」。

なかば予期したごとく、二度の結婚や子どもたちの出生に関する記載はなく、弘文ひとりきりの戸籍になっている。結婚や子どもたちの出生はアメリカ政府に届けるのみで、日本政府には伝えなかったようだ。アメリカで生きていく限り、これでなんら不自由もなければ問題もない。

だが、半世紀近くも前の戸籍独特の読みづらい手書き文字を読み進めるにつれて、ある事実が浮かび上がってきた。

「私の解読にまちがいがなければ——」

と、私はひとりつぶやいた。

「まちがいがなければ、弘文さんのなんと器の大きい、というよりむしろ、そもそも器の縁すら存在しないほどの胆の太さよ」

私は、国際電話をかけるべく受話器を手にした。

弘文さんは生きていた

新潟県加茂市市民課の話

もしもし、ああ、届きましたか、それはそれは。

国籍変更が記されていない？　少々お待ちください、乙川弘文さんの戸籍謄本を確かめますから。

ええ、おっしゃるように記載されていませんね。戸籍って、届け出がない限り記録されないものなんですよ。どうやらこの方、日本国籍喪失届をお出しになっていないようですね。本来は三カ月以内に提出する義務なのですが、これから出していただくことになりましょうか。

えっ！　ご本人が亡くなっているからそうもいかない？

いえいえ、この方、まだ生きておられますよ。「昭和拾参年弐月壱日」に出生されたままです。いつお亡くなりになりましたって？

一七年前？　はぁ……。

では、これからご遺族に死亡届を出してもらうことになりますか。国外で死亡された場合は、これもまた三カ月以内に出していただく決まりなのですが。

なんですって、遺族は日本語がわからないし手続きをする意思もなさそう？

そうですか……。そうすると、乙川弘文さんは、これからも生き続けることになります、永遠に生き続けることになります——。

謝辞

本書の執筆に際しましては、多くの方々のお世話になりました。

わけても、新潟県加茂市定光寺ご住職、乙川文英老師はじめ、貴重なお話をお聞かせくださいました弘文さんにゆかりのある日米欧の皆々様、仏教用語や仏教史をご教授いただきました駒澤大学仏教学部教授、石井清純先生に厚く御礼申し上げます。

なお文中では、皆様の敬称を省略いたしました。年齢やご職業、役職名は、お話をうかがった時のものです。

二〇二〇年三月

柳田由紀子

本書は、季刊「Ｋｏｔｏｂａ」誌（集英社）二〇一二年春号から二〇一三年秋号に連載、その後、「新潟日報」紙二〇一六年一一月一日から二〇一七年六月一七日に連載した文章を大幅に改稿したものです。

◉ 参考文献一覧

Embracing Mind: The Zen Talks of Kobun Chino Otogawa, Edited by Judy Cosgrove, Shinbō Joseph Hall, Jikoji Zen Center
Kobun's talks on the Heart Sutra, Edited by Angie Boissevain, Judy Cosgrove, Independently published
Precious Mirror, from the Calligraphy of Kobun Chino Otogawa, with translations by Gary Young, White Pine Press
RESUME KOBUN CHINO OTOGWA: June 1992, http://www.jakkoan.net/Kobun/KobunResume.pdf,
remembering Kobun, Vanja Palmers, Martin Mosko, et al., Independently published
[DVD] Kobun Otogawa Roshi: Eight Calligraphies , Vicki Alexis Genson, Independently published
[VIDEO] Kobun Roshi: Problems and Proof of Enlightenment, Sesshin-Dharma Talk, Vanja Palmers, Private recording
Shōbōgenzō - zuimonki, Sayings of Eihei Dōgen Zenji recorded by Koun Ejō, SOTOSHU SHUMUCHO
Steve Jobs, Walter Isaacson, SIMON & SCHUSTER
iCon: Steve Jobs, Jeffrey S. Young, William L. Simon, John Wiley & Sons, Inc.
THE ZEN of STEVE JOBS, Caleb Melby, Jess3, Forbes
Zen Mind, Beginner's Mind, Shunryu Suzuki, Shambhala Publishing, Inc.
Zen at Work, Les Kaye, Three Rivers Press
The Way of Zen, Alan Watts, Vintage Books
Sky Flowers On the Day Before: My Life Guided by Zen Buddhism, Kazumitsu Kato, Independently published
The Bite in the Apple, Chrisann Brennan, St. Martin's Press
Be Here Now, Ram Dass, Harmony
Naropa University 2001-2002 Course Catalog, Naropa University
A Memoir of Kobun Chino Otogawa Roshi, Keith Kumasen Aboott, Private recording
"The Unusual Zen Mountain Center at Tassajara Hot Springs", 09/10/1969, Carmel Valley Outlook
HOTO: dharma lamp, Autumn 1974, Spring 1975, Spring 1976, Spring 1979, Haiku Zendo
"Remembering Kobun" by Carol Gallup, Winter 2002, The Shambala Mandala
"Earthquakes and Blossoms Appear" by Jean Leyson, Winter 2002, Buddhadharma Magazine
"Kobun Chino Otogawa: Remembering a warm-hearted roshi" by Stephan Bodian, Winter 2010, Tricycle
"Steve Jobs' roommate reveals the truth behind the Apple titan's explosive love affair" by M.L.Nestel, 10/23/2013, Daily Mail. com
"Apple's first employee: The remarkable odyssey of Bill Fernandez" by Jason Hiner, 12/05/2014, Tec Republic .com
https://www.jikoji.org（慈光寺HP）
https://www.kobun-sama.org/en/（乙川弘文の弟子が作った追悼HP）
https://news.stanford.edu/2005/06/14/jobs-061505/（最晩年のジョブズがスタンフォード大学で行なったスピーチ全文）
https://kannondo.org（観音堂HP）
https://www.hokojitaos.org（鳳光寺HP）
http://www.puregg.org（プレグ禅堂HP）
https://www.english.felsentor.ch（フェルゼンタール禅堂HP）

https://www.hakubai.org（白梅寺HP）
鳳来孫日録 京洛, 乙川弘文
ディグナーガの論理学『因明正理門論本』研究序説（駒澤大学仏教学部仏教学科・卒業論文）, 乙川弘文
転依ーāśraya-parāvṛtti（京都大学大学院文学研究科仏教学専攻・修士論文）, 知野弘文,
耕泰寺会報第43号「朝焼け夕焼け」, 知野弘文
良寛, 水上勉, 中公文庫
良寛, 吉野秀雄, ちくま学芸文庫
良寛さん, 栗田勇, 小松茂美ほか, 新潮社とんぼの本
一休, 水上勉, 中公文庫
あっかんべェ一休（上下巻）, 坂口尚, 講談社漫画文庫
禅マインド　ビギナーズ・マインド, 鈴木俊隆, 松永太郎訳, サンガ
スティーブ・ジョブズ　I, II, ウォルター・アイザックソン, 井口耕二訳, 講談社
スティーブ・ジョブズ（前掲書に掲載されなかった「終章」の部分）, http://book-sp.kodansha.co.jp/content/topics/jobs/pdf/lastchapter.pdf, 講談社
スティーブ・ジョブズ――無謀な男が真のリーダーになるまで（上下巻）, ブレント・シュレンダー, リック・テッツェリ, 井口耕二訳, 日本経済新聞出版社
スティーブ・ジョブズ　偶像復活, ジェフリー・S・ヤング, ウィリアム・L・サイミン, 井口耕二訳, 東洋経済新報社
Think Simple――アップルを生みだす熱狂的哲学, ケン・シーガル, 高橋則明訳, NHK出版
マッキントッシュ伝説, 斎藤由多加, オープンブック
あれこれ考えないで, 坐りなさい。, 秋葉玄吾, すばる舎
スティーブ・ジョブズと北アメリカの禅, http://soto-zen.net/wiki/wiki.cgi　SOTO禅インターナショナル
※メニューから会報バックナンバーを選択。「vol.49」を選択。
また逢いましょう, 宮崎奕保, 瀬戸内寂聴, 朝日新聞社
まがったキュウリ――鈴木俊隆の生涯と禅の教え, デイヴィッド・チャドウィック, 浅岡定義訳, サンガ
仏教の源流――インド, 長尾雅人, 中公文庫
ブッダ　真理のことば（NHK「100分de名著」ブックス）, 佐々木閑, NHK出版
禅学入門, 鈴木大拙, 講談社学術文庫
はじめての仏教――その成立と発展, ひろさちや, 中公文庫
仏教と神道――どう違うか50のQ&A, ひろさちや, 新潮選書
禅語百選――人生の杖ことば, いのちの言葉, 松原泰道, 祥伝社新書
日本人はなぜ無宗教なのか, 阿満利麿, ちくま新書
迷いは悟りの第一歩――日本人のための宗教論, ネルケ無方, 新潮新書
禅問答入門, 石井清純, 角川選書
構築された仏教思想　道元――仏であるがゆえに坐す, 石井清純, 佼成出版社
禅と林檎――スティーブ・ジョブズという生き方, 石井清純, 角田泰隆, MPミヤオビパブリッシング
駒澤大学禅文化歴史博物館　常設展示解説書「禅の世界」, 駒澤大学禅文化歴史博物館
やさしい「禅」入門, 立松和平, 南直哉ほか, 新潮社とんぼの本
知識ゼロからの禅入門, ひろさちや, 幻冬舎
煩悩の教科書――あなたも菩薩になる, 荒了寛, 苫米地英人, 集英社インターナショナル
道元禅師（上中下巻）, 立松和平, 新潮文庫
食う寝る坐る　永平寺修行記, 野々村馨, 新潮文庫

禅談, 澤木興道, 大法輪閣
禅の道——道元禅師に叱られて, 澤木興道, 大法輪閣
道元禅の神髄——「谿声山色」の巻講話, 澤木興道, 誠信書房
禅に生きる沢木興道, 酒井得元, 誠信書房
總持寺の歴史, 竹内道雄, 尾崎正善編, 吉川弘文館
弓と禅, オイゲン・ヘリゲル, 稲富栄次郎, 上田武訳, 福村出版
加茂市史(上下巻), 新潟県加茂市
タントラへの道—精神の物質主義を断ち切って, チョギャム・トゥルンパ, 風砂子・デ・アンジェリス訳, めるくまーる
チベットに生まれて——或る活仏の苦難の半生, チョギャム・トゥルンパ, 武内紹人訳, 人文書院
クンダリニー, ゴーピ・クリシュナ, 中島巖訳, 平河出版社
禅とオートバイ修理技術——価値の探求(上下巻), ロバート・M・パーシグ, 五十嵐美克訳, ハヤカワ文庫NF
修行の寺　寶慶寺, 河原哲郎, 寶慶寺
般若心経(NHK「100分de名著」ブックス), 佐々木閑, NHK出版
般若心経講義, 高神覚昇, 角川ソフィア文庫
般若心経・金剛般若経, 中村元, 紀野一義訳註, 岩波文庫
寂聴　般若心経——生きるとは, 瀬戸内寂聴, 中公文庫
寂聴　観音経——愛とは, 瀬戸内寂聴, 中公文庫
比叡, 瀬戸内寂聴, 新潮文庫
読み解き「般若心経」, 伊藤比呂美, 朝日文庫
現代語訳　般若心経, 玄侑 宗久, ちくま新書
カラマーゾフの兄弟(上中下巻), ドストエフスキー, 原卓也訳, 新潮文庫
カラマーゾフの兄弟5　エピローグ別巻, ドストエフスキー, 亀山郁夫訳, 光文社古典新訳文庫
沈黙, 遠藤周作, 新潮文庫
[DVD] 永平寺「104歳の禅師」「修行の四季」, 日本コロムビア
参禅の道「知野弘文師のこと／熊野山人」, 平成24年発行　第56号, 曹洞宗参禅道場の会事務局
傘松「伝光会摂心に参加して／知野弘文」, 昭和41年発行　第300号, 永平寺
傘松「アメリカの知野弘文より」, 昭和43年発行　第307号, 永平寺
傘松「一開教師による禅堂——開教の輪／村上博優」, 昭和59年発行　第489,491,492号, 永平寺
新潟日報モア「故S・ジョブズ, 心の師は加茂出身:禅僧・乙川弘文」, 2013年10月26日, 新潟日報社
Appleは何をデザインしたのか!?,「カーサ ブルータス」2012年3月号, マガジンハウス
WIRED x STEVE JOBS,「WIRED」保存版特別号　2013年11月1日発行, コンデナスト・ジャパン

◉ 関連年表

和暦	西暦	歳	弘文	歳	ジョブズ
S13	1938	0	2月1日、新潟県加茂市神明町の定光寺に生まれる。6人きょうだいの三男。父文龍、母マサ。		
S20	45	7	8月、父、文龍死去(62歳)。		
S26	51	13	新潟県宗現寺住職、乙川瑾映(のちの總持寺貫首)により得度。		
S29	54	16	新潟県立加茂高校に入学。 この頃、宗現寺にて澤木興道の坐禅会に参加。以来、澤木を師と慕う。		
S30	55	17		0	2月24日、サンフランシスコで誕生。生後まもなくポール、クララ・ジョブズの養子になる。
S31	56	18	駒澤大学仏教学部に入学。 毎週、澤木興道(当時駒澤大学教授)の坐禅会に参加、学生代表を務める。	1	
S35	60	22	駒澤大学仏教学部仏教学科卒業。卒論は「ディグナーガの論理学『因明正理門論本』研究序説」。 京都大学大学院文学研究科に進み仏教学を専攻。担当教授は長尾雅人。 4月、新潟県加茂市耕泰寺住職、知野孝英、芳江夫妻と養子縁組。 この頃から、日記「鳳来孫日録 京洛」つけ始める。 毎月、澤木興道の紫竹林参禅道場(安泰寺)に通う。	5	ジョブズ家、カリフォルニア州マウンテンビュー市の建売住宅に居を構える。
S36	61	23	養父、知野孝英より嗣法。「鳳雲」の道号を授かる。	6	9月、公立モンタロマ小学校(マウンテンビュー市)入学。
S37	62	24	この頃、弓道を習い始める。	7	
S39	64	26	京都大学大学院文学研究科仏教学専攻・修士課程修了。修論のテーマは「転依(āśraya-parāvṛtti)」。	9	
S40	65	27	2月、曹洞宗大本山 永平寺に上山、修行僧に。 10月、永平寺の眼蔵会で講師の侍者に抜擢される。 12月21日、恩師、澤木興道死去。	10	9月、小学5年生は経験せず1年飛び級で小学6年生に。学制の関係で公立クリッテンデン中学校(マウンテンビュー市)に転校。中学1年生に。

和暦	西暦	歳	弘文	歳	ジョブズ
S41	1966	28	永平寺の特別僧堂生に抜擢される。	11	クリッテンデン中学になじめず、一家は、別の学区となるカリフォルニア州ロスアルトス市に転居(のちに、この家のガレージでアップル創業)。 9月、公立クパチーノ中学校(カリフォルニア州サニーベール市)に転校、中学2年生。
S42	67	29	サンフランシスコ桑港寺住職、鈴木俊隆より渡米依頼のエアメール。 6月、横浜港発。サンフランシスコを経てカリフォルニア州奥地のタサハラ着。 7月、北米初の本格的禅道場、タサハラ禅マウンテンセンター開創。指導にあたる。 タサハラの山小屋に1カ月間、引き籠もる。	12	
S43	68	30	夏、タサハラで8歳年下のハリエット・バッフィントンに出逢う。	13	9月、公立ホームステッド高校(カリフォルニア州クパチーノ市)入学。
S44	69	31	夏、ハリエットに求婚。 8月8日、日本に帰国。 8月12日、新潟大洪水。	14	
S45	70	32	3月、再渡米。カリフォルニア州ロスアルトス市の俳句禅堂に住み込み布教活動。 7月、ハリエットと結婚。俳句禅堂の近くに新居を構える。 スタンフォード大学社会人コースで「ルーツ・オブ・ゼン」の講座を持つ。 鈴木俊隆『禅マインド ビキナーズ・マインド』刊行。	15	
S46	71	33	9月、長男、泰道誕生。 チベット仏教者、チョギャム・トゥルンパと出逢い親友関係に。 12月、鈴木俊隆死去。これにともないサンフランシスコ禅センターを補助。	16	この頃、学友、ビル・フェルナンデスを通じて、後にアップルを共同で創業するスティーブ・ウォズニアックに出逢う。 ウォズニアックと電話ハッキング・デバイス、ブルーボックス開発、販売。 9月、ホームステッド高校4年生(学制の関係で4年生が高校最終学年)。
S47	72	34	2月、知野孝英、芳江と養子縁組解消。 サンタクルーズ禅センターの創設を補助。開堂後は毎週坐禅会と法話。	17	春、1学年下のクリスアン・ブレナンに出逢い恋人同士に。 6月、ホームステッド高校卒業。 9月、オレゴン州リード大学入学。
S48	73	35	5月、長女、よしこ誕生。 この頃、スタンフォード大学社会人コースに加え、近隣の短大施設でも講義。	18	リード大学を半年で退学するも、1年半とどまり好きなクラスを聴講。

和暦	西暦	歳	弘文	歳	ジョブズ
S49	1974	36	春、一家で来日。新潟の実家や永平寺、京都を訪問。 夏、コロラド州ボルダーのナーローパ協会(のちのナーローパ大学)で「ルーツ・オブ・ゼン」を講義。以降、夏期はしばしばナーローパ協会や、同州シャンバラ・マウンテン・センターで教える。	19	2月、リード大学を去り、故郷のロスアルトスに戻る。 アタリ社で夜勤のテクニシャンに。 4月、アタリ社の仕事で欧州出張を経てインドへ。 5月、ニューデリーで学友のダニエル・コトケと合流、インドを放浪。 秋、アメリカ帰国。
S50	75	37	この頃から酒量が増える。	20	アタリ社に復帰。 俳句禅堂に通い始め、弘文と出逢う。時に摂心にも参加。 スタンフォード大学で物理学を聴講。
S51	76	38	引き続き俳句禅堂で布教(昭和57年まで)。	21	4月1日、アタリ社で夜勤をしつつ、実家のガレージでアップル立ち上げ。 7月、アップルI完成。コンピュータ・ショップに売り込み成功。 引き続き俳句禅堂に通い、頻繁に弘文宅を訪ねる。口ぐせは「弘文に逢いに行こうぜ」。
S52	77	39		22	1月、アップルコンピュータ法人化。 6月、アップルII発売。この年、売上が2500台に。 クパチーノ市に事務所開設。 夏、コトケとブレナンと3人で同居開始。 秋、ブレナン妊娠に気づく。
S53	78	40		23	5月、ブレナンとの間にリサが誕生するも認知せず。
S54	79	41	カリフォルニア州にマウンテンビュー観音堂開堂。 兄、乙川敬文が渡米し観音堂の開単式と俳句禅堂で法話。	24	アップル社員数が250人に。 若き実業家として時代の寵児に。
S55	80	42	夏、一家でカリブ海のドミニカ共和国に渡り半年間過ごす。	25	12月、司法がDNA鑑定の末、リサの父親はジョブズと判定。 12月12日、アップルが株式公開。ジョブズは、2億5600万ドルの個人資産を得て長者番付に。 アップル社員数1000人超え。
S56	81	43	ハリエットと子どもたち、アーカンソー州に移住。 ハリエット、離婚を法廷に申し出。 ニューメキシコ州タオスを頻繁に訪問。	26	アップル社員数が2500人に。 8月、アップルの広告「ようこそIBM殿」が話題に。 マッキントッシュの開発に専念。
S57	82	44	この頃、タオスに移住。 夏期は、ナーローパ協会やシャンバラ・マウンテン・センターで講義。	27	2月、タイム誌の表紙を飾る。 マンハッタンの超高級マンション、サンレモのペントハウス購入。

和暦	西暦	歳	弘文	歳	ジョブズ
S58	1983	45	カリフォルニア州ロスガトス市に慈光寺開創。 11月、タオスに鳳光寺開創。	28	アップル社員数4500人超え。 訪日し、アルプス、ソニーほか数社を視察。 4月、ペプシコ社長のジョン・スカリーをアップル社長に迎える。
S59	84	46	離婚成立。 タオスに土地を購入。「未完の家」を建て始める。 この頃、アーティストと同棲開始。	29	1月、初代マッキントッシュ発売。これにあわせてスーパーボウルのTVCM「1984」（監督／リドリー・スコット）放映、話題をさらう。 カリフォルニア州ウッドサイド市の豪邸、ジャックリング邸購入。
S60	85	47	タオスとカリフォルニア、コロラドを行き来する暮らし。	30	ティナ・レドセに出逢いジャックリング邸で同棲。 アップルから追放される。 ネクスト社設立。
S61	86	48	7月、ジョブズと新潟県加茂市の実家を訪ねる。	31	2月、のちのピクサー社を入手。 7月、弘文と弘文の実家を訪ねる。 11月、養母、クララ・ジョブズ死去。 実母、ジョアン・シーブルに面会。 年末、ネクストの資金繰りが困難になりロス・ペローと面会。資金援助を受ける。
S62	87	49	4月、トゥルンパ死去。以降、ナーローパ協会でしばしば禅や書道を教える。	32	ブレナンとの間の娘、リサを認知。
S63	88	50	弟子のヴァニア・パルマースに招聘され渡欧。以降、毎年2回程度の渡欧。 シャンバラ欧州支部を通じ、欧州で書道や弓道のデモンストレーションを始める。	33	この頃、タオス鳳光寺に弘文を訪ねる。 春、ピクサー社のキャシュ不足が深刻に。 10月、ネクスト・コンピュータを発表するも不評。さらなる経営難に。
H1	89	51	この頃、ジョブズの豪邸、ジャックリング邸（心月院と命名）に住み始める。 弟子のパルマース、オーストリアにプレーグ禅堂開堂。	34	7月、来日。東京ベイNKホールで、ネクスト・コンピュータのプレゼンテーション。 10月、ローリーン・パウエルに出逢う。
H2	90	52	タオスとカリフォルニア、コロラドに加え、頻繁にオーストリアやドイツ、スイスで布教。	35	9月、サンフランシスコのデービス・シンフォニーホールでネクスト・ステーションを発表するも不評。

和暦	西暦	歳	弘文	歳	ジョブズ
H3	1991	53	高校を卒業した長女、よしこがタオスで同居開始。	36	3月、ヨセミテ国立公園内アワニーホテルにてローリーンと禅宗の様式で挙式。式師は弘文。 新居をスタンフォード大学近くに構え、ジャックリング邸から転居。 9月、ローリーンとの間に第一子、リード誕生。 ピクサー社が倒産寸前に。
H4	92	54	カリフォルニアでは、この頃もまだジョブズ邸に暮らす。	37	ブレナンとの娘、リサを新居に迎え同居開始。
H5	93	55	この頃、欧州で後に再婚するキャトリンと出逢う。	38	3月、養父、ポール・ジョブズ死去。
H7	95	57	8月、ラスベガスで開かれた北米布教師会にキャトリンと現れ、再婚と新婦の妊娠を報告。 身重の新婦と京都と新潟の実家を訪れる。 この頃、日本国籍離脱、米国籍取得。 12月、タオスにてキャトリンとの間に第一子、タツコ誕生。	40	8月、ローリーンとの間に第二子、エリン誕生。 11月、ピクサー社が『トイ・ストーリー』を公開。全世界で爆発的なヒット。 ピクサー社上場。再び巨万の富を手に入れる。
H8	96	58	カリフォルニア州バークレー禅センターにてキャトリンと挙式。 一家で、タオスやジョブズ邸を引き払い、カリフォルニア州サンタクルーズ市の日本古民家風住居に定住。 3月、元養父の知野孝英死去。	41	12月、ネクストのアップルへの売却を発表。11年ぶりにアップルに復帰。
H9	97	59	5月、キャトリンとの間に第二子、摩耶誕生。 長男、泰道に第一子誕生。	42	8月、マイクロソフトとの提携を発表。 9月、アップルの暫定CEOに就任。 「シンク・ディファレント」広告を大々的に展開。
H10	98	60		43	8月、iMac発売。
H11	99	61	3月11日、キャトリンとの間に第三子、アリョーシャ誕生。 弟子のパルマース、スイスにフェルゼンタール禅堂開堂。	44	
H13	2001	63	12月、ナーローパ大学教授就任にともないコロラド州に移住。シャンバラ・マウンテン・センター内のトレーラーに住む。 弟子のマーティン・モスコー、コロラド州ボルダーに白梅寺開創。	46	アップルの暫定CEOから正式なCEOに就任。 2月、東京マックワールド基調講演のために来日。 5月、アップルストア1号店をオープン。 10月、iPod発売。

和暦	西暦	歳	弘文	歳	ジョブズ
H14	2002	64	春学期、教授としてナーローパ大学で禅と書道を教える。 7月26日、スイス、エンゲルベルクにて摩耶(5歳)とともに溺死。 8月、慈光寺にて本葬。	47	
H15	03		7月、ナーローパ大学にて一回忌。	48	4月、iTunesストア構想を発表、のちに音楽業界を変革する大ヒットになる。 10月、膵臓癌を告知される。
H17	05			50	6月、スタンフォード大学卒業式で伝説のスピーチ。
H18	06			51	5月、ピクサー社をディズニーが買収、ジョブズはディズニーの筆頭株主に。
H19	07			52	6月、iPhone発売。全世界で爆発的ヒット。
H20	08			53	癌が広がる。
H21	09			54	1月、療養休暇に入る。 3月、肝臓の移植手術。
H22	10			55	4月、iPad発売。 体調が戻りプライベートで京都旅行。 11月、再び体調が悪化。
H23	11			56	6月、生涯最後の基調講演、iCloudのプレゼンテーション。 8月、アップルの時価総額世界一に。 8月24日、車椅子で出社し、「その日がきてしまいました」に始まる自筆レターを読みあげる。アップルCEO辞任。 10月5日、死去。家族と親しい友人が参列した葬儀、埋葬は、禅宗の様式だったと伝えられる。 10月16日、スタンフォード大学記念教会にて追悼式。
H24	12		7月29日、慈光寺にて没後十周年の法要。		

柳田由紀子［やなぎだ・ゆきこ］

1963年、東京生まれ。作家、ジャーナリスト。1985年、早稲田大学第一文学部演劇専攻卒業後、新潮社入社。月刊「０３」「SINRA」「芸術新潮」の編集に携わる。1998年、スタンフォード大学他でジャーナリズムを学ぶ。2001年、渡米。現在、アメリカ人の夫とロサンゼルス郊外に暮らす。著書に『二世兵士　激戦の記録―日系アメリカ人の第二次大戦』（新潮新書）、翻訳書に、『ゼン・オブ・スティーブ・ジョブズ』（集英社インターナショナル）などがある。

宿無《やどな》し弘文《こうぶん》　スティーブ・ジョブズの禅僧《ぜんそう》

2020年4月28日 第1刷発行
2020年7月22日 第3刷発行

著　者　柳田由紀子《やなぎだゆきこ》
発行者　田中知二
発行所　株式会社集英社インターナショナル
〒101-0064 東京都千代田区神田猿楽町1-5-18
電話 03(5211)2632
発売所　株式会社集英社
〒101-8050 東京都千代田区一ツ橋2-5-10
電話 読者係 03(3230)6080
販売部 03(3230)6393(書店専用)
印刷所　大日本印刷株式会社
製本所　ナショナル製本協同組合
装丁・本文デザイン　大森裕二

Printed in Japan ISBN 978-4-7976-7382-1 C0095
Cover photo © Nicolas Schossleitner